消防管理与火灾预防

迟玉娟 著

中国建材工业出版社

图书在版编目(CIP)数据

消防管理与火灾预防/迟玉娟著. --北京：中国建材工业出版社，2022.3
ISBN 978-7-5160-3478-1

Ⅰ.①消… Ⅱ.①迟… Ⅲ.①消防管理②火灾—预防 Ⅳ.①D035.36②TU998.12

中国版本图书馆CIP数据核字（2022）第027234号

消防管理与火灾预防
Xiaofang Guanli yu Huozai Yufang
迟玉娟　著

出版发行：中国建材工业出版社
地　　址：北京市海淀区三里河路1号
邮　　编：100044
经　　销：全国各地新华书店
印　　刷：北京鑫正大印刷有限公司
开　　本：787mm×1092mm　1/16
印　　张：10
字　　数：230千字
版　　次：2022年3月第1版
印　　次：2022年3月第1次
定　　价：68.00元

本社网址：www.jccbs.com，微信公众号：zgjcgycbs
请选用正版图书，采购、销售盗版图书属违法行为
版权专有，盗版必究。本社法律顾问：北京天驰君泰律师事务所，张杰律师
举报信箱：zhangjie@tiantailaw.com　　举报电话：(010) 68343948
本书如有印装质量问题，由我社市场营销部负责调换，联系电话：(010) 88386906

前　　言

随着城市建设的不断发展,建筑布局及功能日益复杂,发生火灾的危险性和危害性大大增加,火灾已成为一种多发性灾难,严重威胁着公共安全、威害着人们的生命财产安全。

据不完全统计,全世界每天发生火灾一万起左右,两千多人因此而丧命,三四千人因此而受伤,每年火灾造成的直接经济损失超10亿元,尤其是造成几十人、几百人死亡的特大火灾不断发生,给国家和人民群众的生命财产造成了巨大损失。仅2021年,我国就发生了多起重大、较大火灾事故:2021年3月9日,河北省石家庄市长安区众鑫大厦发生火灾,直接经济损失3326.96万元;2021年6月13日,湖北省十堰市张湾区艳湖社区集贸市场重大燃气泄漏爆炸事故,造成26人死亡、138人受伤,直接经济损失5395.41万元;2021年6月25日,河南省商丘市柘城县震兴武馆发生火灾,造成18人死亡、11人受伤,直接经济损失2153.7万元;2021年7月24日,吉林省长春市李氏婚纱梦想城发生火灾,造成15人死亡、25人受伤,直接经济损失3700万元……这些触目惊心的数字,让人胆寒,令人谈火色变!为什么会接连不断地发生火灾?怎样才能预防火灾的发生?怎样才能将火灾带来的损失降到最低,避免悲剧的不断重演?这些都是亟须解决的问题。这些火灾造成的经济损失和大量的人员伤亡也充分证明,消防管理的社会化基础仍然薄弱。在当前国家经济建设迅速发展、火灾形势相当严峻的情况下,提高全民的消防素质、增强全社会防御火灾的能力意义重大。

本书主要对消防管理与火灾预防的相关内容进行阐述,具体包含灭火剂与灭火系统、火灾自动报警系统、建筑防火管理、电气防火管理、公众聚集场所防火管理以及消防前沿技术。

迟玉娟
2021年12月

目 录

第一章 绪论 ··· 1
    第一节 燃烧的类型与特点 ··· 1
    第二节 火灾及灭火原理 ··· 8
    第三节 消防工作 ··· 13

第二章 灭火剂与灭火系统 ·· 23
    第一节 灭火剂与阻燃剂 ··· 23
    第二节 灭火器的配置 ··· 31
    第三节 灭火系统 ··· 37

第三章 火灾自动报警系统 ·· 48
    第一节 火灾自动报警系统概述 ·· 48
    第二节 火灾探测器 ·· 50
    第三节 火灾报警系统附件 ·· 57
    第四节 火灾报警控制器 ··· 64

第四章 建筑防火管理 ·· 72
    第一节 建筑防火概述 ··· 72
    第二节 建筑防火设计 ··· 81
    第三节 高层建筑火灾的特点及防火措施 ···································· 89

第五章 电气防火管理 ·· 92
    第一节 电气防火要求 ··· 92
    第二节 电气火灾监控系统 ·· 94
    第三节 电气火灾的防治对策 ·· 104

第六章 公众聚集场所防火管理 ··· 113
    第一节 公众娱乐场所火灾的预防 ·· 113
    第二节 商场火灾的预防 ··· 118
    第三节 宾馆、饭店火灾的预防 ·· 123
    第四节 其他公众聚集场所消防管理 ··· 129

第七章 消防前沿技术 …………………………………………………………… 136
 第一节 绿色消防技术 ………………………………………………………… 136
 第二节 纳米消防技术 ………………………………………………………… 146
 第三节 消防机器人技术 ……………………………………………………… 149

参考文献 ………………………………………………………………………… 154

第一章 绪 论

消防事业是关系到全社会各行各业和每个人切身利益的公益事业。消防工作是一项科学性、社会性很强的全民性事业,只有普及消防法规和消防科技知识,才能有效地预防和减少火灾的危害。本章主要对燃烧的类型与特点、火灾及灭火原理和消防工作进行阐述。

第一节 燃烧的类型与特点

燃烧是一种发光放热的化学反应。燃烧过程中的化学反应十分复杂,有化合反应,也有分解反应。有的复杂物质燃烧,先是物质受热分解,之后发生氧化反应。

一、燃烧概述

(一) 燃烧的本质

燃烧是可燃物质与氧或其他氧化剂反应的结果,但是这种氧化反应速率不同,或成为燃烧,或成为一般氧化反应。剧烈的氧化反应,瞬时放出大量的光和热。近代链反应理论认为燃烧是一种游离基的链反应。链反应也称为链式反应,即在瞬间进行的循环连续反应。游离基又称自由基,是化合物或单质分子中的共价键在外界因素(如光、热)的影响下,分裂而成含有不成对电子的原子或原子团,它们的化学活性非常强,在一般条件下是不稳定的,容易自行结合成稳定的分子或与其他物质的分子反应生成新的游离基。当反应物产生少量的活化中心——游离基时,即可发生链反应。反应一经开始,就可经过许多链锁步骤自行加速发展下去,直至反应物燃尽为止。当活化中心全部消失时,链反应就会终止。链反应机理大致可分为以下三段:

(1) 链引发:即生成游离基,使链式反应开始。生成的方法有热分解法、光化法、放射线照射法、氧化-还原法、催化法等。

(2) 链传递:游离基作用于其他参与反应的物质分子,产生新的游离基。

(3) 链的终止:即游离基的消失使链反应终止。终止的原因一般是由于杂质的影响、抑制剂的掺入或游离基撞击器壁等。链反应有分支链和不分支链两种。

近代燃烧理论认为,可燃物质的多数氧化反应不是直接进行的,而是经过一系列复杂的中间阶段反应;不是氧化整个分子,而是氧化链反应中间产物——游离基和原子。可见,燃烧是一种极复杂的化学反应,游离基的链反应是燃烧反应的实质,发光和放热是燃烧过程中发生的物理现象。

(二) 燃烧的必要条件

任何物质发生燃烧,都有一个由未燃状态转向燃烧状态的过程。这一过程的发生必须具备三个条件,即可燃物、助燃物(氧化剂)、着火源。

1. 可燃物

凡是能与空气中的氧或其他氧化剂发生化学反应的物质称为可燃物。可燃物按其物理状态分为气体、液体和固体三类。

(1) 气体可燃物。

凡是在空气中能燃烧的气体都称为可燃气体。可燃气体在空气中燃烧，同样要求与空气的混合比在一定范围——燃烧（爆炸）范围，并需要一定的温度（着火温度）引发反应。

(2) 液体可燃物。

大多数液体可燃物是有机化合物，分子中含有碳原子、氢原子，有些还含有氧原子。液体可燃物中有不少是石油化工产品。

(3) 固体可燃物。

凡遇明火、热源能在空气中燃烧的固体物质称为可燃固体，如木材、纸张、谷物等。在固体物质中，燃点较低、燃烧剧烈的称为易燃固体。

2. 助燃物（氧化剂）

能帮助支持可燃物燃烧的物质，即能与可燃物发生反应的物质称为助燃物（氧化剂）。

(1) 空气或氧气。

(2) 其他氧化剂。

3. 着火源

着火源是指供给可燃物与氧或助燃物发生燃烧反应的能量，常见的是热能。其他还有化学能、电能、机械能和核能等转变成的热能。根据着火的能量来源不同，着火源可分为：

(1) 明火。

(2) 高温物体。

(3) 化学热能。

(4) 电热能。

(5) 机械热能。

(6) 生物能。

(7) 光能。

(8) 核能。

(三) 燃烧的类型

燃烧的类型有许多种，主要有闪燃、着火、自燃和爆炸。

1. 闪燃

一定温度下，液体能蒸发成蒸气或少量固体如樟脑、萘、木材、塑料（聚乙烯、聚苯乙烯等）表面上能产生足够的可燃蒸气，遇火源能产生一闪即灭的现象。发生闪燃的最低温度称为闪点。液体的闪点越低，火险性越大。闪点是评定液体火灾危险性的主要依据。

2. 着火

可燃物质发生持续燃烧的现象叫着火，如油类、酮类。可燃物开始持续燃烧的所需要的最低温度叫燃点（又称为着火点）。燃点越低，越容易起火。根据可燃物质的燃点高低，可以鉴别其火灾危险程度。

3. 自燃

可燃物在空气中没有外来火源，靠自热和外热而发生的燃烧现象称为自燃。根据热的来源不同，可分为本身自燃和受热自燃。使可燃物发生自燃的最低温度叫自燃点。物质的自燃点越低，发生火灾的危险性越大。自燃有固体自燃、气体自燃及液体自燃。

自燃物品的防火与灭火：储运自燃物品时必须通风散热，远离火源、热源、电源，不要受日光暴晒，装卸时防止撞击、翻滚、倾倒和破损容器。储存或运输时严禁与其他化学危险品混放或混运；码垛时容器间应垫有木板；白磷（黄磷）必须保存于水中，且不得渗漏。浸泡过的水和容器有毒，要特别注意；油布、油纸等只许分层、分件挂置，不许成堆存放；应注意防潮湿。扑救自燃火灾一般可以用水、干粉或沙土。黄磷火灾可用雾状水，不要用高压水枪乱冲，以免黄磷四处飞溅，引起周围火灾。

4. 爆炸

由于物质急剧氧化或分解反应产生温度、压力分别增加或同时增加的现象，称为爆炸。爆炸时化学能或机械能转化为动能，释放出巨大能量，或气体、蒸气在瞬间发生剧烈膨胀等现象。

常见的爆炸分为物理爆炸和化学爆炸。其中物理爆炸由于液体变成蒸气或者气体迅速膨胀，增加的压力超过容器所能承受的极限而造成容器爆炸，如蒸汽锅炉、液化气钢瓶爆炸。化学爆炸是固体物质本身发生化学反应，产生大量气体和热而发生的爆炸。可燃气体和粉尘与空气混合物的爆炸属于此类化学爆炸，能发生化学爆炸的粉尘有铝粉、铁粉、聚乙烯塑料、淀粉、烟煤及木粉等。

爆炸性物质又分为爆炸性化合物和爆炸性混合物。其中爆炸性化合物按组分分为单分解爆炸物质（如过氧化物、氯酸和过氯酸化合物、氮的卤化物等）和复分解爆炸物质，如硝化棉等。爆炸性混合物通常由两种或两种以上的爆炸组分和非爆炸组分经机械混合而成，如黑色火药、硝化甘油炸药等。

在此要注意"二次爆炸"，如果容器中装有可燃气体或液体，在发生物理爆炸的同时往往伴随着化学爆炸，这种爆炸称为"二次爆炸"。例如，江苏某焦化厂的道生炉（二苯基锅炉）发生爆炸，5t炉体被炸飞到150m高空，碎片的水平距离达490m，威力何以如此之大？这是由于炉内温度过高，压力过大，超过了炉子所能承受的压力，先发生物理爆炸，炉体炸飞上升；爆炸时炉内道生油大量喷出并迅速汽化，遇火发生化学爆炸，炉体的冲击波等于给正在上升的炉体以新的推力，就像"三级火箭"一样。粉尘或可燃气体爆炸后，如果扑救不当，也可能引起"二次爆炸"。"二级爆炸"危害性很大，所以对盛装可燃气体或液体的容器，设计一定要严格、科学。

（四）火焰、烟雾

1. 火焰

火焰是指发光的气相燃烧区域，是可燃物质燃烧时所生成的发光、发热、闪烁向上的空间体积部分。火焰的存在是燃烧过程正在进行的最明显标志。气体燃烧一定存在火焰；液体燃烧实质是液体蒸发出的蒸气在燃烧，也存在火焰；固体燃烧如果有挥发性的热解产物产生，这些热解产物燃烧时同样存在火焰。无热解产物的固体燃烧，例如木炭、焦炭等，无火焰存在，只有发光现象的灼热燃烧，也称为无焰燃烧。

2. 烟雾

(1) 烟的概念。

物质燃烧时所产生的气状物称为烟。这种气状物是物质在燃烧或热解作用下所形成的悬浮在大气中可见的固体或液体微粒，其粒径在 $10^{-5} \sim 10^{-7} \mu m$ 之间。

烟雾的主要成分大致有：

① 由可燃物产生的炽热水蒸气和气体（如 H_2O、CO_2、CO 等）。

② 没有燃烧的分解物和凝固物。

③ 冷空气被火焰加热并潜入到正在上升着的热气团里。

(2) 烟雾的特征。

烟雾具有毒性、复燃性，因受其高温、浓度、颜色、气味和流动性的影响，烟雾的存在直接影响灭火工作。

① 有利影响。

在一定条件下有阻燃作用。从化学平衡角度来看，如果可燃物在一个密闭的房间内燃烧，随着燃烧的进行，燃烧产物浓度升高，燃烧速度减慢。当产物的浓度达到一定程度时，燃烧就会停止。

为火情侦察提供参考依据。根据燃烧物质燃烧时的温度，以及烟雾的颜色、气味、浓度、流动方向不同，可以判断火场情况。根据烟雾的不同颜色和气味，往往可大致辨别出是什么物质在燃烧；根据烟雾的流向，可大致判断燃烧速度和火灾发展阶段。

② 不利影响。

烟雾影响视线。烟具有遮光性，在火场烟雾中能看见物体的最大距离与利用减光系数表示的烟浓度成反比。起火后大约 15min，烟雾的生成量最多，浓烟弥漫距离达 200m 左右，给疏散和灭火工作带来很大困难。

高温烟雾会引起人员烫伤。火场烟雾温度一般较高，人在火灾情况下的烟雾环境中极易被烫伤。据测试，人在 100℃ 环境中会出现虚脱现象，丧失逃生能力。

烟雾有引起人员中毒、窒息的危险。烟雾中除水蒸气、CO_2 外，还含有有毒气体，对人体有窒息、刺激等作用，会严重威胁火场人员的生命安全。据资料统计，火灾过程中死亡的人数有 70% 以上由烟雾和毒气导致。

二、燃烧的特点与产物

(一) 燃烧产物

由燃烧或热解后产生的全部物质叫燃烧产物。燃烧反应过程中，如果生成的产物不能再发生燃烧，这种燃烧叫完全燃烧，其产物叫完全燃烧产物；如果生成的产物还能继续燃烧，那么这种燃烧叫不完全燃烧，其产物称为不完全燃烧产物。

燃烧产物的数量、组成等随物质的化学组成以及温度、空气的供给情况的变化而不同。燃烧产物的成分取决于可燃物质的化学组成以及燃烧条件。

1. 单质的燃烧产物

一般单质（如碳、氢、磷等）在空气中完全燃烧，其产物为构成该单质元素的氧化物。

2. 化合物的燃烧产物

在空气中，燃烧除生成完全燃烧产物外，还会生成未完全燃烧产物。高分子化合物会发生热裂解，并进一步燃烧，其中一氧化碳是最典型的未完全燃烧产物。

3. 木材的燃烧产物

木材的主要成分是纤维素（$C_6H_{10}O_5$），受热后发生裂解，生成不完全燃烧产物，在 200℃ 左右开始主要生成 CO_2、H_2O、甲酸、乙酸、CO 及各种可燃气体等。

4. 高分子材料的燃烧产物

塑料、橡胶、纤维等各种高分子材料的燃烧，除生成二氧化碳外，还会生成 HCl、光气（$COCl_2$）、氨（NH_3）、氰化氢（HCN）以及氧化氮（NO_x）等有毒或有刺激性气体。

（二）典型燃烧产物的理化性质

1. 二氧化碳（CO_2）

CO_2 为完全燃烧产物，是一种无色无臭的气体。二氧化碳毒性较小，主要危害是造成缺氧而窒息。当空气中 CO_2 含量为 2%～3%（体积百分比）时，会使人呼吸加快；含量为 4%～6% 时，可使人剧烈头痛、耳鸣、心跳；含量为 6%～10% 时，会使人失去知觉；含量为 20% 以上时，会使人死亡。因此，火场上应注意安全，防止中毒。

由于 CO_2 不能支持燃烧，密度又比空气大，所以在消防上用作灭火剂。一般情况下 CO_2 是以液态的形式充装在灭火器或钢瓶中。由于 CO_2 在高温下能与锂、钠、钾、镁、铝、铁等金属发生燃烧反应，因此不能用它扑灭这类物质的火灾，也不能用于扑救硝化棉、赛璐珞、火药等本身含有氧化基团的化学物质火灾。

2. 一氧化碳（CO）

CO 为不完全燃烧产物，是无色、无臭、难溶于水的气体，剧毒，能破坏血液的输氧功能，人体吸入少量 CO 就会感到头晕、头疼，并且呕吐。当空气中含有 1% 的 CO 时，就会使人中毒死亡。

火场上烟雾弥漫的房间中，CO 含量比较高，在灭火抢险中，必须注意防止 CO 中毒和 CO 遇新鲜空气形成爆炸性混合物而发生爆炸事故。

3. 二氧化硫（SO_2）

SO_2 是可燃物（主要是煤和石油）中硫燃烧生成的产物，是一种无色、有刺激性气味的有毒气体，人体吸入后会引起呼吸道疾病，或使喉咙水肿，导致呼吸道闭塞而窒息死亡。

4. 五氧化二磷（P_2O_5）

P_2O_5 是可燃物中磷燃烧的产物，在常温常压下为白色雪花状固体，有一定毒性，能刺激呼吸器官，引起咳嗽和呕吐。

5. 氯化氢（HCl）

HCl 是含氯可燃物的燃烧产物，是一种刺激性气体，吸收空气中的水分后会形成酸雾，具有较强的腐蚀性。HCl 较高浓度的场合，会强烈刺激损伤眼睛，引起呼吸道发炎和水肿。

6. 氮氧化物（NO_x）

燃烧产物中氮氧化物主要是一氧化氮（NO）和二氧化氮（NO_2）。NO 为无色气体，NO_2 为棕红色气体，都具有难闻的气味，而且有毒。

硝酸和硝酸盐分解、含有硝酸盐及亚硝酸盐炸药的爆炸、硝酸纤维素及其他含氮的有机化合物等在燃烧时，都会产生 NO 和 NO_2。

各种火灾环境中，除生成上述几种主要燃烧产物外，还有氰化氢、溴化氢、氟化氢、丙烯醛等有毒气体，以及水蒸气、灰分等。

（三）可燃物的燃烧特点

1. 气体的燃烧特点

气体燃烧所用热量仅用于氧化或分解，或将气体加热到燃点，不需要像液体或固体那样需要蒸发或熔化。因此气体易燃烧，燃烧速度也快。

（1）燃烧方式。根据燃烧前可燃气体与氧混合状态的不同，燃烧分为预混燃烧与扩散燃烧。

扩散燃烧是指可燃气体从喷口喷出，在喷口处与空气中的氧边扩散、边混合、边燃烧。如正常使用煤气炉点火后发生的燃烧、天然气井的井喷燃烧均属此类。2003年12月23日，某企业在重庆开县（今开州区）进行天然气开采时发生井喷事故，富含硫化氢的天然气猛烈喷射30多米高，失控的有毒气体随空气迅速向四周弥漫，6万多灾民需要紧急疏散转移，导致243人在事故中丧生，2142人因硫化氢中毒住院治疗，65000人被紧急疏散安置，由此"12.23"事故亦被外界称为人类开采天然气史上最大的悲剧性事件之一。

预混燃烧是指可燃气体与氧在燃烧之前混合，并形成一定浓度的可燃混合气体，被火源点燃所引起的燃烧。此类燃烧易引起爆炸。液化气泄漏，并与空气中氧气混合达到一定浓度时易造成爆炸。

（2）燃烧气体。易燃烧气体有 H_2、CO、CH_4、乙烷、乙烯等；助燃气体有 O_2、Cl_2 等。

2. 液体燃烧的特点

液体燃烧是液体蒸发出蒸气而进行燃烧，所以燃烧与否，燃烧速率与可燃液体的蒸气压、闪点、沸点和蒸发速率有关。凡闪点低于或等于45℃的液体为易燃液体，闪点高于45℃的称为可燃液体；易燃和可燃液体的闪点高于储存温度时，火焰的传播速度慢。

（1）液体的分类。液体的火灾危险性是根据其闪点来划分等级的。

甲类：汽油、苯、甲醇、丙酮、乙醚、石蜡油，其闪点低于28℃。

乙类：煤油、松节油、丁醚、溶剂油、樟脑油、蚁酸等，其闪点在28～60℃。

丙类：柴油、润滑油、机油、菜籽油等，其闪点高于60℃。

（2）液体的理化性质。液体的火灾危险性是由其理化性质决定的，可以从三个方面来表述：

① 密度。液体的密度越小，蒸发速度越快，闪点越低，火灾危险性就越大。密度小于水的液体不能用水扑救，应该用稀有气体或泡沫扑救。

② 流动扩散性。易燃可燃液体具有流动性。液体越黏稠，流动性与扩散性就越差，自燃点较低。但随着温度的升高，其流动性和扩散性也就越强。

③ 水溶性。在芳香族碳氢化合物中，大部分易燃和可燃液体是难溶于水的，但醇类、醛类、酮类能溶于水。火险由大到小的次序为醚类、醛酮类、醇类、酸类。在水溶

性易燃和可燃液体的灭火中,应采用抗溶性泡沫。

(3) 燃烧应注意的现象。液态烃类燃烧时,通常具有橘色火焰并散发浓密的黑色烟云。醇类燃烧,通常具有透明蓝色火焰,无烟雾。醚类燃烧时,液体表面伴有明显的沸腾状。这类火灾难以扑灭。2015年7月16日7:38,山东日照大科技石化有限公司一个液态烃球罐发生泄漏,并引发起火爆炸,共计132辆消防车、768名消防救援人员参与救援,经过近24h的燃烧后,明火才被扑灭。

对在不同类型的油类敞口储罐的火灾中应特别注意三种现象:沸溢、溅出、冒泡。原油和重质石油产品在油罐中燃烧时,表面温度会逐渐被加热到60~80℃,以后温度跳跃式上升到250~360℃,在高温下逐渐向液体深部加热,这种现象称为热波。冷热油的分界面叫热波界面。油品燃烧5~10min后,在液面下6~9cm处形成热波界面。当热波界面热油温度上升到149~360℃时,如果继续燃烧,温度不断上升,会发生分馏现象,轻馏分蒸发,重馏分中的沥青、树脂和焦炭产物因密度大于油会下沉,油品的热波分界面继续向深处推移,直到热波界面与含水层相遇,水滴变成蒸汽,体积猛烈增加1700多倍,被油品薄膜包围的大量蒸汽气泡形成泡沫状的石油溢流,向油罐液面移动,以至发生沸腾、喷溅冒泡现象。因此,对油罐进油和储油温度必须严格控制在90℃以内。同时,进油管流速较高时,由高到低地进入,易产生雾状喷出,落下的油撞击油罐和液面,致使静电荷急剧增加,极易引起油罐爆炸起火。因此,油罐的进油管不能从油罐上部接入。

3. 固体的燃烧特点

固体物质燃烧的特点是必须经过受热、蒸发、热分解,使固体上方可燃气体的浓度达到燃烧的极限,才能持续不断地发生燃烧。

(1) 易燃固体的分类。易燃固体按照燃烧难易程度分为一、二两级。

一级易燃固体:燃点低,易于燃烧或爆炸,燃烧速度快,并能释放出剧毒气体。它们有磷及磷的化合物,如红磷、三硫化四磷、五硫化四磷;硝基化合物,如二硝基苯及一些含氮量为12.5%的硝化棉闪光粉等。

二级易燃固体:燃烧性能比一级固体差,燃烧速度慢,燃烧毒性小。它们大致包括各种金属粉末;碱金属氨基化合物,如氨基化锂、氨基化钙等;硝基化合物,如硝基芳烃;硝化棉制品,如硝化纤维漆布、赛璐珞等;萘及其化合物等。

(2) 固体燃烧的方式。固体可燃物由于分子结构的复杂性以及物理性质的不同,燃烧方式分为四种,有蒸发燃烧、分解燃烧、表面燃烧、阴燃。

① 蒸发燃烧。熔点较低的可燃固体受热后熔融,然后与可燃液体一样蒸发称为蒸发燃烧。如硫、磷、沥青、热塑性高分子材料等。

② 分解燃烧。受热能分解出组成成分与加热温度相应的热分解的产物,然后再氧化燃烧,称分解燃烧。如木材、纸张、棉、麻、丝合成橡胶等的燃烧。

③ 表面燃烧。蒸气压非常小或难以热分解的可燃固体,不能发生蒸发燃烧或分解燃烧,当氧气包围固体表层时,呈炽热状态而无火焰燃烧,表现为表面发红而无火焰。如木炭、焦炭等的燃烧。

④ 阴燃。没有火焰的缓慢燃烧现象称为阴燃。空气不流通,加热温度较低或含水分较高时会阴燃,如成捆堆放的棉麻、纸张及大堆垛的煤、潮湿的木材。

第二节　火灾及灭火原理

根据《消防词汇 第1部分：通用术语》（GB/T 5907.1—2014），将火灾定义为：在时间和空间上失去控制的燃烧所造成的灾害。

一、火灾的分类和特点

（一）火灾的分类

根据国家标准《火灾分类》（GB/T 4968—2008）的规定，火灾分为A、B、C、D、E、F六类。

A类火灾：固体物质火灾。固体物质往往具有有机物性质，一般在燃烧时能产生灼热的余烬，如木材、棉、毛、麻、纸张等。

B类火灾：液体火灾和可熔化的固体物质火灾，如汽油、煤油、乙醇、沥青、石蜡等引起的火灾。

C类火灾：气体火灾，如煤气、天然气、液化气、石油气等引起的火灾。

D类火灾：金属火灾，如钾、钠、镁、钛、铝镁合金等引起的火灾。

E类火灾：带电火灾。物体带电燃烧的火灾。例如，变压器等设备的电气火灾。

F类火灾：烹饪器具内的烹饪物（如动物油脂或植物油脂）火灾。

（二）火灾的特点

1. 起火因素多

现代建筑功能复杂，人流频繁，管理不便，火灾隐患不易发现；室内装修要求高，易燃物品多；同时火源多，如厨房和维修管道、设备的焊枪明火、烟蒂余星以及各类电气设备使用不当漏电、短路等，均能引起火灾。

2. 火势蔓延迅速

建筑越高，风力越大，高层建筑内设有的竖向通道多，如电梯井、管道井、通风竖井、电缆井、垃圾道和自动扶梯、楼梯间等，由于空气对流，着火时烟气的水平扩散速度为0.5~0.8m/s，而垂直方向的速度可达3.4m/s，0.5min即可上升100m左右。对建筑物而言，楼梯间、管道井、电缆井通风道形成"烟囱"，为燃烧产生的热烟提供了上升的条件，加上新鲜空气的补充，火势蔓延更加迅速。如沈阳的一名管工，当时在卫生间修焊管道，引起火灾，火势沿着管道一直上升到屋顶。所以高层建筑物要设避难层，同时顶层做平屋顶，可以停靠直升飞机用以火灾救援。

3. 疏散困难，易造成伤亡事故

楼梯是疏散的主要通道，人多时不易疏散，而且烟气扩散迅速，又含有一氧化碳等有害气体，人在浓烟中会窒息晕倒，伤亡损失大，均增加了控火、灭火的难度，所以公共建筑和廊道式居住建筑要求设置不少于两个安全出口或安全楼梯。

4. 扑救困难

由于目前我国消防设备能力有限，24m以上的建筑发生火灾时，从室外扑救困难。多层建筑可借助于城市的消防车灭火，高层建筑主楼在中央，周围是裙房，消防车无法靠近高层建筑，而且还需要在热辐射强、烟雾浓的环境下工作，均增加了控火、灭火的难度。所以高层建筑应立足于自救，同时高层建筑周围一定要设置消防通道。

（三）火灾危害

无论哪种类型的火灾发生，都不可避免地对周围环境造成各种影响，燃烧本身产生的烟、热量、各种有毒气体等对人身安全造成致命危害，火灾发生的同时还排放大量的CO_2、CH_4、N_2O等气体，增加区域乃至全球碳排放，破坏生态环境；火灾还能烧毁建筑物形成灰色垃圾，对森林、草原造成毁灭性的破坏；消防人员的活动、设备的运行、消防灭火救援行动中灭火剂的生产和使用，也会给环境造成严重危害。

根据火灾统计管理规定，火灾的直接损失是指被烧毁、烧损、烟熏和灭火中破拆、水渍以及因火灾引起的污染等所造成的损失。火灾的间接财产损失是指因火灾而停工、停产、停业所造成的损失，以及现场施救、善后处理费用。

火灾的危害性一般是指火灾造成的人员伤亡、财产损失、烧毁建筑物、引发次生爆炸等危害，除此之外，火灾发生时释放的烟气、毒气、热量对环境的影响，灭火剂灭火过程造成的环境污染也有很大的危害性，这种危害性虽然不能用经济损失的方法进行损失统计，但其影响会延续相当长的时间，近期没有显现的损失可能会在10年甚至更长的一段时间内显现出来。例如，1990年8月2日爆发的海湾战争，科威特油井大火的沉降物对环境和人类健康造成了严重危害。据不完全统计，此次战争期间共700多口油井每天烧掉600万桶原油，向大气层排出4×10^4 t二氧化硫，3×10^3 t氮氧化物，1×10^5 t一氧化碳，2×10^6 t二氧化碳，还有大量的硫化氢气体，此次战争产生的油井大火的沉降物对环境和人们健康造成的损害至今还在继续，有毒物质产生的难以预计的灾难影响了几亿人的生命健康。油火烟雾污染物进入动物的呼吸道和肺部，动物出现黑肺，家禽、野生动物患病死去。大火搅起的土壤使伊朗、伊拉克境内和阿拉伯半岛上的风暴的强度提高了一倍，出现的频率也增加了一倍。再如1986年苏联切尔诺贝利核电站发生的火灾，先后造成16000人死亡（消防人员18名，其中2人在反应堆爆炸中丧生，其余人员均死于核辐射），核辐射的影响已超出国界，影响时间上百年。

火灾不论大小均具有一定的破坏作用，特别是重、特大火灾的发生，会造成更大的人员伤亡和财产损失，将对社会的安定、经济的发展造成更大的阻碍，同时也加重了环境污染，因此应遏制重、特大火灾，将火灾损失降到最小。

（四）造成火灾形势严峻的主要原因

全面而客观地分析我国近年来的火灾状况、弄清造成火灾问题的原因是采取有针对性防治措施的前提。综合相关的研究可以看出，这样那样的火灾问题有着深刻的客观原因和主观原因，归纳起来主要有以下一些方面：

1. 可燃物类型和数量发生了重大改变

人民生活水平和工作环境的改善使许多家庭和工作场所的火灾荷载大大增加。现在人类接触的主要可燃物已不再是木材、棉花、秸秆、枝叶等天然植物体，而是许多人工合成的高分子聚合物材料，如塑料、橡胶、合成纤维等。与普通天然材料相比，这类物质易燃性强得多、热值高得多、有毒物质大得多、火灾危险性大得多。这类材料的广泛使用，大大增加了人们生产和生活场所的可燃物荷载。

此外，人类能源结构的改变也大大增加了火灾的严重性。现在许多地方都修建了大型燃油和燃气储罐，并建造了大量油气运输车船，而且燃油和燃气系统像网一样分布在城乡、矿区和交通沿线以及各种建筑物中。这种状况不但容易引起火灾，而且容易使灾害扩大，造成严重危害。同时在许多行业大量使用多种易燃易爆的石化产品，爆炸品的使用也比较广泛，而运输、储存与使用这些物品过程中的安全措施则不够完善，存在大量潜在的危险因素。

2. 新型建筑物大量涌现

近年来，出现了大量新式建筑，如超高层、高层建筑、地下建筑、大空间建筑、结构复杂的特殊建筑。这些建筑的火灾特性与旧式建筑有着巨大差别，给火灾防治提出大量新问题。例如超高层、高层建筑有利于提高土地使用率和工作效率，但超高层、高层建筑的烟囱效应强烈，受风速、气象等条件的影响很大，且起火因素多，人员疏散困难；地下建筑也有利于土地资源的开发和利用，但地下建筑处于地面之下很深的地方，人员与外界的沟通和空气与热量的置换都很困难，一旦发生火灾，热量与烟气无法散出，人员疏散困难，严重威胁生命安全；大空间建筑虽创造了宽敞、舒适的室内环境，但它不宜进行防火分隔，且常规火灾探测与灭火设施无法有效发挥作用，一旦失火，往往会造成整体损坏。这些特殊建筑火灾的扑救难度都很大，以往的火灾防治技术已无法适应需要。

3. 引发火灾的因素大大增加

在电力设施和热力设施广泛使用的今天，很容易出现引起火灾的点火源。多种电力和热力系统纷纷连接到建筑物内，它们不仅量大，而且分散，这就大大增加了起火的可能性。统计表明，电气起火已连续多年成为我国火灾的最主要原因。引起电气起火的直接原因有电线短路、接触不良、线路过载、接地不良等，而产生这些问题的原因主要有配电系统设计不合理、电气设施的产品质量不好、施工留下隐患与维护不够到位等。这类问题纠正起来具有较大难度。燃气燃油设施的大量使用也为形成点火源创造了条件。例如城市煤气管网的建立方便了人们的生活，但如此庞大的系统难免会在某个环节发生故障，而每一个故障点往往就是一个点火源。在有些建筑内经常有使用或储存易燃易爆物品的情况，但相应的安全监管体系尚不健全、监管力量薄弱。汽车、拖拉机等运输机械的大量使用也为起火因素的增多制造了机会，近年来我国多起重大火灾就是由运输机械喷出的余火引发的。

4. 城市化的快速发展使火灾危害更为集中

城市是社会、经济和文化的中心，为了支持城市正常运转，需要建立庞大的具有多种功能的生命线系统。这种系统的整体相关性极强，一个子系统的功能失效将很快影响到其他子系统的正常运行。重大恶性火灾往往是导致城市生命线系统不能正常运行的主要灾害之一。一个大型企业发生火灾，不仅可将该企业毁坏，而且会破坏相关的动力、燃气、供水、通信等系统。例如深圳市清水河安贸公司危险品仓库火灾、北京东方化工厂油罐区火灾等均对相邻区域的水、气、电、交通等系统和相关生产企业的正常运转造成严重影响。

5. 火灾防御体系跟不上经济建设的发展

在经济建设快速发展的过程中，灾害的防御体系应当同步发展。我国不少城市在这方面存在着较严重的问题。首先是城市整体规划不周全，防灾减灾的设防思想不够明确，措施不够到位。例如有的城市中不同类型的企业布局欠合理，有些危险性相当大的工厂和仓库仍留在城区之内,有的城市的"城中村"没有完整的消防规划,有的城市缺乏必要的消防水源,有的城市没有足够宽的防火隔离带和城市绿地,不少城市的公共消防基础设施严重不足等。其次是不少建筑的防火设计方案不够合理,普遍存在消防设施严重不足、现有消防设施的完好率低,设施的设计和施工达不到规范要求等情况,有的消防设施在日常使用中缺乏必要的技术管理和维护,以致长期不能正常工作,且经常发生消火栓不出水或严重漏水、自动消防系统不能启动、防火门不防火等问题。最后在不少旧城区、旧企业的改建和改造中,忽视了火灾防御体系的同步改建和改善。因此,一旦发生火灾,经常处于被动的局面。

6. 缺乏扑灭大型火灾的现代化灭火装备

目前,我国消防装备的数量、性能远不能适应扑灭大型建筑火灾、大型石化火灾的需要。例如目前我国的主流消防车的车型偏旧、功率偏低,技术装备配套不足,虽然近几年已经得到了很大的改善,与发达国家相比,严重缺乏登高消防车和多功能特种消防车。除少数城市外,多数城市的消防通信指挥系统尚处于改建、初步完善的阶段,国外不少城市早已使用直升机灭火和救援,而我国则处于开始阶段。处理特殊场合火灾的抢险救援设备也严重不足,且目前主要依靠进口,为了提高城市消防实力,亟待扭转这种状况。近年来,尽管消防力量已有很大的增强,但仍然不能适应与新型火灾作斗争的需要。

二、热传播与灭火原理

(一) 热传播形式

由于温度差而引起热量传递的过程称为传热或称热传播。火灾发生、发展的整个过程始终伴随着热传播过程。热传播是影响火灾发展的决定因素。热传播通常以热传导、热对流、热辐射三种方式完成。

1. 热传导

热量通过物质直接接触从高温区向低温区的流动过程称为热传导或导热。其传导方式是依靠彼此接触的微粒相互碰撞来交换能量的,主要发生在固体物质中。

影响热传导的因素有:

(1) 温度差。

温度差是热量传导的推动力,温度差越大,传导出的热量越多。

(2) 导热系数。

导热系数是材料导热能力大小的标志,不同物质的导热系数不相同,导热系数越大的物质,其传导热量的能力越强。

(3) 导热物体的厚度(距离)和截面面积。

热传导和导热物体的厚度、截面面积关系较大,截面面积越大、厚度越小,则传导的热量越多。

(4) 时间。

在其他条件相同时,时间越长,传导的热量越多。

2. 热对流

热对流是通过流动介质将热量由空间的一处向另一处传递的现象。热对流的方向是热流体向上、冷流体向下流动,因而总是向上扩散燃烧。

根据流动介质，可将热对流分为气体对流和液体对流；按引起对流的原因，可将热对流分为自然对流和强制对流。

（1）气体对流。

气体对流是通过气体流动来传播热能的现象。气体对流使火灾迅速蔓延。燃烧放出的热量加热了燃烧产物，体积膨胀上升，离开燃烧区，同时补入的新鲜空气进入燃烧区。对流作用越强，越助长燃烧猛烈地发展。

（2）液体对流。

液体对流是指液体受热后，受热部分因体积膨胀、密度减小而上升，而温度较低、密度较大的部分则下降，就在这种循环运动中进行着的热传递，最后使整个区域液体被加热。

（3）自然对流。

自然对流是指流体的运动是由自然力所引起的。当流体的一部分被加热时，这部分流体的密度降低，由于密度差产生了浮力，结果较轻的流体微团上升，较重的（较冷的）流体微团下沉，使流体产生对流，并把热量由高温区带到低温区。

（4）强制对流。

强制对流是指流体微团的空间移动是由机械力引起的。在发生火灾时，若通风机械还在运行，就会成为火势蔓延的主要途径。例如：建筑中使用的防排烟系统、消防风机系统就能抑制烟气扩散和自然对流。

影响热对流的主要因素有：

（1）温度差。

燃烧区温度越高，对流的速度越快。

（2）通风孔洞面积。

通风孔洞越多、通风孔越高、通风口面积越大，热对流的速度越快。因此，控制建筑物的通风洞口，冷却热气流或把热气流导向没有可燃物或火灾危险性较小的方向，是防止火势通过热对流发展蔓延的主要措施。

3. 热辐射

以光速和电磁波形式传播热能的现象，叫作热辐射。例如，电磁波波长在 $0.1\sim100\mu m$ 范围内的辐射能，被物体吸收后能转变成热能，这种辐射线称为热射线。热射线包括可见光以及部分紫外线和红外线。

影响热辐射的因素有：

（1）表面绝对温度。

理论和试验表明，辐射物体在单位时间内、单位表面积所发出的辐射能与热源表面的绝对温度的四次方成正比。

（2）受辐射物体的距离。

受辐射物体与辐射热源之间的距离越大，受辐射物体受到的辐射热越小，即辐射热量与距离的平方成反比。距离增加一倍，受到的辐射热减少到 1/4。

（3）辐射物体与受辐射物体的相对位置（角度）。

辐射物体辐射面与受辐射物体处于平行位置，即辐射角为 0°时，受辐射物体接收到的热量最多。

（4）物体表面状况。

物体的颜色越深，表面越粗糙，吸收的热量越多；表面光亮，颜色较淡，反射的热量越多，则吸收的热量越少；透明物体仅吸收一部分热量，其余热量能穿过透明物体。

（二）灭火的基本原理

根据燃烧的基本条件要求，任何可燃物产生燃烧或持续燃烧都必须具备燃烧的必要条件和充分条件。因此，火灾发生后，所谓灭火，就是破坏燃烧条件使燃烧反应终止。灭火作用主要是物理过程，化学抑制是一个化学过程。

1. 冷却灭火

一般可燃物能够持续燃烧，其条件之一就是它们在火焰或热的作用下，达到各自的着火温度。因此，对一般的可燃固体，将其冷却到燃点以下；对可燃液体，将其冷却到闪点以下，燃烧反应就会中止。用水扑灭一般固体物质的火灾，主要是通过冷却作用来实现的，水能够大量吸收热量，使燃烧物的温度迅速降低，最后导致燃烧中止。

2. 窒息灭火

各种可燃物的燃烧都需要在其最低氧浓度以上进行，低于此浓度时，燃烧不能持续。一般碳氢化合物的气体或蒸气通常在氧浓度低于15%时不能持续燃烧。用于降低氧浓度的气体有二氧化碳、氮气、水蒸气等。通过稀释氧浓度来灭火的方法，多用于密闭或半密闭的空间。

3. 隔离灭火

可燃物是燃烧条件中的主要因素，如果把可燃物与引火源以及氧隔离开来，那么燃烧反应就会自动中止。火灾中，关闭有关阀门，切断流向着火区的可燃气体和液体的通道；打开有关阀门，使已经发生燃烧的容器或受火势威胁的容器中的液体可燃物通过管道导至安全区域，都是隔离灭火的措施，这样残余可燃物烧尽后火也就自然熄灭了。

此外，用喷洒灭火剂的方法，把可燃物同氧和热隔离开来，也是通常采用的一种灭火方法。泡沫灭火剂灭火，就是用产生的泡沫覆盖于燃烧液体或者固体的表面，在冷却作用的同时把可燃物与火焰和空气隔开，达到灭火的目的。

4. 化学抑制灭火

物质的有焰燃烧中的氧化反应，都是通过链式反应进行的。碳氢化合物的气体或蒸气在热和光的作用下，分子被活化，分裂出活泼氢自由基H·，氢与氧作用生成的H·、·OH、O·等自由基成为链式反应的媒介物，使反应迅速进行。对含氧的化合物，燃烧的速度取决于·OH的浓度和反应的压力，对不含氧的化合物，O·的浓度决定了燃烧的速度。因此，如果能够有效地抑制自由基的产生或者迅速降低火焰中的H·、·OH、O·等自由基的浓度，燃烧就会中止。许多灭火剂都能起到这样的作用，如干粉灭火剂，其表面能够捕获·OH和H·使之结合成水，自由基浓度急剧下降，导致燃烧中止。

第三节　消防工作

消防工作是人们同火灾作斗争的一项专门工作，它的任务是"预防火灾和减少火灾危害，保护公民人身、公共财产和公民财产的安全，维护公共安全，保障社会主义现代化建设的顺利进行"。做好消防工作是国家建设的需要、人民安全的需要，是全体社会成员的共同责任，任何单位和个人都有维护消防安全和预防火灾的义务。

一、消防工作的意义和作用

（一）消防工作的意义

消防工作是国民经济和社会发展的重要组成部分，是发展社会主义市场经济不可缺少的保障条件。消防工作直接关系人民生命财产的安全和社会的稳定。近年来我国发生的一些重特大火灾，一次火灾就造成几十人甚至数百人的伤亡，造成上百万、上千万甚至几亿元的经济损失，这不仅给许多家庭带来不幸，而且使大量的社会财富化为灰烬。不仅如此，事故的善后处理往往又牵扯政府很多精力，严重影响经济建设的发展和社会的稳定，有些火灾事故还会成为国内外舆论的焦点，政治影响教训是十分沉痛和深刻的。因此，做好消防工作，预防和减少火灾事故特别是群死群伤的恶性火灾事故的发生，具有十分重要的意义。

消防工作是一项社会性很强的工作，涉及社会的各个领域，与各个行业和人们的生活都有着十分密切的关联。随着社会的发展，仅就用火、用电、用气的广泛性而言，消防安全问题所涉及的范围很广。全社会每个行业、每个部门、每个单位甚至每个家庭，都有一个随时预防火灾、确保消防安全的问题。总结以往的火灾教训，绝大多数火灾都是由于人们思想麻痹、行为放纵和不懂得消防规章，或者有章不循，管理不严，明知故犯，冒险作业造成的。火灾发生后又有不少人缺乏起码的消防科学知识，遇到火情束手无策，不知如何报警，甚至不会逃生自救，导致严重后果。

因此，全社会各部门、各行业、各单位以及每个社会成员，都要高度重视并认真做好消防工作，认真学习并掌握基本的消防安全知识，共同维护公共消防安全。只有这样才能从根本上提高一个城市、一个地区乃至全社会预防和抗御火灾的整体能力。

（二）消防工作的作用

1. 保护公民人身和财产安全

做好消防工作，确保公民的生命财产安全，这是由消防工作的属性决定的。人民群众是国家的主人，是社会物质财富的创造者。随着国民经济和社会的发展，城乡人民生活水平不断提高，人民群众的消费观念在转变，家庭装修的档次越来越高，家用电器和具有易燃易爆特性的城市燃气也越来越多地进入人们的生活领域，家庭里的火灾因素也随之增多。一旦发生火灾，不仅会造成财产的严重损失，而且会造成人员伤亡。一家失火，殃及四邻，影响更多居民群众的正常生活。

据统计，2020年，全国共接报火灾25.2万起（不含森林、草原、军队、矿井地下部分火灾，下同），死亡1183人，受伤775人，直接财产损失40.09亿元。可见做好消防工作，对保护公民的生命财产免受危害，为公民创造一个良好的生活、工作、生产秩序，保障人们安居乐业具有重要作用。

2. 保护公共财产安全

公共财产是国家的物质财富。火灾对公共财产造成的损失是触目惊心的。如1987年5月6日至6月2日大兴安岭森林特大火灾，除造成193人死亡，226人受伤，过火面积为101万 hm^2，其中国有森林面积70万 hm^2、烧毁储木场木材85万 m^3，烧毁各种设备2488台，其中汽车、拖拉机等大型设备617台，烧毁桥梁、涵洞 67 座，总长 1304m，毁坏铁路专用线 9.2km，损坏通信线路 483km，输变电线路 284km，大火殃及一个县三个镇，烧毁粮食 325 万 kg，房屋 61.4 万 m^2，火灾破坏了 1000 多万亩林业资源。这场火灾造成的直接经济损失达 5 亿多元。大火对生态环境的破坏，更是难以用经济价值来衡量的。金山银山不如绿水青山，森林中棵棵树木是我们的绿色财富，一旦发生火灾，我们人民的生活和森林资源将会遭受难以预计的损失。因此我们必须看到，随着经济的不断发展，公共财产会越来越多，保护公共财产免遭火灾侵害的任务必将日趋繁重。

3. 保护历史文化遗产

我国是一个具有悠久历史文化而又富于革命传统的国家，北京、西安、开封、洛阳、杭州、沈阳等历史古城，在城池内都建造了许多富丽堂皇的宫殿、寺院和教堂，在山水花木之间建造了很多亭台楼阁。

这些古代建筑、历史文物和革命遗址，都体现了中华民族悠久的历史、光荣的革命传统和光辉灿烂的文化，若失火，将造成不可挽救、无法弥补的损失。如 1981 年 4 月，北京的寿皇门起火，大火烧了 6h，使这座古建筑不复存在；1994 年 11 月 15 日，吉林市博物馆的银都夜总会发生火灾，使黑龙江省博物馆在吉林市巡展的一具长 11m、高 6.5m 的恐龙化石化为灰烬，使 32000 多件文物、石器、陶器、服饰、书画以及 40 多年来的音像、图片、文字资料档案、11000 余枚 19 世纪末 20 世纪初国内外的珍贵邮票、1909 年至今的 9.73 万册科技文献及中外文刊物等被烧毁；还烧毁建筑物 6800m^2，直接经济损失 671 万元，文物损失无法估价。

我国历史上古建筑火灾也很多，就连闻名遐迩的少林寺也曾三遭火劫。少林寺建于北魏太和十九年，距今已有 1400 多年的历史，在这期间几度兴衰，第一次火灾发生在隋朝，第二次火灾发生在清朝，第三次火灾发生在 1928 年，损失了许多珍贵文物。从以上火灾事故可以看出，做好消防工作对保护和继承我国的历史文化遗产，发扬革命传统和教育后人，发展我国的旅游事业都具有十分重要的作用。

(三) 消防工作中存在的问题

1. 多部门联合监管机制尚未形成

《中华人民共和国消防法》所说的部门依法监管并不是仅指消防部门的监管，而是指公安、建设、工商、质监、安监、教育、人力资源等部门都应当依据有关法律法规的规定，履行相应的消防安全监管职责。然而，当下除消防部门外，其他相关部门履行消防监管职责的主动性依然缺乏，许多情况下是靠消防部门来推动，消防部门唱独角戏的局面尚未得到根本改变。

2. 社会各单位的责任主体作用未充分发挥

我国消防管理机制的雏形是在计划经济体制下形成的，政府及公安消防部门主要依靠行政手段实施管理，对社会公共消防安全事务几乎是大包大揽。对社会各单位的消防监督工作一方面依靠"红头文件"等行政命令手段，布置消防工作，落实责任目标；另一方面，以消防安全重点单位为主，开展防火检查，督促整改火灾隐患。形成了"检查—责令整改—再检查—再责令整改"的僵化模式。而社会各单位作为消防安全的责任主体，则处于被动状态，习惯于按照公安消防部门的检查和要求开展消防管理，单位普遍缺乏自主意识，有依赖性，造成了角色错位。

3. 保险功能发挥不足

保险具有转移风险、均摊损失、实施补偿和辅助监督、指导减灾的功能。在发达国家，保险在消防管理中发挥着重要作用。比如，美国的保险公司有自己的消防研究所和火灾实验室，对参加保险的企业按照标准事先评估，不具备条件的不予投保；对已投保的企业，一是定期进行消防安全检查，对检查发现的问题指导其整改，如果不加以整改，发生火灾时将不予以赔偿；二是对在保险期内严格消防管理而未发生火灾的企业，在下一轮投保时，要降低其费率。在我国，虽然保险在防灾、减灾方面发挥了一定作用，但与发达国家相比差距很大，我们的保险企业对投保火灾险既没有严格评估，也不开展消防安全检查。我国也没有从火灾保险收益中提取消防经费。保险的防灾减灾功能发挥严重不足。

4. 消防力量建设与投资社会化程度低

近几年来，虽然我国的消防力量建设发展迅速，但仍不能满足社会和人民群众日益增长的消防服务需求。而制约消防力量建设发展的瓶颈就是资金不足，其原因是投资大多来源于政府，主体单一，不能充分吸收民间资本。现有的民间消防力量由于资金问题又面临生存困境。

（四）促进消防工作开展的策略

1. 完善消防机构的联合监管机制

根据《中华人民共和国消防法》第四条的规定，国务院应急管理部门对全国的消防工作实施监督管理。县级以上地方人民政府应急管理部门对本行政区域内的消防工作实施监督管理，并由本级人民政府消防救援机构负责实施。同时也规定，县级以上人民政府其他有关部门在各自的职责范围内，依照该法和其他相关法律、法规的规定做好消防工作。《中华人民共和国消防法》规定的"部门依法监管"并不仅指消防部门的监管，而是指负有消防安全监管职责的政府部门都应当依据有关法律、法规的规定，履行相应的职责，对社会消防安全事务进行监管，并且要形成有效的联动机制。

2. 发挥保险的防灾减灾功能

借鉴发达国家的经验，充分发挥保险在防灾减灾中的作用。一是要积极推进火灾财产保险和火灾第三者责任保险；二是推进保险企业参与防灾减灾过程，鼓励保险企业开展防灾减灾研究，开展防灾检查，并把保险费率与企业消防安全状况挂钩；三是促进消防与保险互动，消防部门发现火灾隐患，尤其是重大火灾隐患要通报保险企业，保险企业在防灾减灾检查中发现的问题也要通报消防部门，做到互通有无；四是要通过立法，确立每年从火灾保险收益中提取消防基金，弥补消防资金的不足。

3. 推动消防力量建设投资多元化

消防力量建设投资多元化是指消防力量建设不能仅依靠政府，还要引入市场机制，采取多种形式引导社会资金加大对多种形式消防力量建设和公共消防设施的投入。其措施包括：

（1）鼓励支持民间资本投入消防。

在政府无力建设消防队的地方，鼓励、支持建立民间消防队，并为其运行提供优惠政策。在可能的情况下，提供支持、资助。

（2）实行减免税制度。

一是对建有专职消防队的企业，根据其规模实行减税制，鼓励其发展专职消防队；二是对企业捐助消防等公共事业的，要减免适当税收，彻底纠正捐赠还要纳税的现象。

(3) 设立消防基金。

设立消防基金用于资助民间消防队的运行和其他公共消防事业。基金来源一是完善消防捐助制度，吸收社会热心人士的捐助；二是每年从保险企业火灾保险收入中提取一定的资金，划入基金。对基金要有严格的使用管理制度，防止被滥用。

二、政府消防工作

（一）政府消防工作的定义和职能

消防工作即防范和治理火灾的相关工作，具有三个主要特性：一是社会性，消防工作渗透在社会生产生活的所有领域，只有依靠全社会的力量，在全社会成员的共同关心、重视、支持和参与下一起行动才能真正做好；二是经常性，消防工作涉及各行各业、千家万户，在日常生产工作和生活过程中，只要稍有疏忽失控，就有可能酿成灾害，因此要时时抓、处处抓；三是群众性，纵观古今中外各类火灾事故教训，尽管致灾原因复杂多样，但绝大多数火灾仍源于一人一事一时的过错失误，因此只有号召、组织广大人民群众共同积极参与，"消"才有力量，"防"才有基础，才能从源头上抑制、避免火灾事故发生。

政府消防工作即是指以政府为主体依照国家法律法规，依靠群众，运用行政、法律、经济等手段，维护社会消防安全，保障社会生产生活正常进行的行政管理活动。从古到今，无论先秦奴隶主政权、封建地主政权，还是近代资本家政权、现代人民民主专政政权，国家权力的执行机关均把消防安全当作定国安邦的基本要素之一，对消防工作无不重视。历代王朝的许多皇帝在发生影响重大的火灾以后，通常都下达"罪己诏"，或采取"避殿、减膳、撤乐、求直言"等相当严肃"罪己"措施的做法，以顺应"天意"，规避"天谴"，有力地证明了在古代，消防工作属于最高权力统治者皇帝的职责。

中华人民共和国成立以来，党和国家历届领导人对防灾减灾工作十分关注，非常重视消防工作的建设发展。《中华人民共和国消防法》明确指出：国务院领导全国的消防工作，地方各级人民政府负责本行政区域的消防工作。要求各级人民政府将消防工作纳入国民经济和社会发展计划，保障消防工作与经济社会发展相适应；将消防规划纳入城乡规划并组织实施；开展消防宣传教育和消防安全检查，督促或者组织整改重大火灾隐患；建立多种形式的消防组织，增强火灾预防、扑救和应急救援能力；建立应急反应和处置机制，落实人员、装备等保障；根据火灾扑救需要组织支援灭火等。一个地方消防工作的好坏取决于当地政府的重视程度，各级政府在本行政区域内要有消防规划，辖区各地要有消防组织，重要场所要有消防检查，重要活动要有消防预案、消防措施，公民教育要有消防宣传，灾害事故要有消防救援，等等。以上众多与消防有关的工作，只有从中央到地方的各级政府才有能力来组织开展。

（二）政府消防体制结构

《中华人民共和国消防法》第三条规定："国务院领导全国的消防工作。地方各级人民政府负责本行政区域内的消防工作……"第四条规定："国务院应急管理部门对全国的消防工作实施监督管理。县级以上地方人民政府应急管理部门对本行政区域内的消防工作实施监督管理，并由本级人民政府消防救援机构负责实施。军事设施的消防工作，由其主管单位监督管理，消防救援机构协助；矿井地下部分、核电厂、海上石油天然气设施的消防工作，由其主管单位监督管理。"

2018年以前，公安机关消防机构指的就是公安消防部队。公安消防部队是公安部门管理的现役部队三个警种之一，列入武装警察序列，也称为武警消防部队，受公安部直接领导、接受武警总部的军事训练指导，是公安机关的重要职能部门，也是国家武装力量的重要组成部分，担负着公安消防保卫任务和应付突发事件的双重职能。

2018年10月，根据中共中央《深化党和国家机构改革方案》，公安消防部队、武警森林部队退出现役，成建制划归中华人民共和国应急管理部，组建国家综合性消防救援队伍。应急管理部负责管理消防救援队伍、森林消防队伍两支国家综合性应急救援队伍，承担相关火灾防范、火灾扑救、抢险救援等工作，设立消防救援局、森林消防局，分别作为消防救援队伍、森林消防队伍的领导指挥机关。《中华人民共和国消防法》第三十六条规定：县级以上地方人民政府应当按照国家规定建立国家综合性消防救援队、专职消防队，并按照国家标准配备消防装备，承担火灾扑救工作。乡镇人民政府应当根据当地经济发展和消防工作的需要，建立专职消防队、志愿消防队，承担火灾扑救工作。

三、社区消防工作

（一）社区消防工作管理模式的含义

社区是指聚居在一定地域范围内的人们所组成的社会生活共同体。从广泛的意义上讲，社区是由地域、人口、组织及制度、生活服务设施和共同利益五个要素构成。社区可以是以城市主要街巷、道路为界的地缘型社区，可以是封闭的、相对完整的单元型社区，也可以是一个单位形成的单位型社区。

社区消防工作是指利用社区的组织机构，建立社区消防网络，组织人员实行防火安全检查，消除火灾隐患，扑救初起火灾。

社区消防工作管理通过各种体制、手段、方式等要素来落实管理社区消防的特定目的，这些要素的有机结合称为社区消防工作管理模式。

（二）我国社区消防工作管理模式的种类

我国的社区建设正处于发展阶段，社区的机构设置、人员编配和经费供给等呈现多样化的特点，由此社区消防安全管理也存在不同的模式，其主要有：

1. 政府主导型

这种管理模式主要存在于由基层政府管理而建立的社区。这类社区消防组织比较健全，社区消防管理人员主要为政府机构人员或派出人员，设置专职或兼职的消防监督队伍，消防监督队伍的人员对社区内单位、居民区等的消防工作进行监督检查，督促其消除火灾隐患。社区消防经费开支由政府补贴解决。

2. 单位主管型

这类社区多为企事业单位的职工住宅区，社区消防管理工作由单位负责。因这类社区的楼群和居住人员比较少，居住人员工作背景相似，同属于一个企事业单位，一般由保卫值班人员作为兼职的消防监督检查人员，他们负责日常消防安全管理、消防设施的维护。社区消防经费开支主要由企事业单位财政负责。

3. 物业管理型

这类社区多数为新开发建设的住宅小区，物业管理比较规范，由开发公司派生出的物业管理公司或由业主委员会通过招标等形式选定专业的物业公司实施。有专职或兼职消防管理员，并设置由保安组成的义务消防队，义务消防队员能及时发现火灾隐患，社区消防经费开支主要是从物业管理费中收取以及从小区的维修基金扣除。

4. 社会主导型

这类社区主要存在于城市的居民社区、城乡接合部、城中村等地区，这些社区消防工作主要由居委会、村委会进行管理，由社区的治安员组成义务消防队。义务消防队员执行防火监督工作，消除火灾隐患，社区的消防经费来源于居委会、村委会的财政费用。

（三）国外的社区消防工作管理模式

1. 公众参与型

以美国为代表，社区消防工作通常由某些联邦或地方政府机构成立职业消防队，对社区的义务消防队进行指导，义务消防队和消防志愿者运用社区教育的方法，对消防工作进行宣传，并消除社区的消防隐患和扑灭初起火灾。

美国消防工作的重点是消防宣传教育，着力提高全民消防意识和消防基本常识。美国全民消防意识较强，50％公民都是消防志愿者，中小学都开设有消防安全教育课。到一个新的地方上班，建筑物安全保卫部门都会介绍消防设施及紧急情况下逃生的通道，并做示范。

2. 地区自治管理型

以德国、日本等国为代表，德国不设置专门的消防行政管理机构，消防工作由各州政府独立管理。经费主要由政府拨给。日本总务省（"省"相当于我国的"部"）消防厅是最高消防机关。消防厅不直接参与消防活动，消防厅对市、町、村的消防工作提出建议和指导，制定政策、法律和计划。实行市、町、村自主管理消防的自治体消防制度。市、町、村的消防费由该市、町、村负担。消防的管理者是市、町、村长。市、町、村长按照法律和条例规定任命消防职、团员，制定预算并执行，指挥监督消防机关的工作，拥有处理消防事务的全部权限。这类社区消防管理者对社区的情况比较熟悉，能经常性、有针对性地开展消防宣传教育和监督检查活动，能及时地消除火灾隐患，一旦发生火灾，也能及时扑灭。

3. 自我管理型

以中国台湾地区为代表，倡导"自己的财产自己保护"的理念，社区消防主要由消防机构进行指导，义务消防员则进行辅助，做好宣传工作，而业主做好自我管理，防止火灾发生。政府专项预算作为消防经费，民间各类防灾组织由政府鼓励和财团扶持。这种管理模式的优点是能尽量减少火灾隐患的出现以及发生火灾的机会。

台湾地区十分重视防火工作，从法规的角度，对消防、建设、物管和业主的职责做了明确的界定，大力倡导"自己的财产自己保护"的理念，而且有详细具体的法定措施，确保这一理念的推行和落实。台湾地区认为：世界各国消防管理的理念，都应将政府定位于"灾害预防"的管理，而非执行。也就是政府消防机构不直接实施对单位的火灾预防工作，而只是实施社会火灾预防管理。

四、农村消防工作

（一）我国农村消防工作现状

1. 乡镇消防工作责任未落实

乡镇对农村消防工作的重要性普遍认识不够，责任未落实。各乡镇一级领导对农村消防工作的重要性认识不到位，不够重视。农村消防安全工作责任制未建立，制度不健全，各项责任未得到落实，主要表现为三个方面：

（1）消防安全责任制落实不到位。

各级政府部门消防工作体制不完善，责任制流于形式，消防安全工作一票否决制未严格执行。考核和奖惩措施不明晰，未形成一级抓一级的消防工作体制，更没有形成消防安全"自我教育、自我管理、自我控制"的良好氛围。由于部分领导对农村消防工作的认识不到位，各级各部门虽层层签订了消防安全目标管理责任状，但消防工作还是存在"说起来重要、抓起来次要、忙起来不要"的现象，工作只注重签状应付上级考评，而不在资金、人员、机制上进行部署，消防工作往往止步于会议和文件。

（2）政府对消防工作的认识不到位。

政府领导对消防工作的认识不到位，认为消防工作只是消防部门的事。对消防工作社会属性未正确认识，对"消防工作由地方各级人民政府负责""消防工作按照政府统一领导、部门依法监管、单位全面负责、公民积极参与的原则，实行消防安全责任制"等消防法律规定不熟悉，认为消防工作只是消防机构的工作，与政府、百姓无关。

（3）忽视农村消防安全的重要性。

对农村工作的开展产生畏难情绪，忽视农村消防安全的重要性。由于农村经济因素的影响，不能将开展农村消防工作所需经费纳入政府财政预算，致使农村消防工作缺乏必要的资金保障。一些干部认为农村消防工作点多、面广、量大，兼顾不了，照顾不到，不但抓不好，而且抓不了，认为农村消防什么都难，投入难到位，群众难组织，人员难落实，设备难添置，干脆就不干了。

2. 乡镇消防规划普遍缺乏

近年来，农村消防设施有了一些改善，但是，总体上乡镇消防规划普遍缺乏，农村消防基础设施建设仍然滞后于经济和社会发展需要。

绝大部分乡镇消防规划没有实施，甚至有部分乡镇连城镇总体规划也没有制定，这就造成消防工作与城镇建设不能协调、同步发展，消防队伍、公共消防设施等基础性建设滞后严重。消防安全布局不合理、消防通道不畅已成为制约消防工作发展的难题。大多数乡镇市政消防栓设置不到位，缺少消防水源，有些农村地区不要说市政消防水源，就连普通的消防水池、水缸也很难见到，村中也未配备消防水泵等消防设备和器材；有的乡镇虽配了消防器材，但因管理不善，丢失或损坏严重，一旦发生火灾，靠桶子提水灭火，靠脸盆端水灭火，杯水车薪，致使许多火灾不能及时有效扑救，等从城市赶来的消防人员到场时，火灾要么已经是小火酿成大灾，要么是所有东西已经毁于烟火之中。尤其是山区的一些农村，山路崎岖，道路狭窄，消防车根本无法通行，这些地方一旦发生火灾，消防车开不进现场，人们只能望火兴叹。

3. 农村消防宣传教育工作不到位

近年来，全国各地消防宣传"五进"之"进农村"工作开展以来，农村消防工作虽有了一定的发展，但由于广大农村居民居住偏、远、散，群众普遍受教育的难度很大，村民的消防安全知识普遍匮乏。

一方面，农村消防宣传形式单一，消防宣传力度不够，效果不明显。在大多数人看来，消防工作是消防部门的事，而农村的消防工作不是很重要，即使发生火灾也不会有太大的损失。但从目前的情况来看，农村发生火灾的损失非常大。目前，农村防火宣传基本上还是靠集市上发发宣传单、在墙壁上写写宣传语等形式，农村消防宣传教育还处于浅表状态，群众消防意识淡薄。近年来，政府虽然加强了宣传教育，但采取的宣传措施和力度还不够，消防机构虽然把农村的消防宣传作为"五进"工作的一项重要内容，但因消防人员匮乏，再加上繁重的消防工作任务，所以对农村的消防宣传工作只能心有余而力不足。

另一方面农民消防安全意识不强、消防安全知识匮乏。目前，农村群众整体文化素质不高，更缺乏必要的消防常识。在日常工作中消防宣传在组织、人员、经费、氛围等方面仍存在许多不足之处，尽管《中华人民共和国消防法》第六条对消防宣传工作有明确要求，但目前从实施情况看，贯彻落实情况很不理想，仍需在这一方面加强落实。

（二）解决农村消防工作存在问题的对策

1. 将农村消防安全融入安全生产"大安全"

县乡一级政府的安全生产监督管理机构健全、组织严密、制度完善，安全生产与经济、综治同为年度"一票否决"考核项目，地方党委政府高度重视农村消防工作，将消防安全纳入安全生产"大安全"范畴，依托安全生产委员会、安监局一并推进实施，不仅能有效保证各项消防工作同部署、同检查、同考核、同评比，而且避免了地方党委政府特别是县委县政府在人力、物力、财力方面的分散，避免了县级应急管理局疲于汇报、协调和沟通，每年集中办几件安全生产工作大事，能一并兼顾消防安全；每年集中开展几次安全大检查、大宣传，能一并落实消防安全。

2. 建立健全农村消防安全管理机制

农村消防工作作为一项长期的基础性、社会性、综合性的工作，是全社会安全工程体系的重要组成部分，涉及社会、政府工作的方方面面，需要各个部门的积极参与，积极作为，并且要协调配合，政府部门和广大人民群众的共同重视是农村消防快速发展的前提与保证。要充分发挥各级政府的组织领导作用，提高村民的防范意识，逐步建立、健全消防安全监督管理系统。

3. 加强村镇消防规划和消防基础设施建设

各级政府有关部门应在原有建筑的基础上，合理规划布局，大力推进农村公共消防基础设施的建设，以保障农村消防安全布局合理，消防水源、消防通信、消防通道的建设合理。按照《中华人民共和国消防法》《中华人民共和国城市规划法》，住房城乡建设部出台了《村庄和集镇规划建设管理条例》《村镇规划标准》和公安部制作的《村镇建筑设计防火规范》。《村镇规划标准》中规定，要加强农村消防规划和基础设施建设。建议政府深入推进农村房改工作，提高农村住房的耐火等级，鼓励使用高防火等级的建筑材料，并根据使用量政府给予补贴，开辟防火通道，建设农村防火线，把农村消防基础设施与其他基建工程结合起来，使消防水源、消防通道和消防通信等同步实施，努力提升农村消防基础设施建设层次，整合农村消防资源，优化农村消防安全基础环境。在村镇总体规划的时候，需加强与消防部门的沟通和协调，及时补充和完善消防安全相关的内容，将消防规划纳入城镇总体规划布局的重要内容。消防整体规划缺乏或内容不完善的，要及时补充消防规划。

4. 提高农民群众消防安全意识

"全民消防，生命至上"作为"119"宣传的核心，突出了全民这个主题和范围，农村在开展消防宣传的时候也要紧密结合农村实际，突出农村特色，切实提高广大农民的消防安全意识。一是在村里设置一个专用的防火宣传窗口，并设置宣传牌和防火标志；二是多种渠道、形式定期进行消防安全宣传活动，普及消防安全知识，提高人们灾害预防的能力，为广大农民开展贴近现实生活的法律和条例的教育，倡导科学的生产、生活方式，引导农民安全使用电器、燃气等，提高群众消防安全意识；三是定期组织儿童和青少年、老人、妇女为主要目标群体，其中要突出留守儿童、空巢老人、孕妇等开展消防安全教育，着重培训和加强家庭消防安全和疏散、逃生自救知识，使农民掌握基本的消防灭火能力和逃生技能；四是要在每个村至少培养一名负责农村消防宣传工作的专（兼）职消防宣传员。

同时，各级教育部门要把消防安全知识的教育纳入农村中小学校教学内容，从儿童抓起，达到教育一个学生、带动一个家庭、影响整个社会的目的，从而推动农村消防建设，提升全民消防安全意识。在农村，村民除了受教育的程度不高、与外界接触较少以外，还会受宗教、习俗礼仪、传统思想等的影响，导致消防安全知识和意识不足。此外，执行层人员（指各级政府、机关、团体、社会调控等媒介的工作人员）的消防安全意识也有待提高。要充分利用乡镇现有的中小学、村民活动室、党员活动室、文化大院、农家书屋、广播站、宣传栏、标语等教育阵地，综合调动广播、电影电视、报纸杂志、宣传栏、图片展等宣传载体，广泛宣传《中华人民共和国消防法》、各种消防规章制度以及消防安全常识，做到常抓不懈、循序渐进，才能切实增强农村普通民众的消防安全意识，才能获得农村消防安全工作建设发展的全面胜利。

第二章　灭火剂与灭火系统

随着我国经济的快速发展，社会财富日益增多，城市化进程明显加快，使得引发火灾的因素逐渐增加，火灾的发生及危害性越来越大，火灾形势呈现出严重化趋势。火灾不仅会造成巨大的人员伤亡、财产损失及恶劣的社会影响，还会对环境造成严重的污染及破坏。为了能有效地控制火灾的发生，灭火剂与灭火系统的使用就显得尤为重要。本章主要对灭火剂与阻燃剂、灭火器的配置以及灭火系统进行研究和论述。

第一节　灭火剂与阻燃剂

为了迅速扑灭火灾，必须按照现代的防火技术、生产工艺过程的特点、着火物质的性质、灭火剂的性质及取用是否便利等原则来选择灭火剂。

一、灭火剂

常用的灭火剂主要有以下4种，下面就其灭火作用分别进行阐述。

（一）水

1. 水的灭火作用

（1）冷却燃烧物质。

冷却是水的主要灭火作用。水的热容量大，1kg 水温度升高 1℃，需要 4.1868kJ 的热量；1kg 100℃的水汽化成水蒸气则需要吸收 2.2567kJ 的热量。因此，水能从燃烧物中吸收很多热量，使燃烧物的温度迅速下降，使燃烧终止。

（2）隔绝空气，窒息燃烧。

用水灭火时，当水遇到炽热燃烧物而汽化，产生大量水蒸气，1kg 水可生成 1700L 水蒸气。水变成水蒸气后，体积急剧增大，大量水蒸气占据了燃烧区的空间，阻止了周围的空气进入燃烧区，从而显著地降低燃烧区域内的含氧量，迫使氧气含量减少。在一般情况下，空气中含有 35% 体积的水蒸气，燃烧就会停止。

（3）对水溶性可燃、易燃液体的稀释。

水溶性可燃、易燃液体发生火灾时，在可能用水扑救的条件下，水与可燃、易燃液体混合后，可降低它的浓度和燃烧区内可燃蒸气的浓度，使燃烧速度降低。在水溶性可燃、易燃液体的浓度降低到可燃浓度以下时，燃烧即自行停止。但在大量水溶性溶剂存在的情况下，必须注意稀释后，由于体积增大，是否会溢出容器造成流淌火现象。

（4）乳化可燃液体作用。

用水喷雾灭火设备扑救油类等非水溶性可燃液体时，由于雾状水射流的高速冲击作用，微粒水珠进入液层并引起剧烈的扰动，使可燃液体表面形成一层由水粒和非水溶性液体混合组成的乳状物表层，这样就可减少可燃液体的蒸发量而难以维持燃烧。

(5) 水力冲击作用。

在机械的作用下，密集的水流具有强大的冲击力。高压的密集水流强烈地冲击着燃烧物和火焰，使燃烧物冲散和减弱燃烧强度，进而达到灭火的目的。

由此可见，水的灭火机理是综合作用的结果。但是，冷却是水的主要灭火作用。

2. 灭火时水的形态及应用范围

(1) 直流水和开花水（滴状水）。

经水泵加压由直流水枪喷出的柱状水流称直流水，由开花水枪喷出的滴状水流称开花水。直流水、开花水可用于扑救一般固体物质（如煤炭、木制品、粮草、棉麻、橡胶、纸张等）的火灾，还可扑救闪点大于 120℃、常温下呈半凝固状态的重油火灾。

(2) 雾状水。

由喷雾水枪喷出，水滴直径小于 $1\mu m$ 的水流称雾状水。它可大大提高水与燃烧物或火焰的接触面积，因而降温快、灭火效率高。可用于扑灭可燃粉尘、纤维状物质、谷物堆囤等固体物质的火灾，也可用于电气设备火灾的扑救。但是与直流水相比，开花水和雾状水的射程均较短，不能远距离使用。

(3) 细水。

雾灭火技术采用特定的压力装置将水箱中的水分解成滴径为数微米的细水雾，再驱动细水雾直接到达燃烧的火焰表面，通过卷吸等作用，形成一个稳固的隔氧冷却层，使火灾得到有效的抑制，直至熄灭。据报道，中国科学技术大学已于 2000 年成功开发出这一国际先进的新型灭火技术。

3. 用水灭火的注意事项

(1) 钾、钠、钙、镁等轻金属和碳化钙等物质的火灾绝对禁止用水扑救。

(2) 易被水破坏而失去其使用价值的物质与设备，如图书、纸张、档案、精密仪器、设备等发生火灾，不可用水扑救。

(3) 密度小于水和不溶解于水的易燃液体，如汽油、煤油等火灾，因水往下沉而可燃液体仍继续浮在水面上燃烧，所以不能用直流水扑救。但原油、重油可以用雾状水扑救；汽油也可使用喷雾水和水蒸气扑救。

(4) 对熔融的盐类和将要沸溢的原油火灾，因为水会被迅速汽化，形成强大的压力，促使其爆炸或喷溅伤人，也不能用水扑救。

(5) 储存大量浓硫酸、浓硝酸场所发生的火灾，不能用直流水扑救，以免引起酸液发热飞溅，必要时宜用雾状水扑救。

(6) 不能用直流水扑救高压电气设备火灾。因为水具有一定的导电性能，特别是地下水含矿物质较多，其导电性能更强。但保持适当的距离，可用喷雾水扑救。

(7) 不能用直流水扑救有可燃粉尘积聚处的火灾，防止将粉尘冲起呈悬浮状态而发生爆炸。

(二) 泡沫灭火剂

泡沫灭火剂是指泡沫液与水混溶，并通过机械方法或化学反应产生的灭火泡沫。它主要是在表面生成凝聚的泡沫漂浮层，起冷却、窒息、遮断、淹没等综合作用。

1. 按发泡倍数不同

(1) 低倍泡沫灭火剂。它是指发泡倍数为 1~20 的泡沫灭火剂。低倍泡沫灭火剂主要用于甲、乙、丙类液体生产、储存、运输和使用的场所，如石油化工企业、炼油厂、储油罐区、飞机库、车库、为铁路油槽车装卸油的鹤管栈桥、码头、飞机库、机场以及燃油锅炉房等。

(2) 中倍泡沫灭火剂。它指发泡倍数为 21~200 的泡沫灭火剂，一般用于控制或扑灭易燃、可燃液体、固体表面火灾及固体深位阴燃火灾。其稳定性较低倍泡沫灭火剂差，在一定程度上会受风的影响，抗复燃能力较低，因此使用时需要增加供给的强度。

(3) 高倍泡沫灭火剂。它是指发泡倍数为 201 以上的泡沫灭火剂。它以合成表面活性剂为基料，通过高倍数泡沫产生器可产生气泡直径在 10mm 以上的泡沫，通过产生的泡沫迅速充满淹没被保护区域和空间，隔绝空气实施灭火；同时，泡沫受热后产生大量水蒸气，降低燃烧区域温度，稀释空气，阻止热量传递，防止火势蔓延。

2. 按构成成分不同

(1) 蛋白泡沫灭火剂。它是泡沫灭火剂中最基本的一种，由含蛋白的原料经部分水解制成，是一种黑褐色的黏稠液体，具有天然蛋白质分解后的臭味。蛋白泡沫灭火剂具有原料易得、生产工艺简单、成本低、泡沫稳定性好、对水质要求不高、储存性能较好等优点，主要用于扑救油类液体火灾。但蛋白泡沫灭火剂的流动性能较差，抵抗油质污染的能力较弱，不能用于液下喷射灭火，也不能与干粉灭火剂联用。

(2) 氟蛋白泡沫灭火剂。它是在蛋白泡沫液中加入氟碳表面活性剂、碳氢表面活性剂等制成的。由于氟碳表面活性剂的表面张力较低，并具有较好的疏油性，其性能得到改善。与蛋白泡沫液相比，氟蛋白泡沫液的流动性能较好，疏油性强，可以用于液下喷射灭火，也可以与干粉灭火剂联用，提高整体灭火效率。

(3) 水成膜泡沫灭火剂（又称"轻水"泡沫灭火剂，英文简称 AFFF）。它是指以碳氢表面活性剂和氟碳表面活性剂为基料，可在某些烃类表面形成一层水膜的泡沫灭火剂。其特点是可在某些烃类表面形成一层能够抑制油品蒸发的水膜，靠泡沫和水膜的双重作用灭火，灭火速度最快，具有流动性好、可液下喷射、可与干粉联用、可预混等特点。但与蛋白泡沫液相比，其泡沫不够稳定，防复燃隔热性能差，而且成本较高。

(4) 成膜氟蛋白泡沫灭火剂（英文简称 FFFP）。它由碳氢表面活性剂、氟碳表面活性剂、抗燥剂、助剂、极性成膜剂、稳定剂、抗冻剂、防腐剂等配制而成，可在某些烃类表面形成一层水膜的氟蛋白泡沫，主要用于扑救油类火灾和极性溶剂火灾。成膜氟蛋白泡沫灭火剂的灭火性能和抗复燃性能与水成膜泡沫灭火剂相当，是一种多功能泡沫灭火剂。

(5) 抗溶性泡沫灭火剂。它是指所产生的泡沫施放到醇类或其他极性溶剂表面时，可抵抗其对泡沫破坏性的泡沫灭火剂，又称为抗醇泡沫灭火剂。抗溶性泡沫灭火剂有金属皂型、凝胶型、氟蛋白型、硅酮表面活性剂型等多种类型，用于扑救水溶性甲、乙、丙类液体火灾。

(6) A 类泡沫灭火剂。它是指主要适用于扑救 A 类火灾的泡沫灭火剂。A 类泡沫灭火剂按产品性能分为以下两类：一是适用于扑救 A 类火灾及隔热防护的 A 类泡沫灭火剂，代号为 MJAP；二是适用于扑救 A 类火灾、非水溶性液体燃料火灾及隔热防护的 A 类泡沫灭火剂，代号为 MJABP。

我国作为联合国环境规划署《关于持久性有机污染物的斯德哥尔摩公约》的缔约方，已经批准将持久性有机污染物（POPs）列入受控清单。全氟辛基磺酸及其盐类和全氟辛基磺酰氟（PFOS类物质）是典型的POPs，主要作为泡沫灭火剂的表面活性剂。我国现在生产、销售的PFOS类灭火剂，是利用前期生产未销售完的PFOS类物质来配制的。PFOS类灭火剂产量只会越来越少，未来将退出市场。PFOS类灭火剂的淘汰与替代工作正在加快推进。

（三）干粉灭火剂

干粉灭火剂是指用于灭火的干燥、易于流动的细微粉末。干粉灭火剂是由灭火基料（如小苏打、磷酸铵盐等）和适量的流动助剂（硬脂酸镁、云母粉、滑石粉等）以及防潮剂（硅油）在一定工艺条件下研磨、混配制成的固体粉末灭火剂。

1. 类型

（1）普通干粉灭火剂。它又称为BC干粉灭火剂。这类灭火剂可扑救B类、C类、E类火灾。

（2）多用途干粉灭火剂。它又称为ABC干粉灭火剂。这类灭火剂可扑救A类、B类、C类、E类火灾。

（3）超细干粉灭火剂。超细干粉灭火剂是指90%粒径小于或等于$20\mu m$的固体粉末灭火剂。该类灭火剂按灭火性能分为BC超细干粉灭火剂和ABC超细干粉灭火剂两类。

（4）D类干粉灭火剂。它是能扑灭D类火灾的干粉灭火剂。D类干粉灭火剂按可扑救的金属材料对象分为单一型和复合型两类。

2. 注意事项

（1）磷酸铵盐干粉灭火剂适用于扑灭A类、B类、C类和E类火灾；碳酸氢钠干粉灭火剂适用于扑灭B类、C类和E类火灾；

（2）BC超细干粉灭火剂适用于扑灭B类、C类火灾；

（3）ABC超细干粉灭火剂适用于扑灭A类、B类、C类火灾；

（4）D类干粉灭火剂适用于扑灭D类火灾。

特别指出，BC类干粉灭火剂与ABC类干粉灭火剂不兼容，BC类干粉灭火剂与蛋白泡沫灭火剂不兼容，因为干粉灭火剂中的防潮剂对蛋白泡沫有较大的破坏作用。对一些扩散性很强的气体，如氢气、乙炔气体，干粉喷射后难以稀释整个空间的气体，在精密仪器、仪表上会留下残渣，所以不适宜用干粉灭火剂灭火。

（四）气体灭火剂

1. 二氧化碳灭火剂

二氧化碳灭火剂是一种具有百年以上历史的天然灭火剂，且价格低廉，获取、制备容易，灭火浓度较高，但在灭火浓度下会使人员受到窒息，其早期主要用于灭火器中，其后逐步发展到固定灭火系统中。现在国内二氧化碳灭火剂是在灭火器和灭火系统中使用量都较大的气体灭火剂。

二氧化碳灭火主要依靠窒息作用和部分冷却作用。二氧化碳具有较高的密度，约为空气的1.5倍。在常压下，液态的二氧化碳会立即汽化。一般1kg的液态二氧化碳可产生约$0.5m^3$的气体。因而，灭火时，二氧化碳气体可以排除空气而包围在燃烧物体的表面或分布于较密闭的空间中，降低可燃物周围或防护空间内的氧浓度，产生窒息作用而灭火。另外，二氧化碳从储存容器中喷出时，会由液体迅速汽化成气体，从周围吸收部分热量，起到冷却作用。

2. 卤代烷灭火剂

具有灭火作用的卤代碳氢化合物统称卤代烷灭火剂。

(1) 类型。

卤代烷灭火剂分为二氟一氯一溴甲烷灭火剂（简称为1211灭火剂）和三氟一溴甲烷灭火剂（简称为1301灭火剂）两种，国际上通称为Halon，是迄今灭火效果最好的灭火剂。该类灭火剂在常温常压下为无色气体，加压压缩后变成液态予以储存。

(2) 适用范围。

卤代烷灭火剂主要通过抑制燃烧的化学反应过程，使燃烧的链式反应中断，达到灭火的目的。该类灭火剂灭火后不留痕迹，适用于扑救可燃气体火灾，甲、乙、丙类液体火灾，以及可燃固体的表面火灾和电气火灾。研究发现，卤代烷灭火剂对大气臭氧层具有破坏作用，因此应限制使用。

3. 七氟丙烷灭火剂（FM-200气体灭火剂）

七氟丙烷灭火剂是一种无色无味、低毒性、不导电的洁净气体灭火剂，其密度大约是空气密度的6倍，可在一定压力下呈液态储存。释放后无残余物，对环境的不良影响小，大气臭氧层的耗损潜能值（ODP）为零，毒性较低，不会污染环境和保护对象，是目前卤代烷1211、1301最理想的替代品。

(1) 灭火原理。

当七氟丙烷灭火剂喷射到保护区或对象后，液态灭火剂迅速转变成气态，吸收大量热量，使保护区和火焰周围的温度显著降低。另外，七氟丙烷灭火剂在化学反应过程中释放游离基，能最终阻止燃烧的链式反应，从而扑灭火灾。

(2) 适用范围。

七氟丙烷灭火剂适用于扑救甲、乙、丙类液体火灾，可燃气体火灾，电气设备火灾，以及可燃固体物质的表面火灾。

4. 六氟丙烷灭火剂（HFC236fa）

依照国际通用卤代烷命名法，六氟丙烷灭火剂可称为HFC236fa。六氟丙烷灭火剂的灭火原理和适用范围与七氟丙烷灭火剂相同。

5. 稀有气体灭火剂

(1) 类型。

稀有气体灭火剂指由氮气、氩气和二氧化碳气按一定质量比混合而成的灭火剂。稀有气体灭火剂又分为IG-01稀有气体灭火剂（由氩气单独组成的气体灭火剂）、IC-100稀有气体灭火剂（由氮气单独组成的气体灭火剂）、IG-55稀有气体灭火剂（由氩气和氮气按一定质量比混合而成的灭火剂）和IG-541稀有气体灭火剂（由氩气、氮气和二氧化碳按一定质量比混合而成的灭火剂）四种类型。该类灭火剂主要通过降低防护对象周围的氧浓度以致窒息进行灭火。

(2) 适用范围。

稀有气体灭火剂的适用范围与二氧化碳灭火剂相同。

6. 气溶胶灭火剂

气溶胶是指以气体为分散介质，液体或固体为被分散介质所形成的溶胶状物质。气溶胶灭火剂是通过燃烧或其他方式产生具有灭火效能气溶胶的灭火剂。气溶胶灭火剂按其产生方式分为热气溶胶灭火剂和冷气溶胶灭火剂两种。热气溶胶灭火剂是指由固体化学混合物（热气溶胶发生剂）经化学反应生成的具有灭火性质的气溶胶，包括 S 型热气溶胶、K 型热气溶胶和其他型热气溶胶。冷气溶胶灭火剂是一种特别研制加工的超细磷铵干粉，其粒径须在 $10\mu m$ 以下，用稀有气体使其从容器中喷射出来后在空气中形成气溶胶形态。

（五）7150 灭火剂

7150 灭火剂是特种灭火剂的一种，适用于扑救 D 类火灾。7150 灭火剂是一种无色透明液体，它的化学名称为三甲氧基硼氧六环。7150 灭火剂热稳定性较差，同时本身又是可燃物。当它以雾状被喷到炽热燃烧的轻金属上面时，会发生化学反应，所生成的物质在轻金属燃烧的高温下熔化为玻璃状液体，流散于金属表面及其缝隙中，在金属表面形成一层隔膜，使金属与大气（氧气）隔绝，从而使燃烧窒息；同时在 7150 发生燃烧反应时，还需消耗金属表面附近的大量氧气，这就能够降低轻金属的燃烧强度。目前，这类灭火剂在我国没有现成的产品，它是特种灭火剂。

二、阻燃剂

随着科学技术的不断进步，人们生产、生活水平不断提高，塑料、橡胶、纤维等合成有机高分子材料越来越广泛地用于建筑、化工、军事及交通等领域，在国民经济和人民生活中占有相当重要的地位。众所周知，有机高分子材料一般是易燃或可燃的，近些年发生的火灾大多是因为高分子材料缺乏耐火性而引起的。因此，对有机高分子材料进行阻燃处理是一项十分重要和紧迫的工作，其中最有效的方法之一就是加入阻燃剂，依据燃烧特性，将可燃性材料转化为难燃性材料，降低物质的燃烧速度，阻止火灾扩大。近年来，高分子阻燃技术受到全球性的关注，阻燃剂已经成为仅次于增塑剂的第二大高分子材料助剂。

（一）阻燃剂的分类

阻燃剂是用以提高材料抗燃性即阻止材料被引燃及抑制火焰传播的助剂。它主要用于阻燃合成材料和天然高分子材料。

目前阻燃剂的种类繁多，按不同的分类标准，可将阻燃剂分为不同种类。

(1) 按阻燃剂与被阻燃基材的关系，阻燃剂可分为添加型、反应型两大类。添加型阻燃剂与基材中的其他组分不发生化学反应，只是以物理方式分散于基材中，多用于热塑性高聚物；反应型阻燃剂是在制造被阻燃基材的过程中加入的，作为高聚物的单体，或者作为辅助试剂而参与合成高聚物的化学反应，赋予高聚物以阻燃性，最后成为高聚物的结构单元，多用于热固性高聚物。显然，添加型阻燃高聚物的工艺简单，能满足使用要求的阻燃剂品种多，但需要解决阻燃剂的分散性、相容性、界面性等一系列问题；而采用反应型阻燃剂所获得的阻燃性具有相对的永久性，毒性较低，对被阻燃高聚物的性能影响较小，但工艺复杂。

(2) 按阻燃元素种类，阻燃剂常分为卤系、有机磷系、卤磷系、氮系、磷氮系、无机磷-氮系、锑系、铝-镁系、无机磷系、硼系、硅系、钼系等。还有一类膨胀型阻燃剂（多是磷-氮化合物的复合物）及一种纳米无机物（主要为层状硅酸盐），后者能与一系列高聚物构成具有阻燃性的高聚物——无机纳米复合材料。

（3）按化学组成，阻燃剂可分为无机阻燃剂和有机阻燃剂。

（4）按有无含卤素，阻燃剂可分为卤系阻燃剂和无卤阻燃剂。

（二）阻燃剂的基本要求

理想的阻燃剂最好能同时满足下述条件：阻燃效率高，获得单位阻燃效能所需的用量少；生态环保性好，本身低毒或基本无毒，燃烧时生成的有毒和腐蚀性气体量及烟量尽可能少；与被阻燃基材的相容性好，不易迁移和渗出；被阻燃材料可回收和循环使用；具有足够高的热稳定性，在被阻燃基材加工温度下不分解，但分解温度也不宜过高，以在150～400℃为宜；不致过多恶化被阻燃基材的加工性能和最后产品的物理、机械性能及其他实用性能。

现有的阻燃剂和阻燃工艺都会或多或少地对被阻燃高聚物的某一性能或某几种性能产生不利的影响，而且阻燃剂用量越多，影响越大，所以性能优良的阻燃剂和合理的阻燃剂配方能在材料阻燃性和实用性间求得和谐的统一；具有可接受的光稳定性；原材料来源充足，制造工艺简单，价格低廉。

能够同时满足所有条件的阻燃剂几乎是不可能存在的，所以选择实用的阻燃剂时大多数是在满足基本要求的前提下，在其他条件间取得最佳的平衡。

（三）几种常用的阻燃剂

1. 卤系阻燃剂

卤系阻燃剂是含有卤素元素并以卤素元素起阻燃作用的一类阻燃剂。卤系的4种卤系元素氟（F）、氯（Cl）、溴（Br）、碘（I）都具有阻燃性，阻燃效果按F、Cl、Br、I的顺序依次增强，以碘系阻燃剂最强。生产上只有氯类和溴类阻燃剂被大量使用，而氟类和碘类阻燃剂少有应用。这是因为含氟阻燃剂中C—F键太强而不能有效捕捉自由基，而含I阻燃剂的C—I键太弱易被破坏，影响了聚合物性能（如光稳定性），使阻燃性能在降解温度以下就已经丧失。

卤系阻燃剂是目前世界上产量最大的有机阻燃剂之一，氯系阻燃剂和溴系阻燃剂已有70多个品种。其中氯化石蜡等氯系阻燃剂和十溴二苯乙烷、十溴二苯醚、四溴双酚A、四溴邻苯二甲酚酐、五溴甲苯和六溴环十二烷等溴系阻燃剂应用广泛。卤系阻燃剂（特别是溴系阻燃剂）以其添加量少，与材料的相容性较好、阻燃效果显著而在阻燃领域中具有重要地位。

2. 锑化合物阻燃剂

锑化合物阻燃剂有氧化锑、硫化锑、卤化锑、锑酸钠、锑酸钾等，其中使用最广的是三氧化二锑。但是，三氧化二锑本身不含阻燃元素，单独使用也没有阻燃效果，通常作为辅助剂，与其他阻燃剂并用，产生协同效果。若与含溴或含氯化合物的卤素阻燃剂并用，则产生很显著的协同和增效作用，可以大大减少含卤阻燃剂用量。

三氧化二锑和聚合物具有很好的混容性，不但阻燃性能好，而且也是研究应用较广的阻燃剂，现在已成为很多家用电器阻燃剂配方的主要成分。其缺点如下：有一定的毒性，在燃烧时产生大量黑烟；加进透明制品中时，制品变得不透明；价格较贵。为了克服三氧化二锑价高等缺点，现正在开发锑复合阻燃剂、超微细三氧化二锑以及五价锑的胶体氧化锑阻燃剂。

3. 铝化合物阻燃剂

铝化合物阻燃剂主要是指氢氧化铝,是无机阻燃剂中用量最大的品种。作为阻燃剂,氢氧化铝的主要优点如下:安全性、热稳定性好,不产生腐蚀性气体;无毒,有消烟作用,对环境无影响;作为塑料的填料,用于电缆电器,具有优异的抗电弧性和抗磁性;应用面广,可与其他阻燃剂协同增效;原料丰富,价格便宜。近年来,随着微细化、表面处理等新技术的应用,氢氧化铝在高聚物中的应用范围继续扩大。

已应用氢氧化铝的聚合物有如下几种:不饱和聚酯、环氧树脂、聚乙烯、聚苯乙烯、ABS树脂聚氯乙烯、合成橡胶等。由于填充量大,一般在45%以上,高者可达60%,显著降低聚合物中的可燃成分,又能在燃烧时促进固相的炭化过程和抑制烟雾形成,从而使氢氧化铝成为具有填充、阻燃、消烟三重功能的阻燃剂。例如,经氢氧化铝填充的不饱和聚酯与环氧树脂,用于高、低压电器中,有较好的效果,不仅阻燃、消烟,而且有抗电弧作用。在合成橡胶中,特别是氯丁橡胶、丁苯橡胶中使用可以使制品的氧指数达50,是难得的阻燃剂。

4. 硼化合物阻燃剂

硼化合物阻燃剂的品种较多,有硼酸锌、硼酸钡、偏硼酸铵、五硼酸铵、偏硼酸钠、硼酸钠、硼酸、硼砂等。硼化物阻燃剂广泛应用于油漆、涂料、纤维、塑料、橡胶、聚酯、纸张、木材等方面。

上述品种中,目前对硼酸锌的研究和应用更为突出,至今已有各种成分的硼酸锌衍生物。与硼酸锌的其他形式相比,$2ZnO \cdot 3B_2O_3 \cdot 3.5H_2O$ 具有如下优点:相对密度为2.8,低毒,发烟少;具有较高的脱水温度(>300℃),超过大多数聚合物的加工温度,故可应用于高温下加工的高聚物系统;其折射率与多数聚合物折射率相近,因此保留了树脂的半透明性,这一性质对易着色的透明乙烯涂层的阻燃尤为重要。和氧化锑相比,它具有价廉、低毒、着色强度低等许多优点。目前 $2ZnO \cdot 3B_2O_3 \cdot 3.5H_2O$ 已广泛应用于许多聚合物,如PVC薄膜、墙壁涂料、电线电缆、输送皮带、地毯、汽车装潢、帐篷材料、纤维品等。在许多情况下,$2ZnO \cdot 3B_2O_3 \cdot 3.5H_2O$ 可以有效、单独作为阻燃剂使用,但由于它与氯、溴、氧化锑及氢氧化铝具有协同效应,复合使用往往效果更好。因硼酸锌的价格只有三氧化二锑的1/2左右,可以部分或全部代替氧化锑,经济效益极为明显;同时还能起到改善阻燃效果、增强热稳定性及抑制发烟的作用。

5. 环保型阻燃剂

为了克服卤系阻燃剂的不足和加强环境保护,对无卤、高效、低烟、低毒的绿色阻燃剂的合成及其阻燃技术的研究,是当今高分子阻燃材料的发展方向。绿色阻燃剂本身在生产和使用过程中应是无毒害的,且有良好的耐热稳定性、耐老化性、耐光稳定性、无腐蚀性,同时其燃烧产物应具有低烟低毒的特性。目前,绿色阻燃剂的种类繁多,按化学成分、组成结构及阻燃机理可分为无卤阻燃剂、纳米高聚物/无机复合阻燃剂、无机阻燃剂和膨胀型阻燃剂。从阻燃剂的发展前景来看,无卤的膨胀型阻燃剂、有机硅阻燃剂、无机氢氧化物阻燃剂、纳米无机阻燃剂显示了强大的生命力,为阻燃工业的绿色化提供了可能。

第二节 灭火器的配置

灭火器是由人力操作的能在其自身内部压力作用下，将所充装的灭火剂喷出实施灭火的工具。灭火器主要用来扑救初期火灾，是常备的器材，是灭火器械的基础，是群众性扑救初期火灾的常用灭火工具。

一、灭火器的选择和使用方法

（一）灭火器的分类

1. 按充装灭火剂的类型划分

（1）水基型灭火器。

充装的灭火剂主要是以水为基础的，有少量的添加剂。常用的水基型灭火器有清水灭火器、水基型泡沫灭火器和水基型水雾灭火器。

（2）干粉灭火器。

充装的灭火剂是干粉。干粉灭火器根据所充装的干粉灭火剂种类不同，分为碳酸氢钠干粉灭火器、钾盐干粉灭火器、氨基干粉灭火器和磷酸铵盐干粉灭火器等。我国主要生产和使用的是碳酸氢钠干粉灭火器和磷酸铵盐干粉灭火器。碳酸氢钠干粉灭火器又称 BC 干粉灭火器，磷酸铵盐干粉灭火器又称 ABC 干粉灭火器。它主要通过化学抑制作用灭火。

（3）二氧化碳灭火器。

充装的灭火剂是液化二氧化碳，主要通过窒息作用灭火。

（4）卤代烷灭火器。

充装的是卤代烷灭火剂。卤代烷灭火器分为"1211"灭火器和"1301"灭火器，主要通过化学抑制作用灭火。因保护环境需要，根据《中国消防行业哈龙整体淘汰计划》的要求，我国在 2005 年后已不再生产哈龙灭火剂和灭火器，2010 年，国际社会全面停止生产和使用哈龙物质，以保护大气臭氧层。

（5）洁净气体灭火器。

这类灭火器是将洁净气体（如 IG-541、七氟丙烷、三氟甲烷等）灭火剂直接加压充装在容器中，使用时灭火剂从灭火器中排出，形成气雾状射流射向燃烧物，当灭火剂与火焰接触时发生一系列物理化学反应，使燃烧中断，达到灭火的目的。洁净气体灭火器适用于扑救可燃液体、可燃气体和可熔化的固体物质以及带电设备的初起火灾，可在图书馆、宾馆、档案室、商场以及各种公共场所使用。洁净气体灭火器对环境无害，在自然环境中存留期短、灭火效率高且低毒，适用于有工作人员常驻的防护区，是卤代烷灭火器在现阶段较为理想的替代产品。

2. 按驱动压力方式划分

（1）储气瓶式灭火器。

灭火器的动力驱动气体（通常为氮气）储于一个独立的小钢瓶内，灭火剂由储气瓶释放气体加压驱动。储气瓶有内、外置之分。

（2）储压式灭火器。

灭火剂由与其同储于容器的压缩气体或灭火剂蒸气的压力所驱动。

(3) 化学反应式灭火器。

通过酸性和碱性水溶液混合发生化学反应产生二氧化碳气体，借其压力将灭火剂驱动灭火。主要有酸碱、化学泡沫灭火器。由于安全原因，这类产品属于淘汰产品。

3. 按操作使用方式划分

(1) 手提式灭火器。

总质量在28kg以下，容量在10kg左右，能用手提移动的便携式灭火器具。

(2) 背负式灭火器。

总质量在40kg以下，容量在25kg以下，能用肩背着灭火的器具。

(3) 推车式灭火器。

总质量在40kg以上，容量在100kg以内，装有车轮，由人力推（拉）着灭火的器具。

(4) 手抛式灭火器。

一般做成工艺品形状，内装干粉灭火剂，灭火时，将其抛掷到着火部位，依其内部动力，将干粉散开扑灭火灾。

(5) 悬挂式灭火器。

悬挂在保护场所的上方，依靠火焰将其引发自动灭火。

背负式、手抛式、悬挂式灭火器，一般不做标准配置使用。

(二) 灭火器的选择

火灾类型及选用灭火器的类型见表2-1。

表2-1 火灾类型及选用灭火器的类型

火灾类型	选用灭火器的类型
A类火灾	水基型（水雾、泡沫）灭火器、ABC干粉灭火器
B类火灾	水基型（水雾、泡沫）灭火器、BC/ABC干粉灭火器、洁净气体灭火器
C类火灾	水基型（水雾）灭火器、干粉灭火器、洁净气体灭火器、二氧化碳灭火器
D类火灾	7150灭火剂
E类火灾	洁净气体灭火器、二氧化碳灭火器［若没有这两种，也可选用水基型（水雾）灭火器、干粉灭火器］
F类火灾	水基型（水雾、泡沫）灭火器、BC干粉灭火器

注：1. 在扑救D类火灾的过程中，必须有专业人员进行指导，以避免在灭火过程中不合理地使用灭火剂而适得其反。扑救D类火灾，除了用合适的灭火剂，也可用干沙、土或铸铁屑粉末进行灭火。

2. 扑救E类火灾时，如果使用二氧化碳灭火器，为了防止短路或者触电，不得选用装有金属喇叭筒的二氧化碳灭火器。如果电压超过600V，应先断电后灭火（600V以上电压可能击穿二氧化碳，使其导电，危害人身安全）。

3. 在同一场所，当选择同一类型的灭火器时，宜选用相同操作方法的灭火器，便于操作和维护管理。

4. 根据不同种类火灾，选择相适应的灭火器。当选用两种或两种以上灭火器时，应考虑选用灭火剂相容的灭火器，以便充分发挥各自灭火器的作用。

(三) 常用灭火器的操作方法和使用注意事项

1. 手提式灭火器的操作方法和使用注意事项

(1) 操作方法。

以干粉灭火器为例，使用灭火器灭火时，先将灭火器从设置点提至距离燃烧物2～5m处，然后拔掉保险销，一手握住喷筒，另一手握住开启压把并用力压下鸭嘴，灭火剂喷出，对准火焰根部进行扫射灭火。随着灭火器喷射距离缩短，操作者应逐渐向燃烧物靠近。

手提式灭火器的操作步骤归纳为"一提，二拔，三握，四压，五瞄，六射"，如图 2-1 所示。

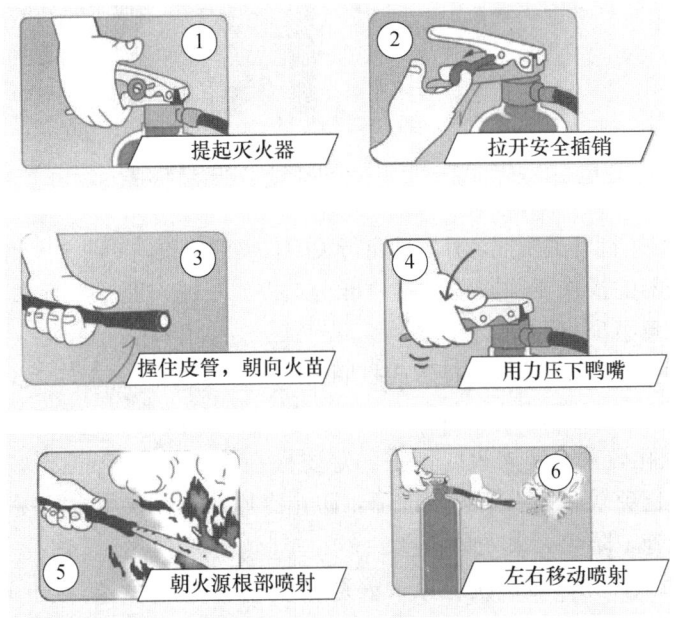

图 2-1 手提式灭火器的操作步骤

（2）使用注意事项。

① 使用干粉灭火器前，先将灭火器上下颠倒摇晃几次，使筒内干粉松动。使用过程中，灭火器应始终保持竖直状态，避免颠倒或横卧，造成灭火剂无法正常喷射。有喷射软管的灭火器或储压式灭火器在使用时一手应始终压下压把，不能放开，否则喷射流会中断。

② 使用二氧化碳灭火器灭火时，手一定要握在喷筒木柄处，接触喷筒或金属管要戴防护手套，以防局部皮肤被冻伤。

③ 扑救可燃液体火灾时，应避免灭火剂直接冲击燃烧液面，防止可燃液体流散扩大火势。

④ 扑救火灾时，应由近及远喷射灭火剂，直至灭火。

⑤ 扑救电气火灾时，应先断电后灭火。

2. 推车式灭火器的操作方法和使用注意事项

（1）操作方法。

以推车式干粉灭火器为例，使用时一般由两人协同操作，先将灭火器推拉至现场，在上风方向距离火源约 10m 处做好喷射准备。然后一人拔掉保险销，迅速向上扳起手柄或旋转手轮到最大开度位置打开钢瓶；另一人取下喷枪，展开喷射软管，然后一只手握住喷枪枪管行至距离燃烧物 1~2m 处，将喷头对准火焰根部，另一只手开启喷枪阀门，灭火剂喷出灭火。喷射灭火剂时要沿火焰根部喷扫推进，直至把火扑灭，如图 2-2 所示。

图 2-2　推车式灭火器的操作方法

灭火后，放松手握开关压把，开关即自行关闭，喷射停止，同时关闭钢瓶上的启闭阀。

推车式灭火器的操作要领归纳为"一推、二拔、三展、四开、五扣、六射"。

（2）使用注意事项。

① 使用时注意喷射软管不能打折或打圈。

② 灭火时对准火焰根部，应由近及远扫射推进，注意死角，防止复燃。

③ 使用二氧化碳灭火器灭火时，手一定要握在喷筒木柄处，接触喷筒或金属管要戴防护手套，应避免触碰喇叭筒喷头前部，防止冷灼伤。在狭小空间喷射灭火剂时，应提前采取预防措施，防止灭火人员窒息。

④ 扑救可燃液体火灾时，应避免灭火剂直接冲击燃烧液面，防止可燃液体流散扩大火势。

⑤ 扑救电气火灾时，应先断电后灭火。

二、灭火器的性能指标与清洁维护

（一）灭火器的性能指标

1. 喷射性能

喷射性能是对灭火器喷射灭火剂的技术要求，包括有效喷射时间、喷射滞后时间、喷射距离和喷射剩余率。

（1）有效喷射时间。

有效喷射时间是指灭火器在保持最大开启状态下，自灭火剂从喷头喷出至喷射结束的时间。

（2）喷射滞后时间。

喷射滞后时间是指自灭火器阀门开启或达到相应的开启状态至灭火剂从喷头喷出的时间，在（20±5）℃时，手提式灭火器的喷射滞后时间不得多于5s；推车式灭火器的喷射滞后时间不得多于10s；可间歇喷射的手提式灭火器，每次间歇喷射的滞后时间不得多于3s；推车式灭火器每次间歇喷射的滞后时间不得多于5s。

（3）喷射距离。

喷射距离是指从灭火器喷头的顶端到喷出灭火剂最集中处中心的水平距离。

（4）喷射剩余率。

喷射剩余率是指额定充装灭火剂的灭火器在喷射至灭火器内部压力与外界大气压力相等时，内部剩余的灭火剂量相对于喷射前灭火剂充装量的质量百分比，在（20±5）℃

时，灭火器的喷射剩余率不得大于10%。

2. 使用温度性能

灭火器的使用温度应在下列规定的某一温度范围：5～55℃；-10～55℃；-20～55℃；-40～55℃；-55～55℃。

3. 灭火性能

灭火性能是指灭火器扑灭火灾的能力。灭火性能用灭火级别表示。灭火级别由数字和字母组成。如灭A类火的级别1A、4A，灭B类火的级别3B、22B等，数字表示灭火级别的大小，数字越大，灭火级别越高，灭火能力越强。字母表示灭火级别的单位和适于扑救的火灾种类。灭火器的灭火级别是通过试验确定的。

4. 密封性能

密封性能是指灭火器在喷射过程中各连接处保存驱动气体不泄漏的性能。灭火器及其储气瓶应具有可靠的密封性，其泄漏量应符合下列规定：

（1）由灭火剂蒸汽压力驱动的储压式灭火器和二氧化碳储气瓶，用称重法检查泄漏。灭火器年泄漏量不得大于灭火剂额定充装质量的5%或50g，储气瓶年泄漏量不得大于额定充装质量的5%。

（2）充有非液化气体的储压式灭火器和储气瓶，应用测压法检查泄漏量。每年其内部压力降低值不得大于20℃时额定充装压力的10%。

5. 机械强度

为了确保灭火器使用安全可靠，其零部件必须具有足够的机械强度。评定灭火器机械强度有三个指标，即设计压力、试验压力和爆破压力。

（1）设计压力。

灭火器的设计压力应根据灭火器在60℃时其内部的最高压力来确定。它与灭火剂数量、加压气体数量等因素有关。

（2）试验压力。

灭火器制成后或使用一段时间，均需进行水压试验。为确保灭火器安全，试验压力应为设计压力的1.5倍。试验时不得有渗漏和宏观变形等影响强度的缺陷。

（3）爆破压力。

灭火器的爆破压力受材料的机械性能和零件质量的影响。为保障使用安全，一般取3倍的设计压力为爆破压力。

6. 结构要求

（1）灭火器的操作机构应简单灵活，性能可靠。操作机构应设有保险装置，保险装置的解脱动作应区别于灭火器的开启动作，其解脱力不得大于100N。操作机构的开启动作应能一次完成。

（2）手提式的水灭火器、泡沫灭火器、干粉灭火器和推车式灭火器应设有卸压结构，以保证在滞压情况下能安全拆卸。

（3）干粉、二氧化碳灭火器的灭火剂量大于或等于4kg时，应设有可间歇喷射的结构和喷射软管。

（4）灭火器的设计压力大于2.2MPa时，应设有超压安全保护装置，即安全膜或安全阀。

（二）灭火器的清洁维护保养

1. 水基型灭火器

灭火器应当放置在阴凉、干燥、通风并取用方便的部位。环境温度应为4~55℃，冬季应注意防冻。

定期检查喷头是否堵塞，使之保持通畅；每半年检查灭火器是否有工作压力；对空气泡沫灭火器只需检查压力显示表，如表针指向红色区域即应及时进行修理。

水基型灭火器保质期是6年，每次更换灭火剂或者出厂已满3年的，首次维修以后应每满1年送修1次。

2. 干粉灭火器

干粉灭火器应放置在保护物体附近干燥通风和取用方便的地方。要注意防止受潮和日晒，灭火器各连接件不得松动，喷头塞盖不能脱落，保证密封性能。灭火器应按制造厂规定要求定期检查，如发现灭火剂结块或储气量不足，应更换灭火剂或补充气量。

灭火器一经开启必须进行再充装。再充装应由经过训练的人按制造厂的规定、要求和方法进行，不得随便更换灭火剂的品种和质量（kg），充装后的灭火器应进行气密性试验，不合格的不得使用。

3. 二氧化碳灭火器

二氧化碳灭火器应放置在明显、取用方便的地方，不可放在采暖或加热设备附近和阳光强烈照射的地方，存放温度应为-10~55℃。

定期检查灭火器钢瓶内二氧化碳的存量，如果质量（kg）减少十分之一及以上，应及时补充罐装。

在搬运过程中，应轻拿轻放，防止撞击。在寒冷季节使用二氧化碳灭火器时，门（开关）开启后，不得时启时闭，以防阀门冻结。

二氧化碳灭火器的报废期限最长为12年，从出厂日期算起，达到12年的必须报废。灭火器满5年后，每隔2年必须进行水压试验。

（三）灭火器的清洁维护注意事项

1. 灭火器标识

无法清楚识别生产厂名称和出厂日期（包括贴花脱落或虽有贴花但已看不清）的灭火器必须报废。

维修后的灭火器的筒体应贴有永久性的维修和合格标识，维修标识上的维修单位的名称、筒体的试验压力值、维修日期等内容应清晰，每次的维修铭牌不得相互覆盖。

2. 外观结构

（1）灭火器压力表的外表面不得有变形、损伤等缺陷，否则应更换。

（2）灭火器的压力表的指针应指示在绿区，否则应充装驱动气体。

（3）灭火器的喷嘴应无变形、开裂、损伤等缺陷，否则应予更换。

（4）喷射软管应畅通，无有变形和损伤，否则应予更换。

（5）灭火器的压把、阀体等金属件不得有严重损伤、变形、锈蚀等影响使用的缺陷，否则必须更换。

（6）保险销和铅封应完好，未被开启喷射过。

（7）筒体严重变形、筒体严重锈蚀（漆皮大面积脱落，锈蚀面积大于或等于筒体总面积的三分之一者）或连接部位、筒底严重锈蚀的灭火器必须报废。

（8）灭火器的橡胶、塑料件不得变形、变色、老化或断裂，否则必须更换。

第三节 灭火系统

高层建筑或建筑群体着火后，主要做好两方面的工作：一是有组织有步骤地紧急疏散；二是进行灭火。为将火灾损失降到最低，必须采取最有效的灭火方法。灭火方法有两种：一种是人工灭火。动用消防车、云梯车、消火栓、灭火弹、灭火器等器械进行灭火。这种灭火方法具有直观、灵活及工程造价低等优点，缺点是消防车、云梯车等所能达到的高度十分有限，灭火人员接近火灾现场困难，灭火缓慢，危险性大。另一种是自动灭火。自动灭火系统又分为自动喷水灭火系统和固定式喷洒灭火剂系统两种。

一、自动喷水灭火系统

自动喷水灭火系统是按适当的间距和高度装置一定数量喷头的供水灭火系统，主要由喷头、阀门、报警控制装置和管道、附件等组成。自动喷水灭火系统安装在建（构）筑物和工业设备上，发生火灾时能自动喷水灭火，并发出火灾警报。国内外使用实践证明该系统具有安全可靠、经济、灭火效能高等优点，目前被应用于许多建筑物及必要场合。

根据被保护建筑物的性质和火灾发生、发展特性的不同，自动喷水灭火系统可以有许多不同的系统形式，通常根据系统中所使用的喷头形式的不同，分为闭式自动喷水灭火系统和开式自动喷水灭火系统两大类。

闭式自动喷水灭火系统采用的闭式喷头是一种常闭喷头，喷头的感温、闭锁装置只有在预定的温度环境下才会脱落，开启喷头。因此，在发生火灾时，这种喷水灭火系统只有处于火焰之中或邻近火源时喷头才会开启灭火。常见的闭式自动喷水灭火系统有湿式系统、干式系统、预作用系统等。

开式自动喷水灭火系统采用的是开式喷头。开式喷头不带感温、闭锁装置，处于常开状态。发生火灾时，火灾所处的系统保护区域内的所有开式喷头一起出水灭火。常见的开式自动喷水灭火系统有雨淋系统和水幕系统。

（一）湿式自动喷水灭火系统

湿式自动喷水灭火系统是世界上使用时间最长、应用最广泛、控火率、灭火率最高的一种闭式自动喷水灭火系统，目前世界上已安装的自动喷水灭火系统中有70%以上采用了湿式自动喷水灭火系统。

1. 系统的组成

由湿式报警装置、闭式喷头、管路等组成，报警阀和上、下管路始终充满着水的灭火系统，称为湿式自动喷水灭火系统，如图2-3所示。

2. 系统的工作原理

湿式报警阀的上、下管网内均充以压力水，火灾发生时，高温火焰或高温气流使闭式喷头的热敏元件动作，在压力水推动下喷头自动打开，并立即喷水灭火。管网内的水静止变为流动,则水流经水流指示器发出电信号,在报警控制器上显示该区域已在喷水;同时又造成湿式报警阀的上部水压低于下部水压,使报警阀由关闭转为开启,压力水进入报警信号通道推动水力警铃发出声响报警,并推动压力开关传送报警电信号,在报警控制器上显示开阀。控制器根据水流指示器和压力开关的报警信号或消防水箱的水位信号,自动启动消防水泵向管网加压供水,达到持续喷水的目的。

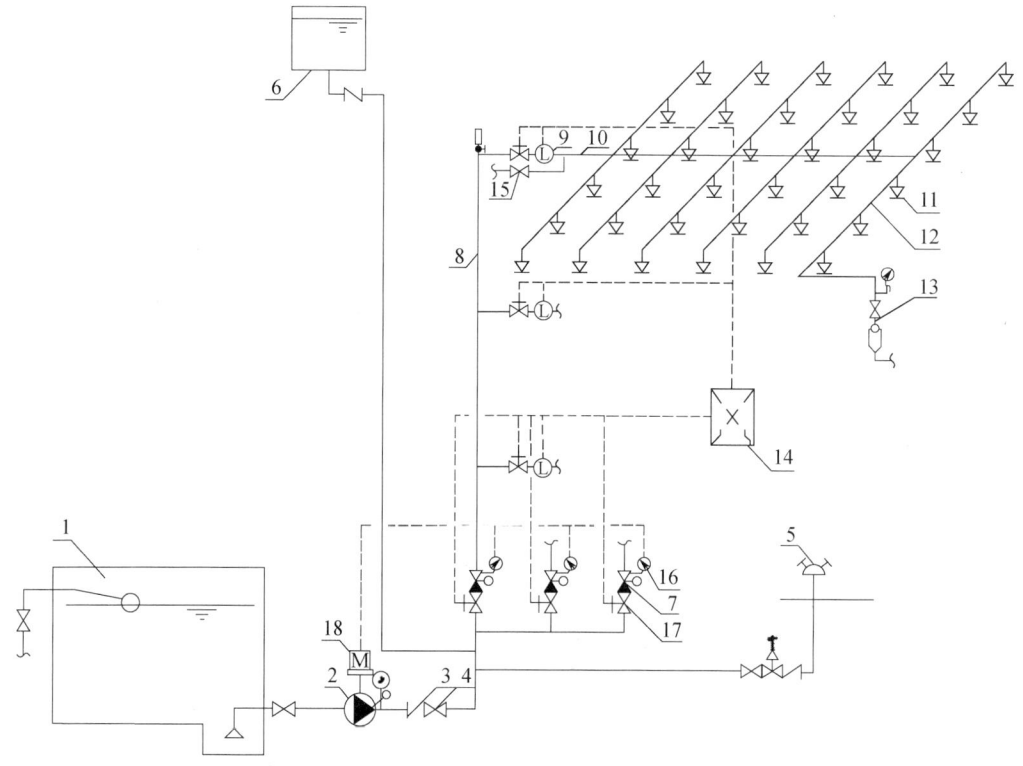

图 2-3 湿式自动喷水灭火系统

1—消防水池;2—消防水泵;3—止回阀;4—闸阀;5—水泵接合器;6—消防水箱;7—湿式报警阀组;8—配水干管;9—水流指示器;10—配水管;11—闭式喷头;12—配水支管;13—末端试水装置;14—报警控制器;15—泄水阀;16—压力开关;17—信号阀;18—驱动电机

3. 系统的适用范围和特点

(1) 适应范围。

在环境温度高于4℃、低于70℃的建筑物和场所(不能用水扑救的建筑物和场所除外)都可采用这种系统。

(2) 特点。

湿式自动喷水灭火系统主要有以下一些特点:

① 结构简单,使用可靠。

② 系统施工简单。

③ 灭火速度快、控火效率高。

④ 系统投资省,比较经济。

⑤ 适用范围广。

（二）干式自动喷水灭火系统

1. 系统的组成

干式喷水灭火系统是为了满足寒冷和高温场所安装自动喷水灭火系统的需要，在湿式系统的基础上发展起来的。该系统由闭式喷头、管道系统、干式报警阀、报警装置、充气设备、排气设备和供水设备等组成，如图 2-4 所示。由于其管路和喷头内平时没有水，只处于充气状态，故称为干式系统或干管系统。

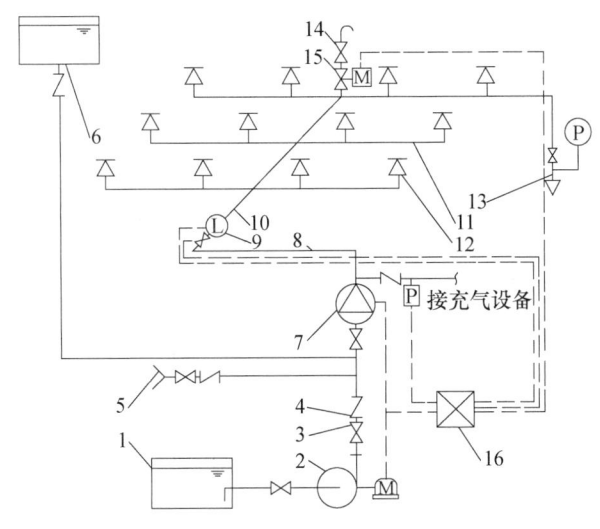

图 2-4　干式自动喷水灭火系统

1—水池；2—水泵；3—闸阀；4—止回阀；5—水泵接合器；6—消防水箱；7—干式报警阀组；8—配水干管；9—水流指示器；10—配水管；11—配水支管；12—闭式喷头；13—末端试水装置；14—快速排气阀；15—电动阀；16—报警控制器

2. 系统的工作原理

平时干式报警阀的入口侧与水源相连并充满水，出口侧和阀后管路及喷头内充满压缩空气，阀门处于关闭状态。发生火灾时，在火场温度的作用下，闭式喷头的感温元件温度上升，达到预定的动作温度范围时，喷头开启，管路中的压缩空气从喷头喷出，使干式报警阀出口侧压力下降，干式报警阀被自动打开，水进入管路并由喷头喷出。在干式报警阀被打开的同时，通向水力警铃的通道也被自动打开，水流冲击水力警铃发出声响报警信号，如干式系统装有压力开关，可将报警信号送至报警控制器，也可直接启动消防泵加压供水。

3. 系统的适用范围和特点

（1）适用范围。

干式自动喷水灭火系统适用于环境温度低于 4℃（或年采暖期超过 240d 的不采暖房间）和高于 70℃的建筑物和场所，如不采暖的地下停车场、冷库等。

该系统的喷头应向上安装，也可采用干式下垂型喷头。

（2）特点。

① 干式自动喷水灭火系统在报警阀后的管网内无水，故可避免冻结和水汽化的危险，不受环境温度的制约，可用于一些无法使用湿式系统的场所。

② 比湿式系统投资高。

③ 干式系统的施工和维护管理较复杂，对管道的气密性有较严格要求。

④ 干式系统的喷水灭火速度不如湿式系统快，这也是干式系统不如湿式系统灭火率高的原因之一。

由于存在上述缺点，干式系统在国内外的应用不多。

（三）预作用自动喷水灭火系统

预作用自动喷水灭火系统是一种综合了火灾自动探测控制技术和自动喷水灭火技术的新系统，由火灾探测系统、闭式喷头和预作用阀等组成。系统平时处于干式状态，在火灾发生时能实现初期报警，并迅速使管网充水将系统转变成湿式系统，再进行喷水灭火。由于系统的这种转变过程包含着预备动作的功能，故被称为预作用喷水灭火系统。

1. 系统的组成

预作用自动喷水灭火系统主要由闭式喷头、管网系统、预作用阀组、充气设备、供水设备、火灾探测报警系统等组成，如图 2-5 所示。

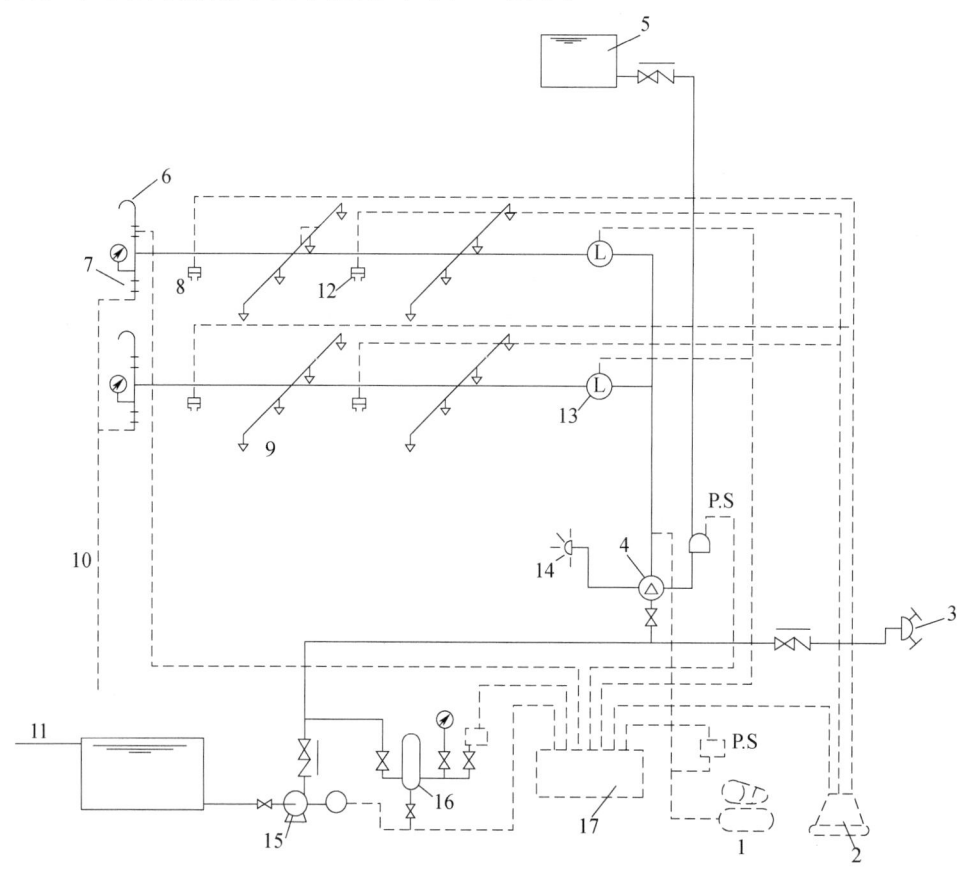

图 2-5 预作用自动喷水灭火系统

1—空压机；2—报警器；3—水泵接合器；4—雨淋阀；5—高位水箱；6—自动排气阀；
7—末端试水装置；8—感温探测器；9—闭式喷头；10—排水管；11—进水管；12—感烟探测器；
13—水流指示器；14—水力警铃；15—消防泵；16—压力罐；17—控制箱

2. 系统的工作原理

平时预作用阀后管网充以低压压缩空气或氮气（也可以是空管），火灾初起时与喷头一起安装在现场的火灾探测器发现火情并发出报警信号，控制器再将报警信号以声光显示，由火灾探测系统自动开启预作用阀，压力水很快进入充满低压空气的管网，系统由原来的干式转变成湿式系统。当火源处温度继续上升，发展到使闭式喷头动作时，系统便立即喷水灭火。

如果发生火灾，火灾探测器发生故障，没能发出报警信号启动预作用阀，而火源处温度继续上升，使得喷头开启，于是管网中的压缩空气气压迅速下降，由压力开关探测到管网压力骤降的情况，压力开关发出报警信号，通过火灾报警控制箱也可以启动预作用阀，供水灭火。

因此，对充气式预作用系统，即使火灾探测器发生故障，预作用系统仍能正常工作。

3. 系统的适用范围和特点

（1）适用范围。

预作用系统同时具备干式喷水灭火系统和湿式喷水灭火系统的特点，而且克服了干式喷水灭火系统控火灭火率低、湿式系统易产生水渍的缺陷，可代替干式系统提高灭火速度，也可代替湿式系统用于管道和喷头易于被损坏而产生喷水和漏水，以致造成严重水渍的场所，还可用于对自动喷水灭火系统安全要求较高的建筑物中。

因此，预作用系统可以用在干式系统和湿式系统所能使用的任何场所，而且能用于一些这两个系统都不适宜的场所。

（2）特点。

① 预作用系统将电子技术、自动化技术结合起来，集湿式系统和干式系统的优点于一体，克服了干式系统喷水迟缓和湿式系统由于误动作而造成水渍的缺点。

② 系统中火灾探测器的早期报警和系统的自动监测功能能随时发现系统中的渗漏和损坏情况，从而提高系统的安全可靠性。其灭火率也优于湿式自动喷水灭火系统。

③ 预作用系统的系统组成较其他系统复杂，投资也要高于其他系统。

（四）雨淋喷水灭火系统

1. 系统的组成

雨淋喷水灭火系统由开式喷头、管道系统、雨淋阀、火灾探测器、报警控制组件和供水设施等组成，如图 2-6 所示。由于系统工作时所有喷头同时喷水，就像下倾盆大雨，故称为雨淋系统或洪水系统。

2. 系统的工作原理

发生火灾时，火灾探测器将信号送至火灾报警控制器，控制器输出信号打开雨淋阀，使整个保护区内的开式喷头喷水灭火。同时启动水泵保证供水，压力开关、水力警铃一起报警。

雨淋喷水灭火系统采用开式喷头，只要雨淋阀启动后，就在它的保护区内大面积地喷水灭火，因此降温和灭火效果十分显著；但其自动控制部分需要有很高的可靠性，不允许误动作或不动作。这种系统主要适用于需要大面积喷水来扑灭火势快速蔓延的特别危险场所，如剧院舞台上部、大型演播室、电影摄影棚等。

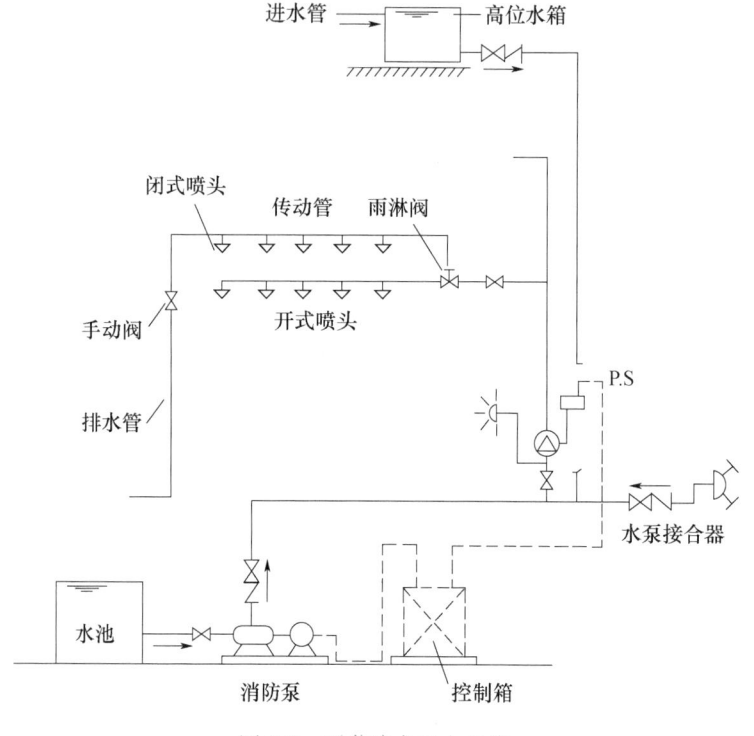

图 2-6　雨淋喷水灭火系统

3．系统的适用范围和特点

(1) 适用范围。

雨淋系统适用于燃烧猛烈、蔓延迅速的严重危险建筑物或场所，如炸药厂、剧院舞台上部、大型演播室、电影摄影棚等。如果在这些上部空间高且大的建筑物中采用闭式自动喷水灭火系统，发生火灾时，由于火焰直接影响到的喷头才能开启喷水，且闭式喷头开启的速度慢于火势蔓延的速度，因此不能迅速出水控制火灾。

(2) 特点。

① 雨淋系统反应快，其是采用火灾探测传动控制系统来开启的。

② 系统灭火控制面积大，用水量大。

③ 在实际应用中，系统形式的选择比较灵活。

(五) 水幕系统

水幕系统由开式洒水喷头或水幕喷头、雨淋报警阀组或感温雨淋报警阀组、供水与配水管道、控制阀以及水流报警装置（水流指示器或压力开关）等组成。该系统与前面介绍的几种系统不同之处在于，水幕系统不具备直接灭火的能力，而是用于防火分隔和冷却保护分隔物。水幕系统的组成与雨淋系统基本一致，系统示意可参照雨淋系统示意图。

(六) 防护冷却系统

由闭式洒水喷头、湿式报警阀组等组成，发生火灾时用于冷却防火卷帘、防火玻璃墙等防火分隔设施的闭式系统。

二、固定式喷洒灭火剂系统

(一) 二氧化碳灭火系统

1. 系统的组合

(1) 单元独立系统。

由一套灭火剂储存装置对应一套管网系统,保护一个防护区域的构成形式,如图2-7所示。

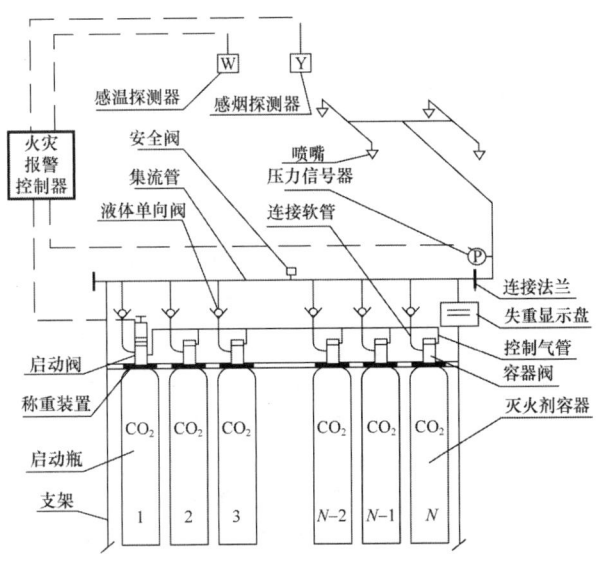

图 2-7 单元独立系统

(2) 组合分配系统。

由一套公共的灭火剂储存装置对应几套管网系统,保护多个防护区域的构成形式,如图2-8所示。

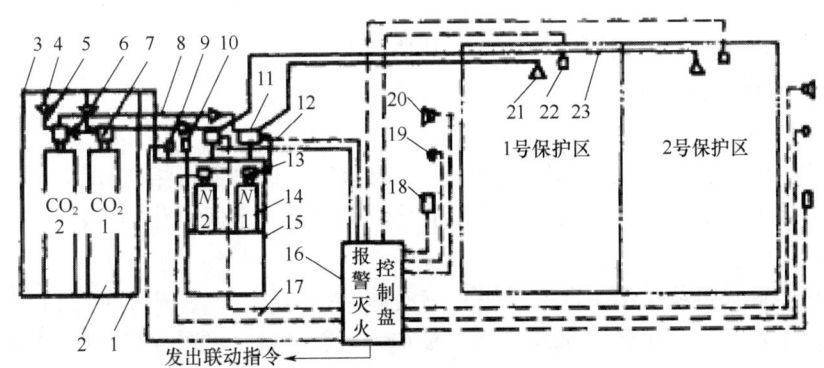

图 2-8 组合分配系统

1—XT灭火剂储瓶框架;2—灭火剂储瓶;3—集流管;4—液流单向阀;5—软管;6—气流单向阀;
7—瓶头阀;8—启动管道;9—压力信号器;10—安全阀;11—选择阀;12—信号反馈线路;
13—电磁阀;14—启动钢瓶;15—QXT启动瓶框架;16—报警灭火控制盘;17—控制线路;
18—手动控制盒;19—光报警器;20—声报警器;21—喷嘴;22—火灾探测器;23—灭火剂输送管道

2. 系统的工作原理

控制内容有火灾报警显示、灭火介质的自动释放灭火、切断保护区内的送排风机、关闭门窗及联动控制等。下面以图2-9为例说明二氧化碳灭火系统的自动控制过程。

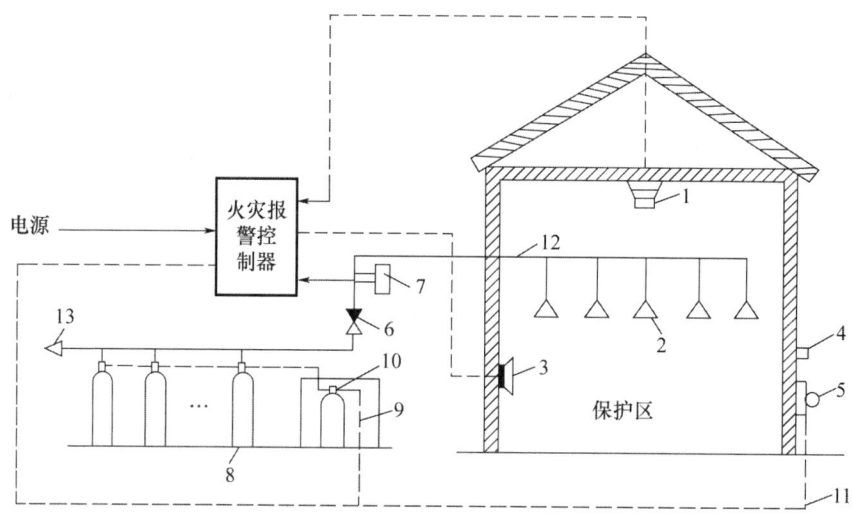

图 2-9 二氧化碳灭火系统

1—火灾探测器；2—喷头；3—警报器；4—放气指示灯；5—手动启动按钮；6—选择阀；
7—压力开关；8—二氧化碳钢瓶；9—启动气瓶；10—电磁阀；
11—控制电缆；12—二氧化碳管线；13—安全阀

从图2-9可知，当保护区发生火灾时，灾区产生的烟、温或光使保护区设置的两路火灾探测器（感烟、感热）报警，两路信号为"与"关系，将信号发至消防中心报警控制器上，驱动控制器一方面发出声、光报警，另一方面发出联动控制信号（如停空调、关防火门等），待人员撤离后再发信号关闭保护区门。从报警开始延时约30s后发出指令启动二氧化碳储存容器，储存的二氧化碳灭火剂通过管道输送到保护区，经喷头释放灭火。如果手动控制，可按下启动按钮，其他同上。

3. 系统的适用范围和特点

（1）试用范围。

二氧化碳可以扑救的火灾有气体火灾、电气火灾、液体或可熔化固体、固体表面火灾及部分固体的深位火灾等。二氧化碳不能扑灭的火灾有金属氧化物、活泼金属、含氧化剂的化学品等。

二氧化碳灭火系统应用场所有易燃可燃液体储存容器、易燃蒸气的排气口、可燃油油浸电力变压器、机械设备、试验设备、反应釜、淬火槽、图书档案室、精密仪器室、贵重设备室、电子计算机房、电视机房、广播机房、通信机房等。

（2）特点。

二氧化碳系统具有对保护物体不污染、灭火迅速、空间淹没性好等特点，但与卤代烷灭火系统相比造价高，且灭火的同时对人产生毒性危害，因此，只有较重要场合才使用。

（二）泡沫灭火系统

1. 系统的组成

（1）低倍数泡沫灭火系统。

① 固定式液上喷射泡沫灭火系统。

固定式液上喷射泡沫灭火系统是将泡沫喷射施放至燃烧液体表面，形成泡沫层的灭火系统。固定式液上喷射泡沫灭火系统由油罐、泡沫产生器、混合液管、闸阀等组成，见图 2-10。水源应满足扑救火灾配制泡沫混合液所需水量，水质应保证不影响泡沫的形成和稳定性，严禁使用含有防腐剂、破乳剂、添加剂或含油的污水以及其他影响泡沫灭火性能的水。凝胶型、金属皂型泡沫液应使用淡水配制泡沫混合液；蛋白、氟蛋白、抗溶氟蛋白型泡沫液可使用淡水或海水配制。配制泡沫混合液的水温宜为 4～35℃。动力源一般应由两个独立电源供电，也可由一个电源供电，同时用柴油发电机作为备用动力。

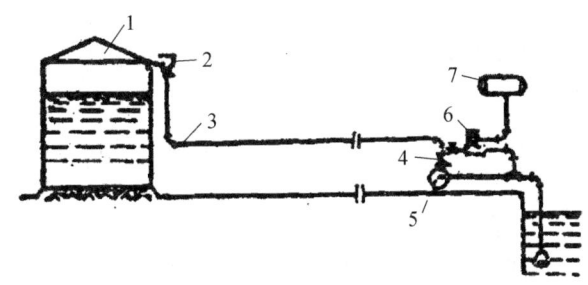

图 2-10　固定式液上喷射泡沫灭火系统

1—油罐；2—泡沫产生器；3—混合液管；4—闸阀；5—水泵；6—比例混合器；7—泡沫液罐

② 固定式液下喷射泡沫灭火系统。

固定式液下喷射泡沫灭火系统是将泡沫从液面下喷入罐内，泡沫通过液体上升至液体表面，扩散形成泡沫层覆盖在燃烧液体表面，窒息灭火。固定式液下喷射泡沫灭火系统的主要设备与固定式液上喷射泡沫灭火系统基本相同，见图 2-11。所不同的是，固定式液下喷射泡沫灭火系统必须采用带有背压的高背压泡沫产生器，输出的泡沫具有足够的压力克服油层静压和管线阻力。在高背压泡沫产生器的出口处设有止回阀，以防储罐液体流出。

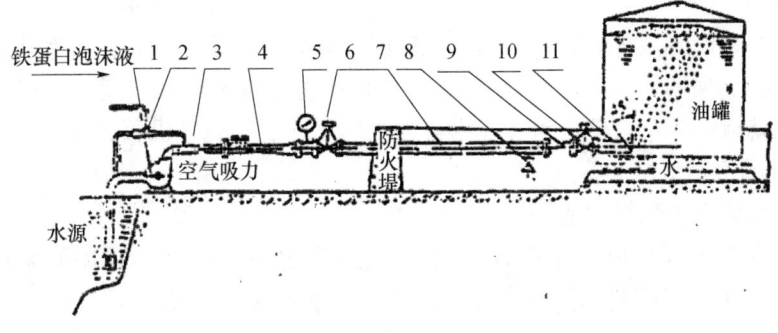

图 2-11　固定式液下喷射泡沫灭火系统

1—消防泵；2—空气泡沫比例混合器；3—混合液管道；4—液下喷射泡沫产生器；5—背压表；6—背压调节阀；7—泡沫管道；8—泡沫取样阀或放水阀；9—止回阀；10—截止阀；11—泡沫注入管

（2）高倍数、中倍数泡沫灭火系统。

① 全淹没式高倍数泡沫灭火系统。

全淹没式高倍数泡沫灭火系统是由固定式高倍数泡沫发生装置将高倍数泡沫喷放到封闭或被围挡的防护区内，并在规定的时间内达到一定泡沫淹没深度的灭火系统。该系统特别适用于保护在不同高度上都存在火灾危险的大范围封闭空间和有固定围墙或其他围挡设施的场所。

全淹没式高倍数泡沫灭火系统一般由水泵、泡沫液泵、水源、泡沫液储罐、比例混合器、压力开关、过滤器、控制箱、泡沫发生器、阀门、导泡筒、管道及其附件等组成。

② 局部应用式高倍数、中倍数泡沫灭火系统。

由固定或半固定的高倍数或中倍数泡沫发生装置直接或通过导泡筒将泡沫喷放到火灾部位的灭火系统，称为局部应用式高倍数、中倍数泡沫灭火系统。

局部应用式高倍数泡沫灭火系统由供水系统、水带、比例混合器、泡沫液桶、高倍数泡沫发生器、管道等组成。供水系统可以是消火栓、消防车等。在设有专职消防队并配备水罐消防车的企业中，采用该系统可省去两台消防水泵和两台泡沫液泵，能较大幅度减少投资。

③ 移动式高倍数、中倍数泡沫灭火系统。

由移动式高倍数、中倍数泡沫发生装置直接或通过导泡筒将泡沫喷放到火灾部位的灭火系统称为移动式高倍数、中倍数泡沫灭火系统。该系统可单独设置或作为全淹没式高倍数泡沫灭火系统、局部应用式高倍数、中倍数泡沫灭火系统的补充使用。该系统由水罐消防车、负压比例混合器、泡沫液桶、泡沫发生器、水带等组成。系统全部组件可以移动，应用灵活，机动性强。

2. 系统的工作原理

当某保护区发生火灾时，该区内火灾探测器发出报警信号送到消防控制室的控制盘，通过"与门"控制回路，发出灭火信号启动水泵和泡沫液泵，同时打开电磁阀，泡沫液和水进入泡沫比例混合器，按照规定的比例（3%或6%）混合后，通过管道将泡沫混合液送到高倍数泡沫发生器产生大量的泡沫淹没被保护区域，扑灭火灾。由于火灾报警、探测上采取了"与门"控制回路和"4取3"的控制回路，从而避免了误动作。在消防中心和保护区附近均装有紧急启、停装置，供人工操作使用。另外，在经常有人工作的场所，还设有一定的延时机构，在延时期间，可先发出警报信号和事故广播，通知工作人员撤离现场。如果在消防中心火灾报警装置与灭火系统脱开，即脱掉灭火系统，该系统就成了一个自动报警、在中心人工启动的手动全淹没灭火系统。

3. 系统的适用范围和特点

（1）高泡沫灭火系统的适用范围和特点。

① 高泡沫灭火系统既可扑救 B 类火灾，又可扑救 A 类火灾，适用范围如下：

a. 液化石油气，液化天然气，可燃、易燃液体的流淌火灾。

b. 各种船舶油泵、机舱等。

c. 电缆夹层、油码头、油泵房、锅炉房、有火灾危险的工业厂房（或车间），如石油化工生产车间、飞机发动机试验车间等。

d. 飞机库、汽车库、冷藏库、橡胶仓库、棉花仓库、烟草及纸张仓库、固定物资仓库、高架物资仓库、电气设备材料库等。

e. 贵重仪器设备和物品及仓库，如计算机房图书档案库、大型邮电楼等。

f. 各种油库、苯储存库等。

g. 人防隧道、煤矿矿井、电缆沟、地下液压油泵站、地下商场、地下仓库、地下铁道、地下汽车库和地下建筑工程等。

② 高泡沫灭火系统具有消烟、排毒、形成防火隔带的用途及应用广泛的特点。

（2）中泡沫灭火系统的适用范围和特点。

凡高泡沫灭火系统不适用场所，中泡沫灭火系统也不适用。中泡沫灭火系统具有可扑救立式钢制储油罐内火灾的特点。

（3）低泡沫灭火系统的适用范围。

低泡沫灭火系统适用于扑救甲醇、乙醇、丙醇、原油、汽油、煤油、柴油等B类火灾，应用于机场、飞机库、燃油锅炉房、油田、油库、炼油厂、化工厂、为铁路油槽车装卸油的鹤管栈桥、码头等场所。

第三章 火灾自动报警系统

随着科技进步和生产发展,微电子技术、检测技术、自动控制技术和计算机技术等有了迅猛发展,并广泛应用到消防技术领域,使得火灾探测与报警技术也得到了迅猛发展。火灾自动报警系统可以有效地早期预报火警,从而可以提早采取有效的灭火和疏散措施,避免或减少火灾所造成的损失。本章在对火灾自动报警系统相关内容进行阐述的基础上,重点研究了火灾探测器、火灾报警系统附件以及火灾报警控制器的结构与功能。

第一节 火灾自动报警系统概述

人们在分析和研究燃烧的发生、发展和蔓延规律的基础上,通过对电子技术的广泛应用,已经兴起和发展了火灾自动报警技术这门学科,并已生产出多种类型的火灾自动报警系统设备。

一、火灾自动报警系统简介

(一)火灾自动报警系统的构成

简单的火灾自动报警系统是由火灾探测器、手动报警按钮、火灾警报装置、主电源和备用电源等组成,如图3-1所示。

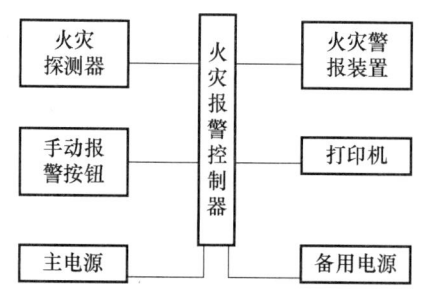

图3-1 简单的火灾自动报警系统

复杂的火灾自动报警系统是集火灾报警、消防设施的联动控制与其他有关的设备监视于一体的多功能的火灾自动报警系统,其组成如图3-2所示。

复杂系统与简单系统的不同之处在于:简单系统只能完成火灾物理量的转换与火灾信号的传送,最终发出声、光火灾报警信号,告知火灾发生的任务;复杂的火灾自动报警系统,具有先进和完善的"火灾报警事件"处理体系,完善的指令系统,全面开放的控制与信息处理能力,而且可以根据实际需要,进行现场编程,系统采用机器的智能处理与专职人员现场勘察相结合的方法,对一个"火灾报警事件"的真伪及其危险程度进行综合判断处理，从而大大提高火灾报警的可靠性和灭火的及时性。

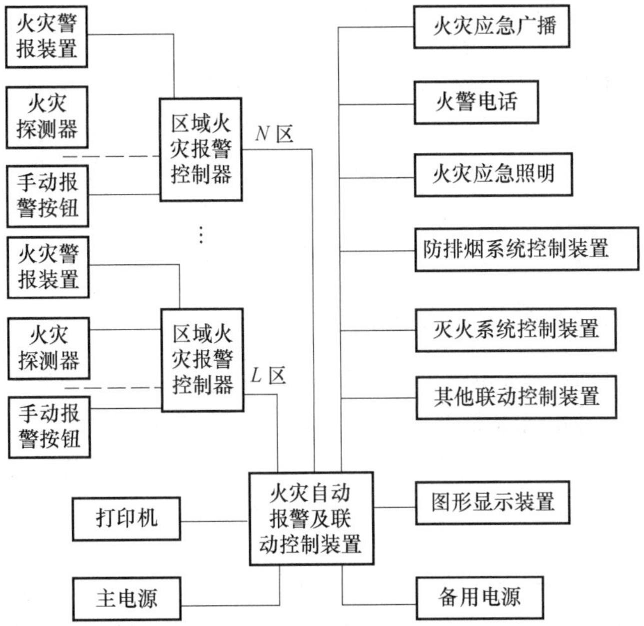

图 3-2 复杂的火灾自动报警系统

（二）火灾报警系统的发展阶段

火灾报警系统总体上来说发展还是很迅速的，主要可以分为三个阶段。

1. 多线型火灾自动报警系统阶段

在这个阶段，火灾探测器的布线比较复杂，安装上也比较困难，至少需要两根电源线提供电源，再用一根线来传送信号。传送信号的线连接在报警显示盘上指示信息。使用火灾探测器所需的电源由报警控制器直接提供，这时的报警系统智能化水平不高，对外围下位机，如火灾报警器、手动报警器、各类探测器没有故障检测的功能，只有在电源线存在短路、断路时才会有故障反应。

2. 总线型火灾自动报警系统阶段

在这个阶段，微电子技术的发展很快，系统已经开始采用微处理器，总线型的控制系统在布线上较多线制简便，特别是二总线，两根线同时传输电源和信号，对各个下位机进行地址编码，火灾控制器通过总线与各个下位机（包括探测器、声光报警和手动报警）进行信号通信。此阶段的探测器对环境检测的灵敏度在出厂时就已经确定，无法由软件系统进行人为调整确定。这类系统的优越性在于能够通过对设备和模块进行控制，所以不仅具有对外围线路的检测能力，还可以对设备进行自检，可惜的是不能辨别故障类型。由于成本较低，施工布线较为方便，所以大多生产厂家采用这套系统。

3. 智能型火灾自动报警系统阶段

由于经济发展，高层建筑日益增多，以往的火灾自动报警系统完全无法满足当今社会的需要，但是由于科技的进步，特别是计算机控制技术的发展，火灾自动报警系统的智能化水平提高不少，随之而来的是对智能化火灾报警系统的研究。其中包括对环境变化做出的相应探测灵敏等级的变化，例如在环境因素干扰较大的场所，如粉尘较多的车间，可以将探测灵敏度调得相对低些，而那些需要重点监测的场所如易燃易爆储罐区、加油站等，则需要将灵敏度调高；探测器信号用数字量代替模拟量，众所周知，数字化处理和模拟处理有着极大的优越性，模拟信号是由连续的电信号来表示，传输过程中难免会受到干扰而失真，但是数字信号确实用"0"和"1"两个数值通过不同组合表示信号，即使在线路传输过程中受到极大的干扰，火灾控制器也可以判断传输过来的信息是"0"还是"1"，确保信号传递的准确性。诸如这些智能化的改变提高了火灾自动报警系统的抗干扰性和稳定性，减少误报率，将损失降至最低。

二、火灾自动报警系统的管理

火灾自动报警系统是建筑物特别是高层建筑物和其他重要建筑物中必不可少的重要消防设施。为确保建筑物消防安全，火灾自动报警系统与其他消防设施必须经当地消防监督机构验收合格后方可投入使用，且在投入使用后应保持系统连续正常运行，任何单位和个人不得擅自随意中断运行。一旦中断，必须及时通报当地消防监督机构。

（一）一般规定

使用单位必须有系统竣工图、设备技术资料、使用说明书、调试开通报告、竣工报告、竣工验收情况表等有关资料，建立系统的一套完整技术档案，以利系统的使用和维护。

火灾自动报警系统一旦投入使用，就应该严格管理。系统必须有专人负责，坚持24h值班制度，无关人员不得随意触动；系统的操作维护人员应是经过专门培训并经消防监督机构组织考试合格的专门人员；值班人员应熟悉、掌握本系统的工作原理和操作规程，应熟悉、掌握本单位火灾自动报警系统的报警区域和探测区域的划分；应建立系统操作使用规程，明确值班人员职责，做好系统运行记录和维护图表。

（二）定期检查

系统投入正常使用后，为确保运行正常和可靠性，必须严格按定期检查制度进行定期检查和试验。

火灾报警系统投入运行两年后，其中点型感温、感烟探测器应每隔三年由专门清洗单位全部清洗一遍。清洗后应做响应阈值及其他必要功能试验，不合格的严禁重新安装使用。被拆换检修的探测器应用备用品或新生产的原型号探测器替补。

使用单位应具有日常维护所必需的备件、专用工具及试验器具，如备用探测器、报警按钮及部件、照明装置及部件、设备专用维修工具、加烟试验器、加温试验器等。为了确保火灾自动报警系统的完好正常工作，系统的维护应由消防监督机构认可的维修单位进行。如运行中发现一时排除不了的故障，应立即通知有关专业维修单位，以便尽快修复，恢复正常工作。

第二节　火灾探测器

火灾探测器具有早期探测火灾信号的功能，是火灾自动报警装置的最关键部件。一般事说，物体燃烧时，往往产生烟雾，接着周围温度逐渐升高，同时产生一些可见光与不可见光。物体从开始燃烧到火势扩大酿成火灾是有个过程的，探测器的功能就是"捕捉""观察"物体渐渐开始燃烧时的"信号"。它把捕捉到的火灾信号转变为电信号，立即提供给报警控制器。

一、火灾探测器概述

（一）火灾探测器的种类

火灾探测器主要有感烟探测器、感温探测器、感光探测器、气体火灾探测器和复合火灾探测器等类型，下面分别介绍感烟探测器、感温探测器、感光探测器这三种类型的探测器（图3-3）。

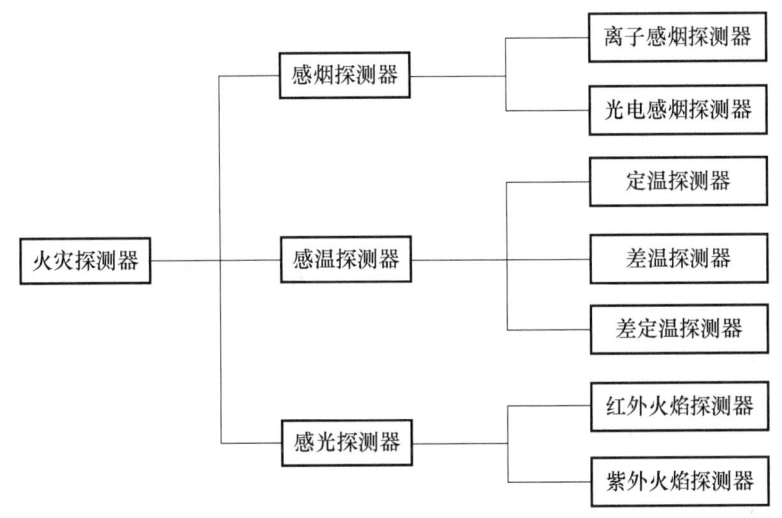

图 3-3　火灾探测器分类

1. 感烟探测器

感烟探测器是目前世界上应用较普遍、数量较多的探测器，建筑物中此种探测器是应用最广泛的。感烟探测器又分为离子感烟探测器和光电感烟探测器两种。

（1）离子感烟探测器。

离子感烟探测器内主要部件为感烟电离室，电离室内装有放射性物质，构成两个电离室，即检测电离室和补偿电离室。探测器内还有场效应管等电子元器件组成的电子线路，可以把物质初期燃烧所产生的烟雾信号转换成直流电压信号。

当火灾发生时，烟雾粒子进入检测电离室后，电离室中被电离的部分正离子和负离子被吸附到烟雾粒子上。因此离子在电场中的运动速度比原来低，而且在运动过程中正离子和负离子互相中和的概率增加，从而使电离电流减少，相当于检测电离室的空气等效阻抗增加，施加在检测电离室和补偿电离室两端的分压比发生变化。当这种变化发展到一定程度时，开关控制电路就会动作，产生报警信号。

离子感烟探测器原理见图3-4。离子感烟探测器具有稳定性好、误报率低、结构紧凑、寿命长等优点，因而得到广泛应用，一般应用于就寝设施的场所和除烟以外的微粒所悬浮的场所。

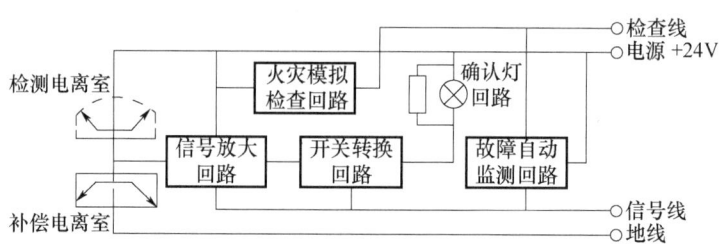

图 3-4 离子感烟器测器原理

（2）光电感烟探测器。

根据烟雾粒子对光的吸收和散射作用，光电感烟探测器可分为减光式和散射光式两种类型。

① 减光式光电感烟探测器。

探测器的减光室内装有发光元件和受光元件，正常情况下，受光元件应接受收发光元件发出的一定光量。当火灾发生时，烟雾粒子进入检测室，使发光元件的发射光受到阻挡，受光元件接收到的光量减少，光电流降低，从而反映烟雾的浓度，并据此通过电子线路发出报警信号。

② 散射光式光电感烟探测器。

探测器的检测室内也装有发光元件，正常情况下，受光元件是接收不到发光元件发出的光的，因此不产生光电流。火灾发生时，烟雾粒子进入检测室，使发光元件发出的光产生漫反射。这种漫反射光被受光元件吸收，产生光电流，从而通过电子线路发出报警信号。其原理如图 3-5 所示。

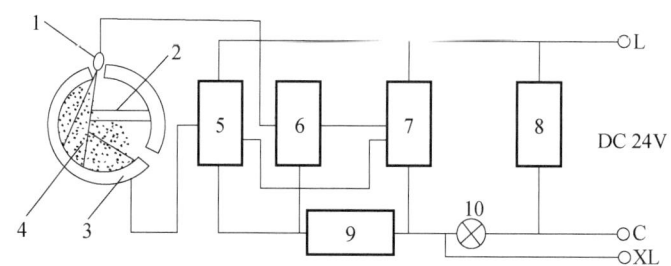

图 3-5 散射光式光电感烟探测器原理

1—发光元件；2—遮光板；3—受光元件；4—暗箱；5—接收放大电路；6—放大回路；
7—同步开关回路；8—保护回路；9—稳压回路；10—确认灯

通常在建筑物内使用的都是延时型散射光式光电感烟探测器，一般应用于如下场所：由于吸烟烟雾滞留而换气性能又不好的场所，就寝设施的场所，除烟以外微粒悬浮的场所，容易受到风影响的场所或有火灾隐患的场所。

2. 感温探测器

感温探测器是响应异常温度、温升速率和温差等参数的火灾探测器。感温探测器适用于火灾时产生的烟气较少、热量增加很快的部位。它除了适用于宾馆、计算机房、文物保护等场所外，还适用于经常存在大量粉尘、烟雾、水蒸气的场所，如厨房、锅炉房、洗衣房、地下隧道等。感温探测器的种类较多,按其原理可分为定温探测器、差温探测器和差定温探测器三种形式。

(1) 定温探测器。

定温探测器是随着环境温度的升高,达到或超过预定温度(定温)时响应的火灾探测器。

① 双金属片定温探测器。

双金属片定温探测器主要由吸热罩、双金属片及低熔点合金和电气触点等组成。双金属片是由两种膨胀系数不同的金属片以及低熔点合金作为热敏感元件。在吸热罩的中部与特种螺钉用低熔点合金相焊接,特种螺钉又与顶杆相连接,其结构见图3-6。

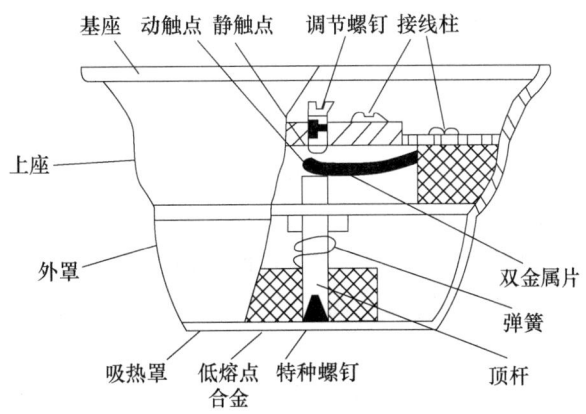

图3-6 双金属片定温探测器结构

被监控现场发生火灾时,随着环境温度的升高,热敏元件双金属片渐渐向上弯曲;同时,当温度高至标定温度(70~90℃)时,低熔点合金熔化落下,释放螺钉,于是顶杆借助弹簧的弹力,助推双金属片接通动、静触点,送出火警信号。

双金属型定温探测器具有结构简单可靠、误动作少的优点,但制作工艺复杂。调节螺钉是专供校对动作标定温度用的,在出厂时已校正好,故在安装时不可随意旋动。

② 普通缆式线型感温探测器。

普通缆式线型感温探测器由两根相互扭绞的外包热敏绝缘材料的钢丝、塑料包带和塑料外护套等组成,其外形与一般导线相同。在正常时,两根钢丝之间的热敏绝缘材料相互绝缘,但被保护现场的缆线、设备等由于短路或过载而使线路中的某部分温度升高,并达到缆式线型感温探测器的动作温度后,在温升地点的两根导线间的热敏绝缘材料的阻抗值降低,即使两根钢丝间发生阻值变化的信号,经与其连接的监视模块(也称作输入模块)转变成相应的数字信号,通过两条总线传送给报警控制器,发出报警信号。

(2) 差温探测器。

差温探测器是随着室内温度升高的速率达到预定值(差温)时响应的火灾探测器。按其原理分为电子差温探测器、膜盒感温探测器和空气管线型差温探测器等。

① 电子差温探测器。

电子差温探测器原理见图3-7。在环境温度变化速率不大的时候(常温缓慢变化),R_{t1}、R_{t2}也变化不大,$U_a<U_b$,$U_c<0$,T_2截止。当发生火灾时,环境温度上升速率很

大（大于 10℃/min）。R_{t1} 下降很快，而 R_{t2} 变化慢，当 $U_a > U_b$ 时，$U_c > 0$，T_2 导通，J_1 线圈有电吸合，其动合（常开）触头闭合，动断（常闭）触头打开，点亮 BD 灯，输出报警信号 X 为高电平。国产电子差温感温探测器常见的型号有 TWDC 型、JrIW-CDZ-262/061 型、D801 型。

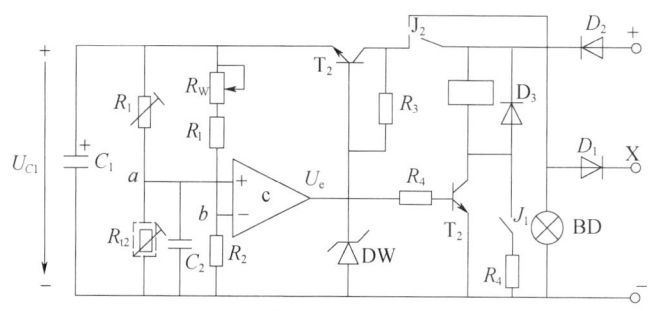

图 3-7　电子差温探测器原理

② 膜盒感温探测器。

膜盒感温探测器常温变化缓慢，温度升高时，气室内的气体压力增高，可以从漏气孔中泄放出去。但当发生火灾时，温升速率增高，气室内空气迅速膨胀来不及从漏气孔跑掉，气压推动波纹板，使电触点闭合，驱动电子线路报警。国产膜盒感温探测器常见的型号为 FJ-2705 型。

③ 空气管线型差温探测器。

空气管线型差温探测器是一种感受温升速率的火灾探测器，由敏感元件空气管、传感元件膜盒和电路部分组成。正常时，气温正常，受热膨胀的气体能从传感元件泄气孔排出，不推动膜盒片，动、静触点不闭合；当发生火灾时，灾区温度快速升高，使空气管感受到温度变化，管内的空气受热膨胀，泄气孔无法立即排出，膜盒内压力增加推动膜片，使之产生位移，动、静触点闭合，接通电路，输出报警信号。

(3) 差定温探测器。

差定温探测器是将差温式和定温式两种探测元件组合在一起的差定温组合式探测器，并同时兼有两种火灾报警功能（其中某一功能失效，另一功能仍起作用），以提高火灾报警的可靠性。

差定温探测器一般采用两只同型号的热敏元件，其中一只热敏元件位于探测区域的空气环境中，使其能直接感受到周围环境气流的温度；另一只热敏元件密封在探测器内部，以防止与气流直接接触。当外界温度缓慢上升时，两只热敏元件均有响应，此时探测器表现为定温特性；当外界温度急剧上升时，位于检测区域的热敏元件迅速变化，而在探测器内部的热敏元件阻值变化缓慢，此时探测器表现为差温特性。差定温探测器兼有差温和定温的双重功能，因而提高了探测器的可靠性。

目前在火灾自动报警系统中多采用智能电子差定温探测器，它内置单片计算机，固化了高可靠火灾判断程序，同时采用优质电子测温传感器，使工作性能更稳定、可靠。智能电子差定温探测器可通过手持式编码器进行电子编码及性能检查，具有良好的抗粉尘及防潮湿能力。

3. 感光探测器

物体燃烧时,将产生波长为小于400nm的紫外光、波长为400～700nm的可见光和波长大于700nm的红外光。感光探测器通过探测火焰辐射的红外光和紫外光来实现对火灾的感知。感光探测器(又称为火焰探测器)分为红外火焰探测器和紫外火焰探测器两种。

(1) 红外火焰探测器。

红外火焰探测器探测火焰辐射的红外光,其结构如图3-8所示。在大多数火灾燃烧中,火焰的辐射光谱主要偏向红外波段,同时火焰本身具有一定的闪烁性,其闪烁频率在3～30Hz之间。

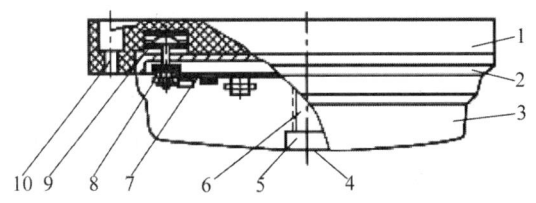

图3-8 红外火焰探测器结构

1—底座;2—上盖;3—罩壳;4—红外滤光片;5—硫化铅红外光敏元件;6—支架;
7—印制电路板;8—柱脚;9—弹性接触片;10—确认灯

燃烧产生的辐射光经红外滤光片的过滤,当红外光进入探测器内部,并聚焦在红外光敏元件上,光信号被转换成电信号,根据火焰闪烁频率可鉴别出火焰燃烧信号。为提高可靠性,探测器通过延时电路来排除其他红外源的偶然变化引起的干扰。延时时间的长短根据光场特性和设计要求选定,通常有3s、5s、10s和30s等。当连续鉴别所出现信号的时间超过给定要求后便触发报警装置,发出火灾报警信号。

(2) 紫外火焰探测器。

紫外火焰探测器探测火焰辐射的紫外光。其灵敏度高、响应速度快,对爆燃火灾和无烟燃烧(如酒精)火灾尤为适用。

火灾发生时,大量的紫外光通过透紫玻璃片射入光敏管,光电子受到电场的作用而加速;由于管内充有一定的稀有气体,当光电子与气体分子碰撞时,稀有气体分子被电离成正离子和负离子(电子),而电离后产生的正、负离子又在强电场的作用下被加速,从而使更多的气体分子电离。于是在极短的时间内,出现"雪崩"式放电过程,使紫外光敏管导通,产生报警信号。

(二) 火灾探测器的外形结构

火灾探测器的总体形状大致相同,随着制造厂家的不同而略有差异。一般随使用场所不同,在安装方式上主要考虑露出型和埋入型两类。为方便用户辨认探测器是否动作,在外形结构上还可分为带(动作)确认灯型和不带确认灯型两种。

(三) 火灾探测器的线制

火灾探测器的线制对火灾探测报警及消防联动控制系统报警形式和特性有较大影响。线制就是火灾探测器的接线方式(出线方式)。火灾探测器的接线端子一般有3～5个,但并非每个端子一定要有进出线相连接。在消防工程中,火灾探测器通常采用三种接线方式,即两线制、三线制和四线制。

1. 两线制

两线制一般由火灾探测器对外的信号线端和地线端组成。在实际使用中,两线制火灾探测器的 DC 24V 电源端、检查线端和信号线端合一作为信号线形式输出。目前在火灾探测报警及消防联动控制系统产品中应用广泛。两线制接法可以完成火灾报警、断路检查、电源供电等功能,其布线少,功能全,工程安装方便。但使火灾报警装置电路更为复杂,不具有互换性。

2. 三线制

三线制在火灾探测报警及消防联动控制系统中应用较为广泛。工程实际中常用的三线制出线方式如下:DC 24V+电源线、地线和信号线(检查线与信号线合一输出),或 DC 24V+电源线、检查线和信号线(地线与信号线合一输出)。

3. 四线制

四线制在火灾探测报警及消防联动控制系统中应用也较普遍。四线制的通常出线形式是 DC 24V+电源线、电源负极、信号线、检查线(一般是检入线)。

二、火灾探测器的选择和运用方式

(一)火灾探测器的选择

火灾探测器的选择原则如下:

(1)火灾初期有阴燃阶段,产生大量的烟和少量的热,很少或没有火焰辐射,应选用感烟探测器。

(2)火灾发展迅速,有强烈的火焰辐射和少量的热、烟,应选用感光探测器。

(3)火灾发展迅速,产生大量的热、烟和辐射,应选用感温、感烟及火焰探测器的组合即复合式火灾探测器。

(4)若火灾形成的特点不可预料,应进行模拟试验,根据试验结果选用适当的探测器。这里需进一步说明其种类选择范围。

① 下列场所宜选用光电和离子感烟探测器:电子计算机房、电梯机房、通信机房、楼梯、走廊、办公楼、饭店、教学楼的厅堂、办公室、卧室等,有电气火灾危险性的场所、书库、档案库、电影或电视放映室等。

② 有下列情况的场所不宜选用光电感烟探测器:存在高频电磁干扰、在正常情况下有烟滞流、可能产生黑烟、可能产生蒸汽和油雾、大量积聚粉尘。

③ 有下列情况的场所不宜选用离子感烟探测器:产生醇类、醚类、酮类等有机物质,可能产生腐蚀性气体,有大量粉尘、水雾滞留,相对湿度长期大于95%,在正常情况下有烟滞留,气流速度大于5m/s。

④ 有下列情况的场所宜选用感光火灾探测器:需要对火焰做出快速反应、无阴燃阶段的火灾、火灾时有强烈的火焰辐射。

⑤ 有下列情况的场所不宜选用感光探测器:在正常情况下有明火作业以及X射线、弧光等影响,探测器的视线易被遮挡,在火焰出现前有浓烟扩散,可能发生无焰火灾,探测器的镜头易被污染,探测器易受阳光或其他光源直接或间接照射。

⑥ 有下列情况的场所宜选用感温探测器:可能发生无烟火灾,在正常情况下有烟和蒸汽滞留,例如吸烟室、小会议室、烘干车间、茶炉房、发电机房、锅炉房、厨房、

汽车库等，其他不宜安装感烟探测器的厅堂和公共场所，相对湿度经常高于95%的场所，有大量粉尘的场所等。

⑦ 在散发可燃气体和可燃蒸汽的场所，如高压聚乙烯、合成甲醇装置等的泵房、阀门间法兰盘、合成酒精装置、裂解汽油装置、乙烯装置宜选用可燃气体探测器。

（二）火灾探测器的运用方式

在消防工程中，对保护区域内火灾信息的监测，有时单独运用一个火灾探测器进行，有时用两个或若干个火灾探测器同时进行。为提高火灾探测报警及消防联动控制系统的工作可靠性和联动有效性，目前多采用若干个火灾探测器同时监测的并联运用方式。

1. 单独运用方式

火灾探测器的单独运用方式是指每一个火灾探测器构成一个探测回路，即每一个火灾探测器的信号线单独送入（输入）火灾报警装置（或控制器），而独立成为一个探测回路，亦称探测支路。单独运用形式的最大优点是接线、布线简单，在传统的多线制系统中应用较多。其特点是火灾探测报区不报点，监测的准确性、可靠性差一些，易于造成误报警和灭火控制系统的误动作。

2. 并联运用方式

火灾探测器的并联运用方式是指若干个火灾探测器的信号线按一定关系并联在一起，然后以一个部位或区域的信号送入火灾报警装置或控制器，即若干个火灾探测器连接起来后仅构成一个探测回路，并配合各个火灾探测器的地址编码实现保护区域内多个探测部位火灾信息的监测与传送。这里强调的若干个火灾探测器的信号线"按一定关系并联"，大致可以分为两种形式：

（1）若干个火灾探测器的信号线以某种逻辑关系组合后，作为一个地址或部位的信号线送入火灾报警装置，如建筑中大面积房间的火灾探测。

（2）若干个火灾探测器的信号线简单地直接并联在一起，然后送入火灾报警装置，如地址编码火灾探测器的应用。火灾探测器并联运用的优点是克服了因火灾探测器自身质量（损坏）等造成的大面积空间不报警现象，从而提高了探测区域火灾信号的可靠性。

第三节　火灾报警系统附件

火灾报警系统附件主要包括手动报警按钮、消火栓报警按钮、火灾显示盘以及CRT彩色显示系统等，下面将分别对这几个系统附件进行阐述。

一、手动报警按钮

手动报警按钮是火灾自动报警系统中不可缺少的一种手动触发器件，它通过手动操作报警按钮向火灾报警控制器发出火灾报警信号。手动报警按钮主要设置在建筑物的走廊、楼梯口以及人员密集的公共场所，并设置在明显和便于操作的部位，以便发生火灾时，人们敲碎有机玻璃片，由人工进行手动操作向火灾报警控制器或消防控制室发出火灾报警信号。

（一）手动报警按钮的分类

手动报警按钮按是否带电话分为普通型和带电话插孔型，按是否带编码分为编码型和非编码型，其外形见图 3-9。

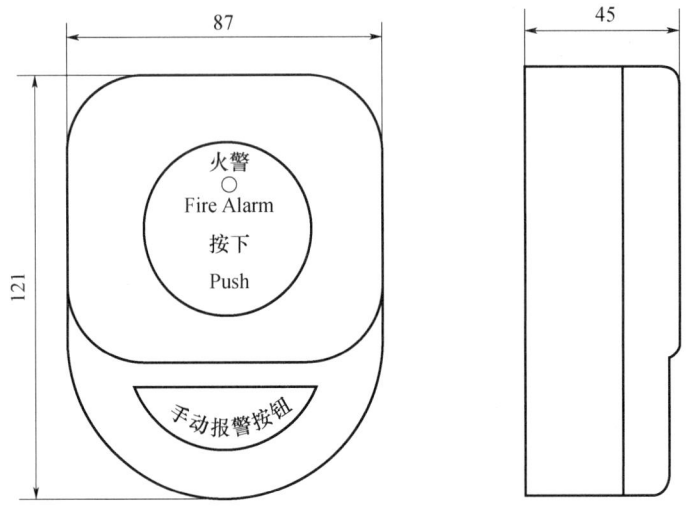

图 3-9　手动报警按钮外形

手动报警按钮底盒背面和底部各有一个敲落孔，可明装也可暗装，明装时可将底盒装在预埋盒上；暗装时可将底盒装进埋入墙内的预埋盒里，如图 3-10 所示。

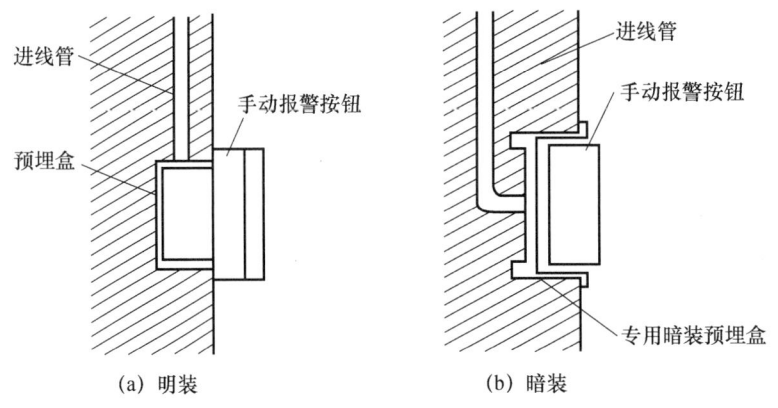

图 3-10　手动报警按钮安装

1. 普通型手动报警按钮

普通型手动报警按钮操作方式一般为人工手动压下玻璃（一般为可恢复型），分为带编码型和不带编码型（子型）。编码型手动报警按钮通常可带数个子型手动报警按钮。

2. 带电话插孔手动报警按钮

带电话插孔手动报警按钮附加电话插孔，以供巡逻人员使用手持电话机。手持电话机线插入插孔后，可直接与消防控制室或消防中心进行电话联系。电话接线端子一般连接于两线制（非编码型）消防电话系统，见图 3-11。

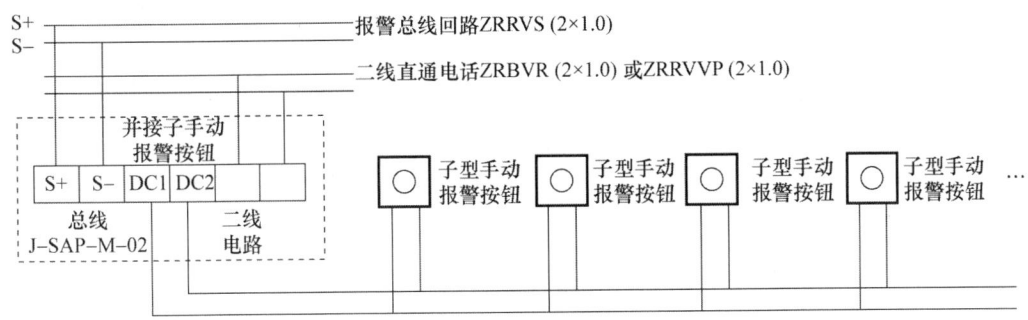

图 3-11　手动报警按钮接线

（二）手动报警按钮的作用原理

手动报警按钮一般安装在公共场所。当人工确认火灾发生时，可随即按下按钮玻璃，可直接向报警控制器发出火灾报警信号。控制器收到报警信号后，可根据手动报警按钮的编码地址，显示出报警按钮的编号或位置，并发出音响或声光警报。

（三）手动报警按钮的设置

手动报警按钮的设置要求如下：

（1）手动报警按钮宜设置在公共场所，并设置在明显和便于操作的部位。

（2）每个防火分区应至少设置一个手动火灾报警按钮。

（3）从一个防火区内的任何位置到最临近的一个手动火灾报警按钮的距离不应大于30m。

（四）常用的手动报警按钮

常用的手动报警按钮型号有 SD90、SD90D、FJ-2712、CP200 等。

1. SD90 和 SD90D 型报警按钮

SD90D 型较 SD90 型多两根电话线和一个电话插孔，可与消防中心通话。两种型号外形尺寸和技术特性完全相同。SD90D 型原理见图 3-12。

当发现火情，人工按下报警按钮后，开关 DIP4 闭合，K_1 与之相联动，动触片左移，发光二极管 D_2 点亮报警，从 X 端输出报警信号。稳压二极管 D_1 起着稳定报警电压（6V）的作用。

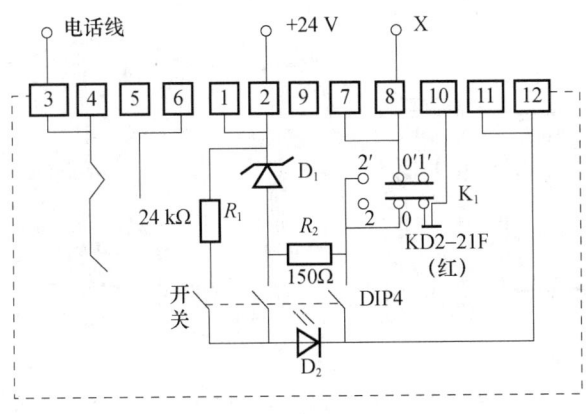

图 3-12　SD90D 型原理

按钮布线方式与探测器相同，一般与两线制的 F732 等型号探测器配套使用。

2. FJ-2712 型报警按钮

该按钮为四线制，一般与 FJ-2701 型探测器配套使用，也具有功能检查作用。其原理如图 3-13 所示。K 为按钮，手动报警时，继电器 J_1 线圈通电，其动合（常开）触头闭合，2 端输出报警信号为高电平，否则 2 端为低电平。GD1038 为光电三极管。该按钮可以单独占用一个报警回路，也可以几个相互并联成为一个报警回路。

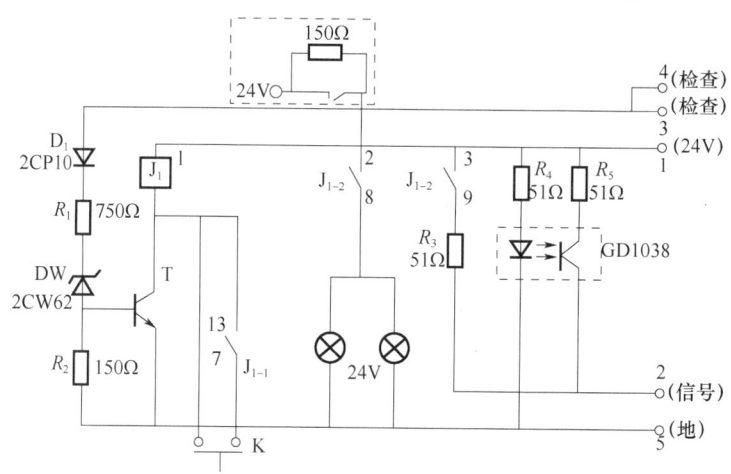

图 3-13　FJ-2712 型报警按钮原理

3. CP200 型破玻璃手动按钮

当人们发现火灾时，可以打破面板保护玻璃，用手动按钮报警。该型按钮一般安装在通道和易为人看见的地方，安装高度为 1.5m。外形尺寸为 85mm×85mm×50mm。接线为两线制，与 S1500 型报警器配套使用。它同时可以启动 20 个警铃报警。

二、消火栓报警按钮

消火栓报警按钮（简称消报）作为火灾时启动消防水泵的设备，在消防水系统控制中起重要作用。老式带小锤的消防按钮示意如图 3-14 所示。过去大部分采用小锤敲击按钮，现在一般为有机玻璃片，其外形图与手动报警按钮相类似。

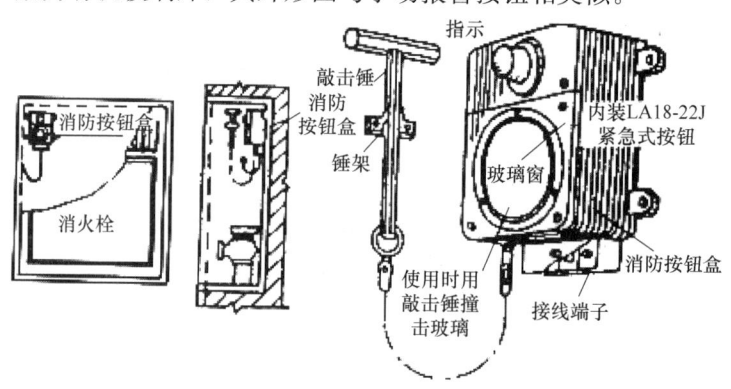

图 3-14　老式带小锤的消防按钮

（一）原理

目前，消火栓按钮有总线型和多线型两种，这里以 LD-8403 型产品为例加以说明。LD-8403 型智能型消火栓按钮为编码型，可直接接入控制器总线，占一个地址编码。按钮表面装有一有机玻璃片，当启用消火栓时，可直接按下玻璃片，此时按钮的红色指示灯亮，表明已向消防控制室外发出了报警信息，控制器在确认了消防水泵已启动运行后，就向消火栓报警按钮发出命令信号点亮泵运行指示灯。消火栓报警按钮上的泵运行指示灯既可由控制器点亮，也可由泵控制箱引来的指示泵运行状态的开关信号点亮，可根据具体设计要求来选用。

该按钮可电子编码，密封及防水性能优良，安装调试简单、方便。该按钮还带有一对常开输出控制触点，可用来做直接启泵开关。

GST-LD-8404 型为智能编码消火栓报警按钮，可直接接入该产品生产公司生产的各种火灾报警控制器或联动控制器，编码采用电子编码方式，编码范围在 1～242 之间，可通过电子编码器在现场进行设定。按钮有两个指示灯，红色指示灯为火警指示，当按钮按下时点亮；绿色指示灯为动作指示灯，当现场设备动作后点亮。该按钮具有 DC 24V 有源输出和现场设备无源回答输入，采用三线制与设备连接，可完成对设备的直接启动及监视功能，此方式可独立于控制器。

（二）主要技术指标

1. LD-8403 型消火栓报警按钮

（1）工作电压：总线 24V。

（2）监视电流≤0.8mA。

（3）报警电流≤2mA。

（4）线制：消火栓报警按钮与控制器信号两总线连接。若需实现直接启泵控制及由泵控制箱动作点亮泵运行指示灯，则将消火栓报警按钮与泵控制箱用三总线连接。

（5）动作指示灯。

红色：报警按钮按下时此灯亮。

绿色：消防水泵运行时此灯亮。

（6）动作触点：无源常开触点，容量为 DC 60V、0.1A，可用于直接启泵控制。

（7）使用环境：温度为－10～50℃，相对湿度≤95%，不结露。

（8）外形尺寸：90mm×122mm×44mm。

2. LD-8404 型消火栓报警按钮

（1）工作电压：24V。

（2）监视电流≤0.5mA。

（3）报警电流≤5mA。

（4）线制：与报警控制器采用两总线连接，与电源采用两线制连接，与消防泵采用三线制连接（一根 DC 27V 有源输出线，一根回答输入线，一根公共地线）。

（5）使用环境：温度为－10～50℃，相对湿度≤95%，不结露。

三、火灾显示盘

火灾显示盘是显示报警区域内的各种报警设备火警及故障信息的设备，不仅可以显示自身所在回路的故障及火灾信息，也可以显示其他回路的故障及火灾信息，甚至整个控制器的信息可以用于异地监视中控室报警器的全部火灾及故障信息。火灾显示盘适用于各防火监视分区或楼层，一般设置在楼层或其他重要场所，以便在火灾报警时警示值班或消防人员。常用的火灾显示盘有数码显示式、液晶显示式和LED图形显示式等。下面以ZF-500型汉字液晶显示火灾显示盘为例加以说明。

（一）火灾显示盘的作用原理

建筑物内发生火灾后，消防控制中心的火灾报警控制器产生报警，同时把报警信号传输到失火区域的火灾显示盘上；火灾显示盘将报警的探测器编号及相关信息显示出来，同时发出声光报警信号，以通知失火区域的人员。火灾显示盘报警信息显示窗可将报警探测器编码号显示出来，满足大范围的报警显示要求。当用一台报警控制器同时监控数个楼层或防火分区时，可在每个楼层或防火分区设置火灾显示盘以取代区域报警控制器。

（二）火灾显示盘的功能及特点

ZF-500型火灾显示盘是用单片机设计开发的汉字式火灾显示盘，用来显示火警探测器部位编号及其汉字信息并同时发出声光报警信号，显示内容清晰直观，便于人员确认。它通过总线与火灾报警控制器相连，处理并显示控制器传送过来的数据。当用一台报警器同时监控数个楼层或防火分区时，可在每个楼层或防火分区设置火灾显示盘以取代区域报警控制器。

（三）火灾显示盘的安装

火灾显示盘的安装要求如下：

（1）在建筑物每个楼层各楼梯口或消防电梯前室等明显部位，宜装设识别火灾楼层的火灾显示盘。

（2）火灾显示盘配合专用安装底座采用壁挂式安装，其底座外形见图3-15。

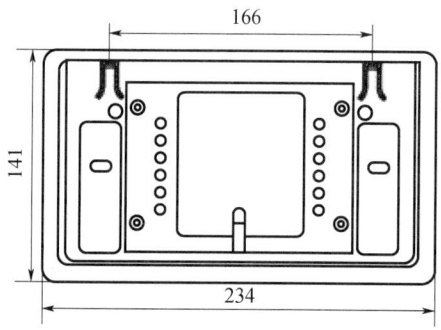

图3-15　火灾显示盘底座外形

（3）火灾显示盘的安装见图3-16。火灾显示盘与底座间可直接卡接，安装显示盘前可先将底座固定在墙壁上。

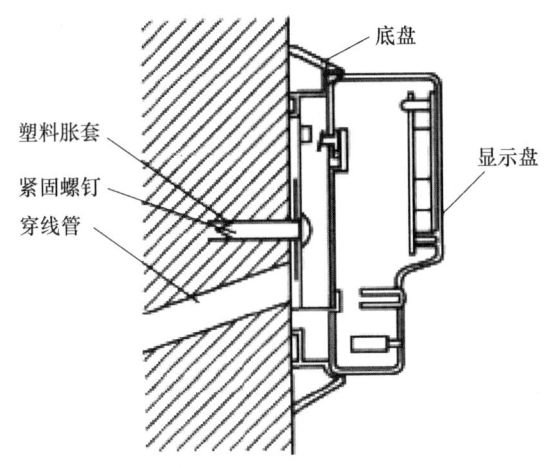

图 3-16 火灾显示盘的安装

四、CRT 彩色显示系统

在大型消防系统的控制中必须采用计算机显示系统即 CRT 系统。它包括系统的接口板、计算机、彩色监视器、打印机,是一种高智能的显示系统。该系统采用现代化手段、现代化工具及现代化的科学技术代替以往庞大的模拟显示屏,其先进性对造型复杂的建筑群体更显突出。

(一) CRT 报警显示系统的作用

CRT 报警显示系统是把所有与消防系统有关的建筑物的平面图形及报警区域和报警点存入计算机内,在发生火灾时,CRT 显示屏上能自动用声光显示部位,如用黄色（预警）和红色（火警）不断闪动,同时用不同的音响来反映各种探测器、报警按钮、消火栓、水喷淋等各种灭火系统和送风口、排烟口等的具体位置。用汉字和图形来进一步说明发生火灾的部位、时间及报警类型,打印机自动打印,以便记忆着火时间,进行事故分析和存档,给消防值班人员更直观、更方便地提供火情和消防信息。

(二) 对 CRT 报警显示系统的要求

随着计算机的不断更新换代,CRT 报警显示系统产品种类不断更新,在消防系统的设计过程中,选择合适的 CRT 系统是保证系统正常监控的必要条件,因此要求所选用的 CRT 系统必须具备下列功能:

(1) 报警时,自动显示及打印火灾监视平面中火灾点位置、报警探测器种类、火灾报警时间。

(2) 所有消火栓报警开关、手动报警开关、水流指示器、探测器等均应编码,且在 CRT 平面上建立相应的符号。利用不同的符号、不同的颜色代表不同的设备,在报警时有明显的不同音响。

(3) 当火灾自动报警系统需进行手动检查时,显示并打印检查结果。

(4) 具有火警优先功能,应不受其他以及按用户的要求所编制软件的影响。

第四节 火灾报警控制器

火灾报警控制器能给火灾探测器供电,接收来自探测器的火灾信号,声光报警并将火灾信息传送到上一级监控中心,同时能自动输出控制指令到其他联动设备,控制它们做出相应动作。

一、火灾报警控制器概述

(一) 火灾报警控制器的功能

作为火灾自动报警与联动控制系统的核心,火灾报警控制器必须具备如下功能:

1. 声光报警功能

当火灾探测器将检测到的火警信号送达火灾报警控制器时,火灾报警控制器能够接收、识别、确认信号。如果是火灾,则应向消防系统中有关的报警装置发送报警信号,实现声、光显示报警。

2. 故障监测功能

火灾报警控制器应该能够对系统中各部件(包括控制器本身)及线路进行自动(兼手动)故障监测,以了解系统的实时工作状态,确保控制器及整个系统正常工作。

3. 记忆功能

当出现火灾报警或系统故障报警时,火灾报警控制器能记忆火灾或故障的地址与时间,即使火灾或事故信号消失,记忆也不会丢失。只有当人工复位后,记忆才可消除,恢复到正常监控状态。

4. 联动输出功能

新型火灾报警及联动控制系统中的火灾报警控制器均已兼有联动控制器的很大一部分功能,因此火灾报警控制器在发出火警信号的同时,经适当延时,能够输出高、低电平或开关触点式的联动灭火及减灾信号。

5. 电源

火灾报警控制器采用信号叠加方式,将24V(或12V)直流电源信号与地址编码信号叠加,为火灾探测器供电。为了确保系统供电,火灾报警控制器本身一般自备浮充备用电源,目前多采用镉镍电池。

6. 联网功能

智能建筑与传统建筑的重要区别之一是,包括消防自动报警与联动控制系统在内的各个子系统不只局限于分别独立工作,还应该具有系统集成功能。因此智能建筑中的消防自动报警与联动控制系统既能独立地完成火灾信息的采集、处理、判断和确认,实现自动报警与联动控制,同时还应能通过网络通信方式与建筑物的整个安保中心及城市消防中心实现信息共享和联动控制。

(二) 火灾报警控制器的分类

火灾报警控制器的分类方式有很多种,可按容量、用途、使用环境、结构形式、防爆性能、信号处理方式、系统连线形式等众多参数进行分类(图3-17)。下面主要介绍5种分类方式。

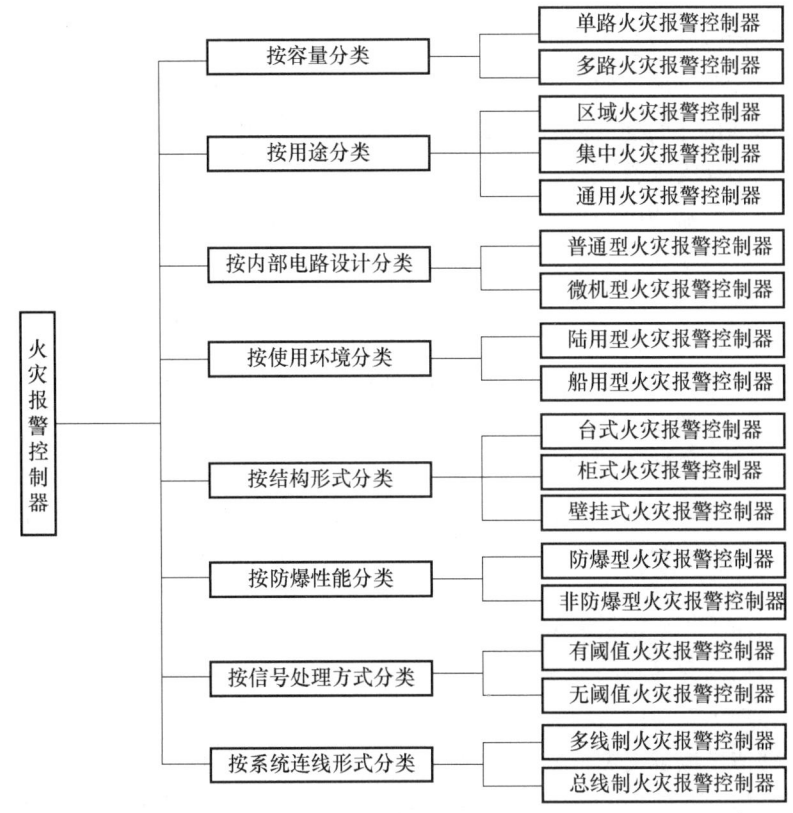

图 3-17　火灾报警控制器的分类

1. 按用途分类

（1）区域火灾报警控制器。

区域报警控制器由输入回路、声报警单元、自动监控单元、光报警单元、手动检查试验单元、输出回路和稳压电源、备用电源等组成。控制器直接连接火灾探测器，处理各种报警信息，是组成自动报警系统最常用的设备之一。区域火灾报警控制器主要功能有供电功能、火警记忆功能、消声后再声响功能、输出控制功能、监视传输线切断功能、主备电源自动转换功能、熔丝烧断告警功能、火警优先功能和手动检查功能。

（2）集中报警控制器。

集中报警控制器的组成及工作原理与区域报警控制器基本相同，除具有区域报警控制器的功能以外，还具有扩展外控的功能，如联动火警广播、火警电话、火灾事故照明等。集中报警控制器一般不与火灾探测器相连，而是与区域火灾报警控制器相连，用于接收区域控制器火灾信号、显示火灾部位、记录火灾信息、协调联动控制和构成终端显示等，常用于较大的系统。

（3）通用报警控制器。

通用报警控制器兼有区域、集中两级报警控制器的双重特点。通过设置或修改某些参数，既可以作为区域控制器连接探测器，又可以作为集中控制器连接区域报警控制器。

2. 按内部电路设计分类

(1) 普通型火灾报警控制器。

这种报警控制器的电路设计采用通用逻辑组合形式,具有成本低廉、使用简单等特点,易于以标准单元的插板组合方式进行功能扩展,功能一般较简单。

(2) 微机型火灾报警控制器。

这种报警控制器的电路设计采用微机结构,对硬件及软件程序均有相应要求,具有功能扩展方便、技术要求复杂、硬件可靠性高等特点,是火灾报警控制器的首选形式。

3. 按结构形式分类

(1) 壁挂式火灾报警控制器。

这种报警控制器连接探测器回路数相应少一些,控制功能较简单。一般区域火灾报警控制器常用这种结构。

(2) 台式火灾报警控制器

这种报警控制器连接探测器回路数较多,联动控制较复杂,操作使用方便,一般常用于集中火灾报警控制器。

4. 按信号处理形式分类

(1) 有阈值火灾报警控制器。

这种报警控制器处理的探测信号为阶跃开关量信号,对火灾探测器发出的报警信号能否进一步处理火灾报警取决于探测器。

(2) 无阈值模拟量火灾报警控制器。

这种报警控制器处理的探测信号为连续的模拟信号。其报警主动权掌握在控制器方面,可以具有智能结构,是现代火灾报警控制器的发展方向。

5. 按系统连线形式分类

(1) 多线制火灾报警控制器。

这种报警控制器的探测器与控制器的连接采用一一对应方式。每个探测器至少有一根线与控制器连接,因而其连接较多,仅适用于小型火灾自动报警系统。

(2) 总线制火灾报警控制器。

这种报警控制器的探测器与控制器采用总线(少线)方式连接。所有探测器均并联或串联在总线上,具有安装、调试、使用方便,工程造价较低的特点,适用于大型火灾自动报警系统。

(三) 火灾报警控制器的技术指标

1. 容量

容量是指能够接收火灾报警信号的回路数,以 M 表示。一般区域报警器的 M 等于探测器的数量。集中报警控制器容量数值等于 M 乘以区域报警器,M 等于探测器数量。对集中报警控制器,容量数值等于 M 乘以区域报警器的台数 N,即 $M \times N$。

2. 工作电压

工作电压采用 220V 交流电和 24～32V 直流电(备用)。备用电源应优先选用 24V。

3. 输出电压及允差

输出电压即指供给火灾探测器使用的工作电压,一般为直流 24V,此时输出电压允差不大于 0.48V。输出电流一般应大于 0.5A。

4. 空载功耗

系统处于工作状态时所消耗的电源功率为空载功耗。空载功耗表明了该系统的日常工作费用的高低,因此功耗越小越好;同时要求系统处于工作状态时,每个报警回路的最大工作电流不超过 20mA。

5. 满载功耗

当火灾报警中央控制器容量不超过 10 路时,所有回路均处于报警状态所消耗的功率;当容量超过 10 路时,20% 的回路处于报警状态所消耗的功率。使用时要求在系统工作可靠的前提下,尽可能减少满载功耗;同时要求在报警状态时,每个回路的最大工作电流不超过 200mA。

6. 使用环境

使用环境条件主要指报警控制器能够正常工作的条件,即温度、湿度、风速、气压等。要求陆用型环境条件为:温度为 $-10 \sim 50℃$;相对湿度 $\leqslant 92\%$($40℃$);风速 $<5m/s$;气压为 $85 \sim 106 kPa$。

传统火灾自动报警系统与现代火灾自动报警系统之间的区别主要在于探测器本身性能。由开关量探测器改为模拟量传感器是一个质的飞跃,将烟浓度、上升速率或其他感受参数模拟值传给控制器,使系统确定火灾的数据处理能力和智能化程度大为增加,减小了误报警的概率。

二、火灾报警控制器的构造与连接方法

(一) 火灾报警控制器的构造

火灾报警控制器完成了从模拟向数字的转变,下面以 JB-QB-GST8000 型超大屏幕图文液晶显示火灾报警控制器为例,介绍其构造。JB-QB-GST8000 火灾报警控制器的外形如图 3-18 所示。

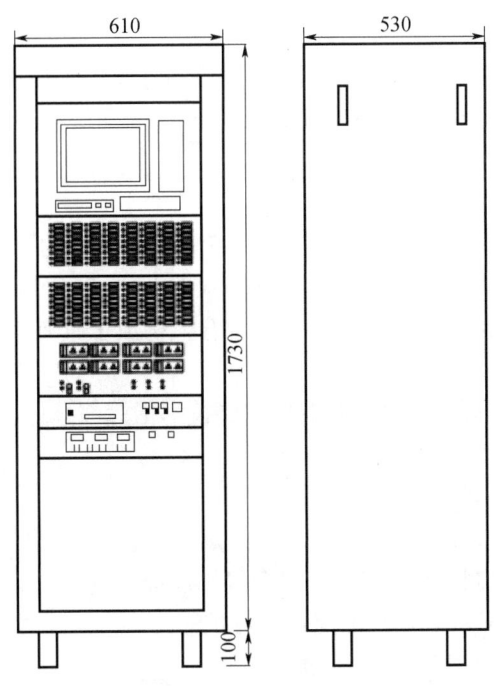

图 3-18 JB-QB-GST8000 火灾报警控制器的外形

JB-QB-GST8000火灾报警控制器（联动型）是大屏幕网络型火灾报警控制器，为适应工程设计的需要，该控制器兼有联动控制功能，可与其他产品配套使用，组成配置灵活的报警联动一体化控制系统，特别适合大中型火灾报警及消防联动一体化控制系统的应用。

1. JB-QB-GST8000火灾报警控制器的特点

（1）单机容量大。

机内网络化技术使单台控制器可连接120个回路，每个回路可挂接240个总线设备，共可连接28800个探测器和联动设备。

（2）方便快捷的操作。

触摸屏的操作内容根据控制器在不同状态下的操作需求而变化，并配有丰富的在线帮助，使操作者在各种情况下方便地做出正确处理。

（3）高可靠性。

控制器采用多回路大容量方式，任何一路总线发生故障都不会影响到其他回路，从而把故障对系统的影响降到最低限度；各回路间通信采用神经元芯片，点对点的通信方式，使每个回路都可以独立工作，并可进行最大限度的联动。

（4）适用超高层建筑和楼群式建筑。

控制器间通信采用先进的LONWORKS现场总线技术，它支持自由拓扑网络结构和双绞线、光纤等通信介质，适合各种结构的远距离分布通信，可实现最多255台控制器联网，从而适合于超高层建筑和群楼式建筑分区控制以及地铁等分布性强的场合。

（5）强兼容性。

GST8000控制器可与GST5000系列各类开关量探测器、智能电子编码探测器连接，并可预留扩展，具有强大的面向未来的能力。

（6）开放性。

LONWORKS是一种具有互操作性的开放性网络，也是在楼宇自动化领域应用最广泛的网络系统。因此，GST8000具有良好的、天然的同楼宇自动化控制领域内其他设备和主机的连接能力。

（7）专业的显示效果。

显示器采用12英寸（1英寸＝2.54cm）液晶屏，专业的图形组态软件封装了每个设备的图形和状态特性，并提供了设备在不同状态下的显示图形，因此组态图形具有生动形象的特点，与清晰准确的文本显示有机结合，构成了具有消防功能特点的图形化专业界面。

2. JB-QB-GST8000火灾报警控制器的主要技术指标

（1）液晶屏规格。

液晶屏规格为12英寸，800×600点。

（2）控制器容量。

① 最大120个总线制回路，28800多个编码地址点。

② 外接64台火灾显示盘（标准配置，可扩充）。

③ 2块64路手动消防启动盘（可扩充）。

（3）线制。

① 控制器与探测器间采用无极性信号两总线连接。与各类控制模块除无极性两总线外，还需外加两根 DC 24V 电源线。

② 与其他类型的控制器采用有极性两总线连接。对火灾报警显示盘，需外加两根 DC 24V 电源线。

③ 与彩色 CRT 系统采用 RS-232 标准接口连接，最大连接线长不宜超过 15m。

④ 环境温度为 $-10\sim50℃$；相对湿度≤95%，不结露。

⑤ 电源：主电源，交流 220V（5A），电压变化范围为 220（1+10%）V、220（1-15%）V；控制器备用电源为直流 24V/24Ah 密封铅电池。

⑥ 控制器监控功耗为 150W，控制器最大功耗<250W。

⑦ 柜式控制器外形尺寸为 610mm×530mm×1830mm。

（二）火灾报警控制器与探测器的连接方法

火灾报警控制器与探测器的连接方式主要分为多线制和总线制连接方式。

1. 多线制连接方式

多线制的特点是一个探测器（或多个探测器为一组）构成一个回路，与火灾报警控制器相连接。多线制连接方式如图 3-19 所示。

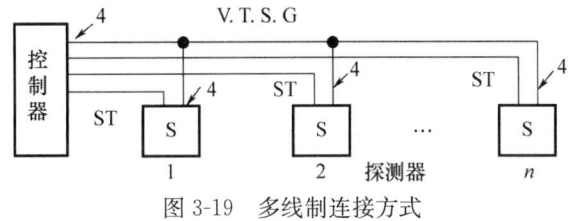

图 3-19　多线制连接方式

多线制有 $n+4$ 线制，n 为探测器个数，4 指公用线为电源线（+24V）、地线（G）、信号线（S）和自诊断线（T）。

每个探测器设一根选通线（ST），当某根选通线处于有效电平时，在信号线上传输的信息才是该探测部位的状态信号。

多线制（$n+4$）连接方式的优点是探测器的电路比较简单，供电和拾取信息相当直观；缺点是线多，配线管直径大，穿线复杂，线路故障较多。

另外，可用多线制（$n+1$）连接方式，即一条是公用地线，另一条是供电线，具有选通信息与自检功能。多线制（$n+1$）连接方式只要把图 3-20 中的 4 线变为 1 线就可以。

2. 总线制连接方式

总线制连接方式采用两条至四条导线构成总线回路，所有的探测器与之并联，每只探测器有一个编码电路，报警控制器采用串行通信方式向每只探测器。

总线制采用编码选址技术，使控制器准确地报警到具体探测部位，调试安装简化，系统的运行可靠性大为提高。

四总线制连接方式如图 3-20 所示。P 线给出探测器的电源、编码、选址信号。T 线给出自检信号，判断探测部位或传输线是否有故障。控制器从 S 线上获得探测部位的信息。G 线为公共地线。P、T、S、G 都采用并联方式连接，S 线上的信号对探测部位而言是分时的。

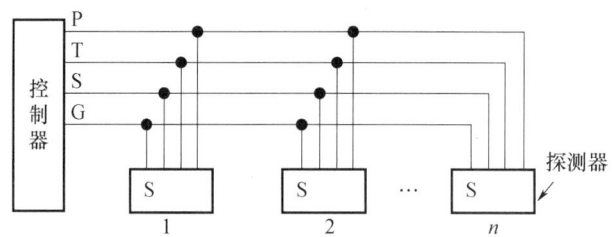

图 3-20 四总线制连接方式

两总线制连接方式比四总线制连接方式用线量少,但技术的复杂性和难度也相应提高。两总线制连接方式有树状(图 3-21)和环状(图 3-22)两种。

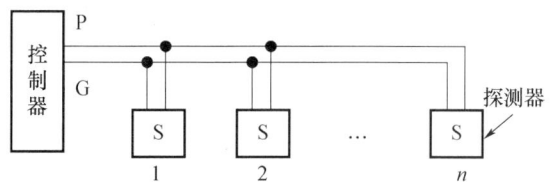

图 3-21 两总线制树状连接方式

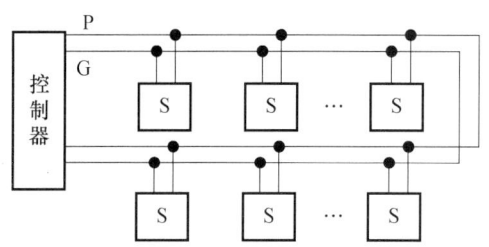

图 3-22 两总线环状连接方式

两总线中的 G 线为公共地线。P 线为供电、选址、自检、获取信息等功能。

另外,还有一种系统的 P 线与各探测器是串联的,这种连接方式称为全连式连接方式。这时连接探测器变成了三根线,控制器还是两根线。

全连式连接方式如图 3-23 所示。

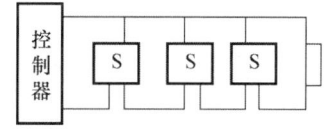

图 3-23 全连式连接方式

(三)火灾报警控制器的硬件和软件

1. 火灾报警控制器的硬件

报警控制器的硬件主要由电源设施、微处理器(CPU)、只读存储器(ROM)、随机存储器(4RAM)、显示屏以及显示、打印、总线、扩展槽、联动、广播、电话等单元和接口电路等构成。

2. 火灾报警控制器的软件

除计算机操作系统(管理和控制计算机系统中所有的软件和硬件资源的计算机管理系统,主要包括进程管理、存储管理、设备管理、文件管理和作业管理)外,火灾自动报警与消防联动系统还需要特定的计算机火灾报警系统应用软件。它将各类报警设备、显示设备和联动设备等，通过特定的信息传输格式与计算机系统有机地联系在一起，才能实施火灾自动报警与联动功能。其作用是为报警系统提供报警设备地址编码、逻辑关系及运算、输入/输出指令等运行环境，以实现火灾自动报警与消防联动系统的报警、确认、输入、输出、联动、计时、打印等运行功能。

第四章 建筑防火管理

各类建筑物是人们生产生活的主要场所，安全、适用、舒适、美观是人们对建筑物的基本要求，火灾安全便是这些要求中的一个重要方面。为了使建筑物具有良好的火灾安全状况，搞好防火管理与设计无疑是最关键的一环。在建筑设计中造成的火灾隐患属"先天性"缺陷，它可为日后火灾的发生和蔓延埋下祸根，也可为防火灭火带来很多困难。即使再采取多种补救措施也很难取得良好效果，因此必须严格把好防火管理与设计关。本章主要对建筑防火管理进行阐述，重点研究建筑防火分区与防烟分区、建筑防火设计和高层建筑火灾的特点及防火措施。

第一节 建筑防火概述

建筑物是人们生产、生活和工作的场所，也是火灾事故发生率最高的场所。因此，研究建筑防火，加强建筑消防安全管理，对预防和减小火灾危害，具有十分重要的意义和作用。

一、建筑物与建筑材料

（一）建筑物的分类

1. 按使用功能分类

（1）民用建筑。

民用建筑是指供人们居住、生活、工作和学习的房屋和场所，一般可分为居住建筑和公共建筑。居住建筑是供人们生活起居的建筑物，如住宅、公寓、宿舍等。公共建筑是供人们进行各项社会活动的建筑物，如办公、科教、文体、商业、医疗、邮电、广播、交通和其他建筑等。

（2）工业建筑。

工业建筑是指供人们从事各类生产活动的建筑。工业建筑一般包括生产用建筑及辅助生产、动力、运输、仓储用建筑，如机械加工车间、机修车间、锅炉房、车库、仓库等。

（3）农业建筑。

农业建筑是指供农业、牧业生产和加工用的建筑，如温室、畜禽饲养场、种子库等。

2. 按主要承重结构的材料分类

（1）木结构建筑。

木结构建筑是指用木材作为主要承重构件的建筑，是我国古建筑中广泛采用的结构形式。目前，这种形式已较少采用。

(2) 混合结构建筑。

混合结构建筑是指用两种或两种以上材料作为主要承重构件的建筑。如砖墙和木楼板的为砖木结构，用砖墙和钢筋混凝土楼板的为砖混结构，用钢筋混凝土墙或柱和钢屋架的为钢混结构。其中，砖木结构多建在村镇民居中，砖混结构在大量性民用建筑中应用最广泛，钢混结构多用于大跨度建筑。

(3) 钢筋混凝土结构建筑。

钢筋混凝土结构建筑是指主要承重构件全部采用钢筋混凝土的建筑。这类结构广泛用于大中型公共建筑、高层建筑和工业建筑。

(4) 钢结构建筑。

钢结构建筑是指主要承重构件全部采用钢材制作的建筑。钢结构具有自重轻、强度高的特点，大型公共建筑和工业建筑、大跨度和高层建筑经常采用这种形式。

3. 按结构的承重方式分类

(1) 砌体结构建筑。

砌体结构建筑是指用叠砌墙体承受楼板及屋顶传来的全部荷载的建筑。这种结构一般用于多层民用建筑。

(2) 框架结构建筑。

框架结构建筑是指由钢筋混凝土或钢材制作的梁、板、柱形成的骨架来承受荷载的建筑，墙体只起围护和分隔作用。这种结构可用于多层和高层建筑中。

(3) 剪力墙结构建筑。

剪力墙结构建筑是指由纵、横向钢筋混凝土墙组成的结构来承受荷载的建筑。这种结构多用于高层住宅、旅馆等。

(4) 空间结构建筑。

空间结构建筑是指横向跨越 30m 以上空间的各类结构形式的建筑。在这类结构中，屋盖可采用悬索、网架、拱、薄壳等结构形式，多用于体育馆、大型火车站、航空港等公共建筑。

(二) 建筑材料的燃烧性能和耐火性能

建筑火灾的蔓延扩大，多数由不耐火的建筑结构和可燃装修材料所致。因此，建筑材料的性能和建筑构件的耐火极限是影响建筑火灾的重要因素之一，尤其建筑材料的耐火性能是决定起火难易程度及火灾扩大蔓延速度的基本因素之一。随着现代建筑技术的发展，大量新型建筑材料越来越得到广泛应用，使建筑材料的燃烧性能更趋复杂。基于对建筑物的经济性和居住者的生命安全考虑，我们必须对建筑材料的燃烧性能进行准确的判断和评估。

1. 建筑材料燃烧性能分级

(1) 建筑材料燃烧性能的含义。

建筑材料的燃烧性能是指当材料燃烧或遇火时所发生的一切物理和（或）化学变化。

建筑材料的燃烧性能是指在明火或高温作用下，材料表面的着火性和火焰传播性，发烟、炭化、失重以及毒性生成物的产生等特性，它是评价材料防火性能的一项重要指标。

(2) 建筑材料燃烧性能级别。

根据材料燃烧火焰传播速率、材料燃烧热释放速率、材料燃烧热释放量、材料燃烧烟气浓度、材料燃烧烟气毒性等材料的燃烧特性参数，国家标准《建筑材料及制品燃烧性能分级》（GB 8624—2012）将建筑材料的燃烧性能分为 A1、A2、B、C、D、E、F 七个级别。

① A1 级材料。

A1 级材料是指对包括充分发展火灾在内的所有火灾阶段都不会做出贡献的材料，如无机矿物材料等。

② A2 级材料。

A2 级材料是指在充分发展火灾条件下，对火灾荷载和火势增长不会产生明显影响的材料，如金属材料等。

③ B 级材料。

B 级材料是指在受到单一燃烧物的热攻击下，产生少量的横向火焰蔓延的材料。其本身不会导致轰燃。如用有机物填充的混凝土和水泥刨花板等。

④ C 级材料。

C 级材料是指在单体燃烧试验火源的热轰击下，产生有限的横向火焰传播的材料。

⑤ D 级材料。

D 级材料是指在较长时间内能阻挡小火焰轰击而无明显火焰传播的材料。此外，它还能承受单体燃烧试验火源的热轰击，伴随产生足够滞后且有限的热释放量。

⑥ E 级材料。

E 级材料是指短时间内能阻挡小火焰轰击而无明显火焰传播的材料。

⑦ F 级材料。

F 级材料是指未做燃烧性能试验的材料和不符合 A1、A2、B、C、D、E 级的材料，如各类天然木材、木制人造板、竹材、纸制装饰板等。

2. 建筑构件的耐火极限

对建筑构件按照时间-温度标准曲线进行耐火试验，从受到火的作用时起到失去支持能力或完整性被破坏或失去隔火作用时止的这段时间称为耐火极限，用小时表示。

耐火极限的判定条件：

（1）失去完整性或完整性被破坏：当用标准规定的棉垫进行完整性测量时，如果棉垫被引燃，则表明试件失去完整性。

（2）失去绝热性或失去隔火作用：如试件背面的平均温升超过试件表面初始温度 140℃，或单点最高温升超过初始温度 180℃时，表明试件失去绝热性。

（3）失去承载能力和抗变形能力：如果试件在试验中发生垮塌或变形量超过规定数，表明失去支持力。

当上述三个条件中的任一个出现时，则表明该建筑构件达到耐火极限。

3. 影响耐火极限的因素

（1）材料的燃烧性能。材料燃烧性能的好坏，直接影响到构件的耐火性能。如相同截面的钢筋柱与木柱相比，前者的耐火极限肯定比后者高许多。

（2）构件的截面尺寸。试验表明，构件的截面尺寸也对其耐火极限有较大的影响。截面尺寸大，耐火极限就高。构件的耐火极限随其截面尺寸的增大而升高。

（3）保护层的厚度。

许多构件的耐火极限和其保护层的厚度有直接关系，如钢结构构件，加大保护层的厚度可以大大提高其耐火极限。如对混凝土构件，若砂浆保护层加厚 2cm，可使其耐火极限成倍提高。

4. 建筑构件的燃烧性能与耐火极限的关系

建筑物的耐火等级由墙、柱、梁、楼板、屋顶承重构件、疏散楼梯、吊顶等这些组成建筑构件的燃烧性能和耐火极限决定。我国现行规范选择楼板作为确定耐火极限等级的基准，其他建筑构件与楼板相比，在建筑结构中所占的地位比楼板重要者，适当提高其耐火极限要求，反之亦反。现行《建筑设计防火规范》（GB 50016）把建筑物的耐火等级分为四级：

一级耐火等级建筑物的主要组成构件全部为不燃烧体。

二级耐火等级建筑物的主要组成构件，除吊顶外，其余都为不燃烧体。

三级耐火等级建筑物的主要组成构件中屋顶承重构件为燃烧体，隔墙、吊顶为难燃烧体。

四级耐火等级建筑物的主要组成构件中，除防火墙为不燃烧体外，其余都为难燃烧体或燃烧体，特别是支承单层的柱还是燃烧体。

二、建筑防火分区与防烟分区

（一）建筑防火分区

建筑防火分区是指采用具有一定耐火能力的分隔设施（如楼板、墙体等），在一定时间内将火灾控制在一定范围内的单元空间。当建筑物某空间发生火灾时，火焰及热气流会从门、窗洞口或从楼板、墙体的烧损处以及楼梯间等竖井向其他空间蔓延扩大，最终将整幢建筑卷入火海。因此，在建筑设计中合理地设计建筑防火分区，不仅能有效地控制火灾发生的范围，减少火灾造成的经济损失，同时也便于人员的安全疏散，为控制、扑救火灾提供有利的条件。

建筑防火分区按其功能可分为水平防火分区和竖向防火分区。水平防火分区是防止火灾在水平方向上扩大蔓延，通常用防火墙或防火门、防火卷帘将各楼层在水平方向分隔成几个防火分区。竖向防火分区则是防止多层或高层建筑的层与层之间发生竖向火灾蔓延，通常采用具有一定耐火极限的楼板和窗间墙（两上、下窗之间的距离不小于 1.2m 的墙）将上、下层隔开。

1. 划定建筑防火分区的原则

建筑防火分区的划分，从消防角度看，其分区越小则效果越好，但从建筑的使用功能、建筑的美观要求以及建筑的经济性等方面考虑，则希望防火分区的面积大些。通常在划定建筑防火分区时应遵循以下原则：

（1）发生火灾危险性大、火灾燃烧时间长的部分应与其他部分分隔开。如饭店的厨房与餐厅部分，由于厨房有明火作业，火灾发生的危险性大，故应将厨房与餐厅作为两个不同的防火分区处理。

(2) 同一建筑的使用功能不同的部分、不同用户间应进行防火分隔处理。楼梯间、前室、走廊等作为避难用的通道，应确保其不受火灾侵害，并保证其畅通。

(3) 高层建筑的各种竖井如电缆井、管道井、垃圾井等，其本身应是独立的防火单元，应保证井道外部火灾不得侵入，井道内部火灾不得外传。

(4) 特殊用房如医院的重点护理病房、贵重设备和物品的储存间，在正常的防火分区内还应设置更小的防火单元。

2. 防火分区的分隔设施

防火分区的分隔设施是指防火分区中能保证在一定时间内阻燃的边缘构件及设施，主要包括防火墙、防火门、防火窗、防火卷帘、防火阀等。

(1) 防火墙。

防火墙是建筑中采用最多的防火分隔构件。我国传统民居中的马头墙，其主要功能就是防止发生火灾时火势的蔓延。大量的火灾实例显示，防火墙对阻止火势蔓延起着很大的作用。如某高层办公楼相邻两办公室以防火墙封隔，其中一间发生火灾，大火燃烧了 3h 之久，内部可燃物基本烧完，但隔壁放有大量办公文件、写字台、椅子等可燃物的办公室则安然无恙。所以，防火墙通常是水平防火分区的分隔首选。

根据建筑平面上的关系，防火墙可分为横向防火墙（与建筑物长轴方向垂直）和纵向防火墙（与建筑物长轴方向一致）；按防火墙在建筑中的位置分，有内墙防火墙和外墙防火墙。内墙防火墙是划分防火分区的内部隔墙，外墙防火墙是两幢建筑间因防火间距不够而设置的无门窗（或设有防火门、窗）的外墙。

防火墙应由非燃烧材料构成。为了保证防火墙的防火可靠性，其耐火极限应不低于 3h，甲、乙类厂房和甲、乙、丙类仓库内的防火墙，其耐火极限不应低于 4h。同时，防火墙的设置在建筑构造上还应满足以下要求：

① 防火墙应该直接设置在建筑的基础上或耐火性能符合设计规范要求的梁上。此外，防火墙在设计和建造中应注意其结构强度和稳定性，应保证防火墙上方的梁、板等构件在受到火灾影响破坏时，不致使防火墙发生倒塌。

② 可燃烧构件不得穿过防火墙体，同时，防火墙也应截断难燃烧体的屋顶结构，且应高出非燃烧体屋面 40cm，高出燃烧体或难燃烧体屋面 50cm 以上。当建筑物的屋盖为耐火极限不低于 0.5h 的非燃烧体、高层工业建筑屋盖为耐火极限不低于 1h 的非燃烧体时，防火墙可以只砌至屋面基层的底部，不必高出屋面。

③ 当建筑物的外墙为难燃烧体时，防火墙应突出难燃烧体墙的外表面 40cm；两侧防火带的宽度从防火墙中心线起，每侧不应小于 2m。

④ 当建筑设有天窗时，应注意保证防火墙中心距天窗端面的水平距离不小于 4m，出现小于 4m 的情况且天窗端面为可燃烧体时，应将防火墙加高，使之超出天窗 50cm，以防止火势蔓延。

⑤ 防火墙上通常不应开设门和窗，若必须设置，应采用甲级防火门、窗，且能自动关闭。防火墙不应设置排烟道，民用建筑上若需设置，应保证烟道两侧墙身的截面厚度均不小于 12cm。

⑥ 建筑设计中，若在靠近防火墙的两侧开设门、窗洞口，为避免火灾发生时火苗的互串，要求防火墙两侧门窗洞口间墙的距离不小于 2m。若装有乙级防火窗，其距离

可不受限制。

建筑物的转角处应避免设置防火墙，若须设在转角附近，则必须保证在内转角两侧上的门、窗洞口间最小水平距离不小于4m。若在一侧装有固定乙级防火窗，其间距可不受限制。

(2) 防火门。

防火门是指在一定时间内，连同框架能满足耐火稳定性、完整性和隔热性要求的门。它是设置在防火分区、疏散楼梯间、垂直竖井等且具有一定耐火性能活动的防火分隔物。

防火门按所用的材料分为钢质防火门、木质防火门和复合材料防火门；按耐火极限分为甲级防火门、乙级防火门和丙级防火门。

① 甲级防火门。甲级防火门的耐火极限不低于1.5h，主要安装于建筑防火分区间的防火墙上。建筑物内的一些特殊房间的门也为甲级防火门，如燃油燃气锅炉房、变压器室、储油间等。

② 乙级防火门。乙级防火门的耐火极限不低于1.2h，防烟楼梯间和通向前室的门、高层建筑封闭楼梯间的门以及电梯前室或合用前室的门均应采用乙级防火门。

③ 丙级防火门。丙级防火门的耐火极限不低于0.5h，建筑物中管道井、电缆井等竖向井道的检查门和高层民用建筑中垃圾前室的门均采用丙级防火门。

防火门除具有可靠的耐火性能和合理的适用场所外，防火门的设置还应注意以下几点：

① 防火门应为向疏散方向开启的平开门，并在关闭后应能从任何一侧手动开启。

② 用于疏散走道、楼梯间和前室的防火门，应能自行关闭。

③ 双扇和多扇防火门，应设置顺序关门器。

④ 常开的防火门，在发生火灾时，应具有自行关闭和信号反馈功能。

⑤ 设在变形缝附近的防火门，应设在楼层较多的一侧，且门开启后不应跨越变形缝，防止烟火通过变形缝蔓延扩大。

⑥ 防火门上部的缝隙、孔洞应采用不燃烧材料填充，并应达到相应的耐火极限要求。

(3) 防火窗。

防火窗是指在一定时间内，连同框架能满足耐火稳定性和耐火完整性要求的窗。防火窗一般安装在防火墙或防火门上。防火窗按耐火极限分为甲、乙、丙三级；耐火极限不低于1.2h的窗为甲级防火窗；耐火极限不低于0.9h的窗为乙级防火窗；耐火极限不低于0.6h的窗为丙级防火窗。

(4) 防火卷帘。

防火卷帘是指在一定时间内，连同框架能满足耐火稳定性和耐火完整性要求的卷帘。

防火卷帘是一种活动的防火分隔物，平时卷起放在门窗上口的转轴箱中，起火时将其放下展开，用以阻止火势从门窗洞口蔓延。

防火卷帘设置部位一般有消防电梯前室、自动扶梯周围、中庭与每层走道、过厅、房间相通的开口部位、代替防火墙做防火分隔设施等。

防火卷帘的设置应注意以下几点：

① 门扇各接缝处、导轨、卷筒等缝隙，应有防火防烟密封措施，防止烟火窜入。

② 设在疏散走道和消防电梯前室的防火卷帘，应具有在降落时有短时间停滞以及能从两侧手动控制的功能，以保障人员安全疏散；应具有自动、手动和机械控制的功能。

③ 用于划分防火分区的防火卷帘设置在自动扶梯四周、中庭与房间、走道等开口部门的，均应与火灾探测器联动，当发生火灾时，应采用一步降落的控制方式。

④ 防火卷帘除应有上述控制功能外，还应有温度（易熔金属）控制功能，以确保在火灾探测器、联动装置或消防电源发生故障时，易熔金属仍能发挥防火分隔作用。

⑤ 防火卷帘上部、周围的缝隙应采用相同耐火极限的不燃烧材料填充、封隔。

（5）防火阀。

防火阀是指一定时间内能满足耐火稳定性和耐火完整性要求，用于通风、空调管道内阻火的活动式封闭装置。

防火阀安装在通风、空调系统的送、回风管上，平时处于开启状态，火灾时当管道内气体温度达到70℃时关闭，在一定时间内能满足耐火稳定性和耐火完整性要求，起隔烟阻火作用。

为防止火灾通过通风、空调系统管道蔓延扩大，在设置防火阀时，应符合下列要求：

① 通风管道穿越不燃烧体楼板处应设防火阀。通风管道穿越防火墙处应设防烟防火阀，或在防火墙两侧分别设防火阀。

② 送、回风总管穿越通风、空气调节机房的隔墙和楼板处应设防火阀。

③ 送、回风道穿过贵宾休息室、多功能厅、大会议室、贵重物品间等性质重要或火灾危险性大的房间的隔墙和楼板处应设防火阀。

④ 多层和高层工业与民用建筑每层水平送、回风管道与垂直风管交接处的水平管段上，应设防火阀。

⑤ 风管穿过建筑物变形缝处的两侧，均应设防火阀。多层公共建筑和高层民用建筑中厨房、浴室、厕所内的机械或自然垂直排风管道，如采取防止回流的措施有困难，应设防火阀。

⑥ 防火阀的易熔片或其他感温、感烟等控制设备一经作用，应能顺气流方向自行严密关闭，并应设有单独支吊架等防止风管变形而影响关闭的措施。

（二）建筑防烟分区

为控制烟气在建筑物内任意流动，需要利用一些设备把建筑防火分区划分为若干个防烟空间，再利用区内的排烟口把烟排除，利用防烟隔断将一个建筑防火分区划分成的多个小区即为防烟分区。防烟分区是对防火分区的细分，其作用是有效地控制火灾产生的烟气流动，但它无法防止火灾的扩散。

1. 防烟分区的划分

防烟分区的划分，主要是采用挡烟垂壁、挡烟梁或者挡烟隔墙等措施来实现，以满足人员安全疏散和消防扑救的需要，避免造成不应有的伤亡事故。防烟分区范围是指以屋顶挡烟隔板、挡烟垂壁或从顶棚向下凸出不小于500mm的梁为界，从地板到屋顶或吊顶之间的规定空间。

屋顶挡烟隔板是指设在屋顶内，能对烟和热气的横向流动造成障碍的垂直分隔体。挡烟垂壁是指用不燃烧材料制成，从顶棚下垂不小于500mm的固定或活动的挡烟设施。活动挡烟垂壁是指火灾时因感温、感烟或其他控制设备的作用，自动下垂的挡烟垂壁。

挡烟垂壁起阻挡烟气的作用，同时可以增强防烟分区排烟口的吸烟效果。挡烟垂壁应用不可燃烧的材料制作，如钢板、夹丝玻璃、钢化玻璃等。挡烟垂壁可采用固定或活动式的，当建筑物净空较高时，可采用固定式的，将挡烟垂壁长期固定在顶棚上；当建筑物净空较低时，宜采用活动式的挡烟垂壁。

设置防烟分区时，如果面积过大，会使烟气波及面积扩大，增加受灾面积，不利于安全疏散和扑救；如面积过小，不仅影响使用，还会提高工程造价。防烟分区一般应遵守以下原则设置：

（1）不设排烟设施的房间（包括地下室）和走道，不划分防烟分区；走道和房间（包括地下室）按规定设置排烟设施时，可根据具体情况分设或合设排烟设施，并按分设或合设的情况划分防烟区；一座建筑物的某几层需设排烟设施，且采用垂直排烟道（竖井）进行排烟时，其余按规定不需设排烟设施的各层，如增加投资不多，可考虑扩大设置排烟范围，各层也划分防烟分区和设置排烟设施。

（2）防烟分区不应跨越防火分区设施。

（3）对有特殊用途的场所，如地下室、防烟楼梯间、消防电梯、避难层间等应单独划分防烟分区。

（4）防烟分区一般不跨越楼层，某些情况下，如一层的面积过小，允许包括一个以上的楼层，但以不超过三层为宜。

（5）对高层民用建筑和其他建筑，每个防烟分区的面积不宜大于500m^2，当顶棚（或顶板）高度在6m以上时，可不受此限制；人民防空地下建筑的隐蔽所的使用面积（抗爆单元）不应大于400m^2。

（6）设有机械排烟系统的汽车库，其每个防烟分区的建筑面积不宜超过2000m^2，且防烟分区不应跨越防火分区。

（7）民用建筑中设置排烟设施的走道、净高不超过6m的房间，应划分防烟分区。

在划分防烟分区时应注意以下几点：

（1）凡需要设置排烟设施的走道、房间（不包括净空高度超过6m的房间），应采用挡烟垂壁、隔墙或从顶棚下凸出不小于50cm的梁划分防烟分区。

（2）走道按规定需要设排烟设施，而房间（包括地下室）不设，且房间与走道相通的门为防火门时，可只按走道面积划分防烟分区；如房间与走道相通的门不是防火门，防烟分区面积的划分包括房间的面积。

（3）房间（包括地下室）按规定设排烟设施而走道不设，并且房间与走道相通的门是防火门时，可只按房间的面积划分防烟分区；如房间与走道相通的门不是防火门，则防烟分区面积的划分应包括走道的面积。

(4) 走道和房间（包括地下室）按规定均设排烟设施时，可根据具体情况分设或合设排烟设施，按分设或合设排烟设施的情况划分建筑防烟分区。

(5) 当建筑面积较大时，可将每个防烟分区划分成几个排烟系统，并将竖直风道分散布置在相应防烟分区之内，以便尽量缩短水平风道。这样，不仅排烟效果好，而且经济。

2. 防烟系统设置

(1) 加压送风防烟。

加压送风防烟就是用风机把一定量的室外空气送入房间或通道内，使室内保持一定压力或在门洞处造成一定流速，以避免烟气侵入。加压向防烟分区送入室外空气，造成一定的正压，在楼梯间、前室或合用前室和走道中形成一个压力阶差，防止烟气侵入疏散通道，使空气从楼梯间流向前室，由前室流向走道，再由走道流向室外或先流入房间再流向室外。气流流向与人流疏散方向相反，增加了疏散、援救与扑救的机会。

加压送风防烟主要用于不符合自然排烟条件的防烟楼梯间及其前室、消防电梯前室及合用前室的防烟。另外，在高层建筑的避难层也需设置机械加压送风，以防烟气侵入。

(2) 疏导排烟。

利用自然或机械作为动力，将烟气排至室外，称为排烟。排烟的目的是排除着火区的烟气和热量，不使烟气流向非着火区，以利于人员疏散和进行扑救。

下面主要介绍自然排烟。自然排烟是利用烟气产生的浮力和热压进行排烟，通常利用可开启的窗户来实现。自然排烟简单经济，但排烟效果不稳定，受着火点位置、烟气温度、开启窗口的大小、风力、风向等诸多因素的影响。

自然排烟投资少，易操作，不占用空间，只要满足规范的要求就应尽量采用。排烟烟囱可由烟感器控制，电信号开启，也可由缆绳手动开启。

走道与房间的自然排烟：除建筑高度超过50m的一类公共建筑和建筑高度超过100m的居住建筑外的高层建筑中，长度超过20m且小于60m的内走道和面积超过$100m^2$且经常有人停留或可燃物较多的房间，有可开启窗或窗井时，可采用自然排烟。走道或房间采用自然排烟时，可开启外窗的面积不应小于走道或房间面积的2%。

中庭自然排烟：中庭的防排烟比较困难，烟气流动的变化较多。当中庭高度小于32m时，可以自然排烟，规定可开启的天窗或侧窗的面积不应小于该中庭面积的5%。

防烟楼梯间及其前室、消防电梯前室和合用前室的自然排烟：除建筑高度超过50m的一类公共建筑和建筑高度超过54m的居住建筑外，靠外墙的防烟楼梯间及其前室和合用前室，宜采用自然排烟方式，如图4-1所示。如不满足自然排烟条件，应设加压送风防烟。当采用自然排烟时，靠外墙的防烟楼梯间每五层可开启外窗总面积之和不应小于$2m^2$；防烟楼梯间前室、消防电梯前室每层可开启外窗面积不应小于$2m^2$，合用前室不应小于每层$3m^2$。

当前室或合用前室采用凹廊、阳台或前室内有两面外窗时，楼梯间如无自然排烟条件，也可不设防烟措施，如图4-2、图4-3所示。

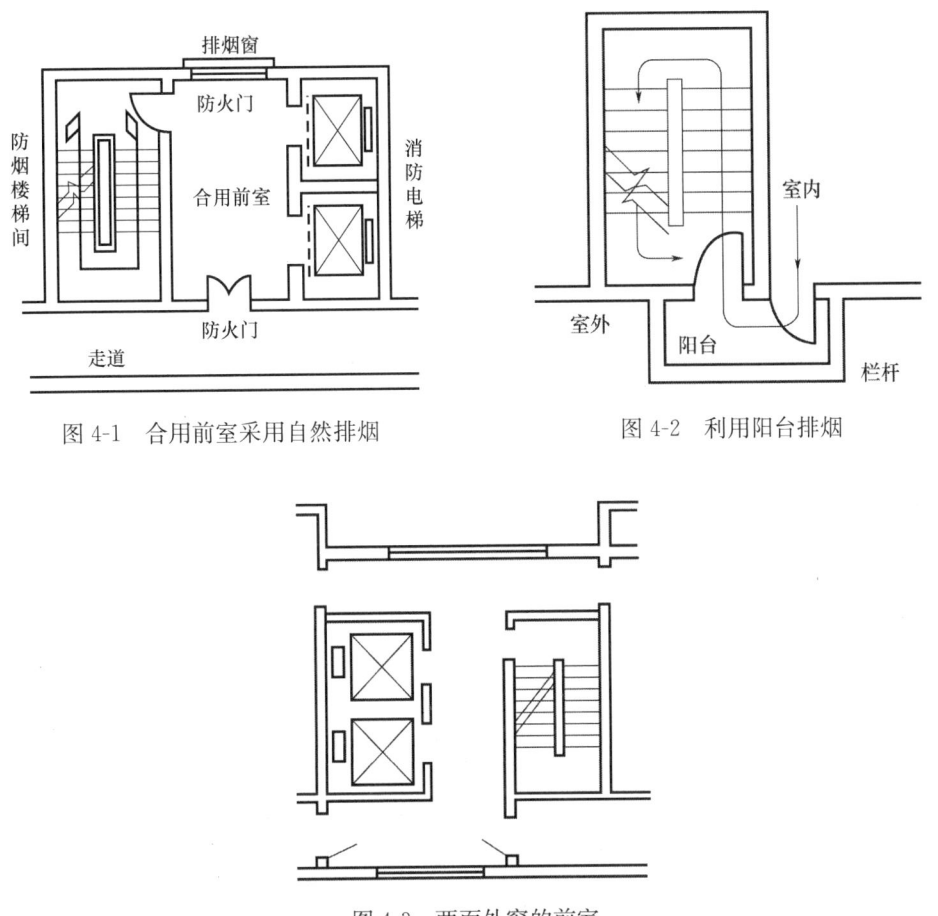

图 4-1 合用前室采用自然排烟　　图 4-2 利用阳台排烟

图 4-3 两面外窗的前室

第二节　建筑防火设计

建筑防火设计是人们基于对火灾安全知识的了解,以某个具体建筑物为对象而进行的一种创造活动。按不同方式、不同标准设计出的建筑物,其防御火灾的能力是存在很大差别的,人类在与火灾的长期斗争中,在建筑防火设计方面积累了许多宝贵的经验。经过多年的经验总结,逐渐形成了一些科学的设计方法和明确的安全要求。起初,这些要求仅是民间建筑业的共识和约定。但是随着时代的发展,人们越来越清楚地认识到,通过国家和政府制定一定的法令、法规、规定或标准来指导和约束建筑设计人员的设计行为,对保证建筑物乃至整个城市的火灾安全具有重要作用。

一、建筑防火设计概述

(一) 建筑防火设计的主要内容

建筑防火工作是城市综合消防安全管理中一项重要的过程环节。概括地讲,建筑防火的基本内容如下:

1. 建筑总平面布局

(1) 控制建筑规模和方位。如控制危险物品（可燃、易燃液体储罐、气体储罐、可燃材料堆放场地）的容积和设置方位，控制不同耐火等级建筑物的容积和高度。

(2) 控制建筑密度。这是通过限制建筑的安全间距实现的。

(3) 合理布置建筑的消防车道、消防水源等。

2. 建筑结构的耐火及防爆

控制和提高建筑物耐火等级（尽量采用一、二级耐火等级建筑），促使建筑物外壁不燃或难燃，控制建筑构件的耐火极限和燃烧性能，控制建筑材料、装修材料的燃烧性能，对建筑防火分隔构件上的开口采取防火封堵措施，以维持建筑构件的耐火性能；对有爆炸危险性的建筑，采取防爆的建筑构件、泄压设施等，减少爆炸对主体结构的破坏等。

3. 建筑物内部的平面布置

(1) 划分建筑物空间的防火、防烟分区：采用防火分隔构件划分防火、防烟分区，控制建筑防火分区和防烟分区的最大允许建筑面积，发生火灾时尽量把火灾、烟气控制在一定范围内，阻止火势和烟气蔓延扩大。

(2) 设置建筑的疏散避难设施和外部灭火救援进入通道设施：包括控制疏散总长度；选择疏散楼梯的形式；合理设计疏散出口、安全出口、疏散楼梯的数量、分布和宽度；设置建筑物内的避难场所等，为疏散创造有利条件，缩短逃生时间；设置消防电梯等专用通道。

(3) 合理布置危险设施、人员密集场所和贵重物品在建筑中的位置，如对有较大火灾危险性或爆炸危险性的设备和物品，不宜布置在建筑的地下部位，减少对结构的破坏以便于扑救；人员密集场所、"老弱病残孕"群体的活动场所。宜布置在首层、二层、三层，便于逃生；对贵重设备、贵重物品等价值高的财产进行保护，尽量远离危险物品和设施场所，尽量分隔成一个独立的防护单元等。

(4) 控制建筑内危险物品及容量。

(二) 建筑设计规范

指导建筑整体设计的法规一般称为建筑设计规范。这种规范规定了在新建或改建工程中有关安全技术的基本要求，分别适用于各类民用建筑与工业建筑的结构工程。现在一些主要的规范大多是强制性规范，就是说建筑物的设计者必须遵照执行。

建筑设计防火规范是建筑设计规范中的重要组成部分。这种规范对不同建筑物提出了进行防火设计时必须遵守的安全要求。以往，防火安全设计的要求是作为部分章节直接写入建筑设计规范中的，然而由于防火设计问题的重要性和特殊性，不少国家已将其作为独立的规范进行编制。现在，建筑设计规范和建筑设计防火规范都是由国家认可或授权的权威机构组织专家编写的。

建筑设计防火规范对不同建筑物提出必须遵守的防火安全要求，是进行建筑防火设计和建筑防火安全检查的基本依据。执行规范的规定对保证建筑物的防火安全设计具有十分重要的作用。研究建筑火灾的预防与控制，应当对建筑设计防火规范有比较清楚的了解。

二、建筑物的具体设计

（一）建筑防火间距设计

为了防止建筑物间的火势蔓延，各幢建筑物之间留出一定的安全距离是非常必要的，这样能够减少辐射热的影响，避免相邻建筑物被烤燃，并可提供人员疏散和消防员灭火的必要场地。

防火间距是两栋建（构）筑物之间保持适应火灾扑救、人员安全疏散和降低火灾时热辐射等的必要间距。

1. 影响防火间距的因素

（1）辐射热。

辐射热是影响防火间距的主要因素，辐射热的传导作用范围较大，在火场上火焰温度越高，辐射强度越大，引燃一定距离内的可燃物所需的时间也越短。辐射热伴随着热对流和飞火则更危险。

（2）热对流。

热对流是火场冷热空气对流形成的热气流。热气流冲出窗口，火焰向上升腾而扩大火势蔓延。由于热气流离开窗口后迅速降温，故热对流对邻近建筑物来说影响较小。

（3）建筑物外墙开口面积。

建筑物外墙开口面积大，火灾时在可燃物的质和量相同的条件下，由于通风好、燃烧快、火焰强度高、辐射热强，相邻建筑物接收的辐射热也较多，就容易引起火灾蔓延。

（4）建筑物内可燃物的性质、数量和种类。

可燃物的性质、种类不同，火焰温度也不同。可燃物的数量与发热量成正比，与辐射热强度也有一定关系。

（5）风速。

风速的作用能加强可燃物的燃烧并促使火灾加快蔓延。

（6）相邻建筑物高度的影响。

相邻两建筑物，若较低的建筑着火，尤其当火灾时它的屋顶结构倒塌，火焰窜出时，对相邻的较高的建筑危害很大。较低建筑物对较高建筑物的辐射角在 $30°\sim45°$ 时，辐射热强度最大。

（7）建筑物内消防设施的水平。

如果建筑物内火灾自动报警和自动灭火设备完整，不但能有效地防止和减小建筑物本身的火灾损失，而且还能减少对相邻建筑物蔓延的可能。

（8）灭火时间的影响。

火场中的火灾温度随燃烧时间有所增长。火灾延续时间越长，辐射热强度也会有所增加，对相邻建筑物的蔓延可能性增大。

2. 防火间距不足时应采取的措施

防火间距由于场地等原因，难以满足国家有关消防技术规范的要求时，可根据建筑物的实际情况，采取以下措施：

（1）改变建筑物内的生产和使用性质，尽量降低建筑物的火灾危险性。改变房屋部分结构的耐火性能，提高建筑物的耐火等级。

（2）调整生产厂房的部分工艺流程，限制库房内储存物品的数量，提高部分构件的耐火性能和燃烧性能。

（3）将建筑物的普通外墙改造为实体防火墙。建筑物的山墙对建筑物的通风、采光影响小，设置的窗户少，可将山墙改为实体防火墙。

（4）拆除部分耐火等级低、占地面积小、适用性不强且与新建筑物相邻的原有陈旧建筑物。

（5）设置独立的室外防火墙。

3. 各类建筑物的防火间距

（1）高层民用建筑的防火间距。

两座高层建筑或高层建筑与不低于二级耐火等级的单层、多层民用建筑相邻，当较高一面外墙为防火墙或比相邻较低一座建筑屋面高15m及以下范围内的墙为不开设门、窗洞口的防火墙时，其防火间距可不限。

两座高层建筑或高层建筑与不低于二级耐火等级的单层、多层民用建筑相邻，当较低一座的屋顶不设天窗、屋顶承重构件的耐火极限不低于1h且相邻较低一面外墙为防火墙时，其防火间距可适当减小，但不宜小于4m。

两座高层建筑或高层建筑与不低于二级耐火等级的单层、多层民用建筑相邻，当相邻较高一面外墙耐火极限不低于2h，墙上开口部位设有甲级防火门、窗或防火卷帘时，其防火间距可适当减小，但不宜小于4m。

（2）单层、多层民用建筑的防火间距。

民用建筑与单独建造的其他变电所、燃油或燃气锅炉房及蒸发量或额定热功率大于上述规定的燃煤锅炉房，其防火间距应按现行《建筑设计防火规范》（GB 50016）有关室外变、配电站和丁类厂房的规定执行。10kV以下的箱式变压器与建筑物的防火间距不应小于3m。

两座建筑物相邻较高的一面外墙为防火墙或高出相邻较低一座一、二级耐火等级建筑物的屋面15m范围内的外墙为防火墙且不开设门窗洞口时，其防火间距可不限。

相邻两座建筑物，当较低一座的耐火等级不低于二级，屋顶不设置天窗、屋顶承重构件的耐火极限不低于1h，且相邻的较低一面外墙为防火墙时，其防火间距不应小于3.5m。

相邻的两座建筑物，较低一座的耐火等级不低于二级，当相邻较高一面外墙的开口部位设置甲级防火门窗，或设置符合现行国家标准《自动喷水灭火系统设计规范》（GB 50084）规定的防火分隔水幕或《建筑设计防火规范》（GB 50016）规定的防火卷帘时，其防火间距不应小于3.5m。

相邻两座建筑物，当相邻外墙为不燃烧体且无外露燃烧体屋檐，每面外墙上未设置防火保护措施的门窗洞口不正对开设，且面积之和小于等于该外墙面积的5%时，其防火间距可按标准减小25%。

耐火等级低于四级的原有建筑物，其耐火等级可按四级确定；以木柱承重且以不燃烧材料作为墙体的建筑，其耐火等级可按四级确定。

防火间距应按相邻建筑物外墙的最近距离计算，当外墙有凸出的燃烧构件时，应从其凸出部分外缘算起。

数座一、二级耐火等级的多层住宅或办公楼,当建筑物的占地面积的总和小于 $2500m^2$ 时,可成组布置,但组内建筑之间的间距不宜小于 4m。

(二) 消防车道设计

消防车道是使消防车不受意外阻挡、能够顺利到达火场的重要保证,为此必须认真考虑其设计问题。

1. 城市街区

在许多城市的主城区,建筑密集,消防车展开灭火会遇到不少困难。为了便于消防车的通行,城市街区内相邻道路中心线间的距离不宜大于 160m。这主要是根据室外消火栓的保护半径为 150m 左右确定的。当建筑物沿街道部分的长度大于 150m 或总长度大于 220m 时,应设置穿过建筑物的消防车道。确有困难时,应设置环形消防车道。

市政道路的宽度不应小于街道两侧建筑物的防火间距,在建筑物的周围应当留出一定宽度的消防车道,其宽度一般不应小于 4m,以便消防车能够接近起火建筑物。对有封闭内院或天井的建筑物,当其短边长度大于 24m 时,宜设置进入内院或天井的消防车道。当有封闭内院或天井的建筑物沿街时,应设置连通街道和内院的人行通道(可利用楼梯间),其间距不宜大于 80m。

在穿过建筑物或进入建筑物内院的消防车道两侧,不应设置影响消防车通行或人员安全疏散的设施。超过 3000 个座位的体育馆、超过 2000 个座位的会堂和占地面积大于 $3000m^2$ 的展览馆等公共建筑,宜设置环形消防车道。

2. 工厂与仓库

在工厂、仓库及储罐区内,各种功能的建筑多,通常采用道路连接,但有些道路并不能满足消防车通行和停靠要求。消防车道有些特殊要求,主要包括:占地面积大于 $3000m^2$ 的甲、乙、丙类厂房或占地面积大于 $1500m^2$ 的乙、丙类仓库,应设置环形消防车道;确有困难时,应沿建筑物的两个长边设置消防车道。

3. 可燃材料堆场与储罐区

可燃材料露天堆场区、液化石油气储罐区及甲、乙、丙类液体储罐区和可燃气体储罐区的消防车道设置应符合下列规定:

(1) 占地面积大于 $30000m^2$ 的可燃材料堆场,应设置与环形消防车道相连的中间消防车道,消防车道的间距不宜大于 150m。液化石油气储罐区,甲、乙、丙类液体储罐区,可燃气体储罐区,区内的环形消防车道之间宜设置连通的消防车道。

(2) 消防车道与材料堆场、堆垛的最小距离不应小于 5m。

(3) 中间消防车道与环形消防车道交接处应满足消防车转弯半径的要求。

4. 消防车道自身的若干要求

为了便于消防车取水,所预定的天然水源和消防水池的附近应设置消防车道。

对横跨主通道的建筑还应规定通道的净高度,避免发生消防车无法通过的情况。消防车道的净宽度和净空高度均不应小于 4m。供消防车停留的空地,其坡度不宜大于 8%。消防车道与厂房(仓库)、民用建筑之间不应设置妨碍消防车作业的障碍物。

建筑物前后的空间需考虑消防车的回转半径,在进行实际设计时应了解建筑物的结构形式和当地消防车辆状况。建筑物还应当与本地区的消防站保持适当的距离,以便发生火灾时消防队能够迅速前来扑救。

环形消防车道至少应有两处与其他车道连通。尽头式消防车道应设置回车道或回车场，回车场的面积不应小于12m×12m；对高层建筑，不应小于15m×15m；供重型消防车使用时，不宜小于18m×18m。

消防车道路面、扑救作业场地及其下面的管道和暗沟等应能承受大型消防车的压力。

消防车道可利用交通道路，但应满足消防车通行与停靠的要求。消防车道不宜与铁路正线平交。如必须平交，应设置备用车道，且两车道之间的间距不应小于一列火车的长度。

（三）安全疏散设计

民用建筑中设置安全疏散设施的目的在于，发生火灾时，使人员能迅速而有秩序地安全疏散出去。特别是影剧院、体育馆、大型会堂、歌舞厅、大商场、超市等人流密集的公共建筑物中，疏散问题更为重要。

1. 安全疏散路线

建筑物的安全疏散路线应尽量连续、快捷、便利、畅通地通向安全出口。设计中应注意两点：一是在疏散方向的疏散通道宽度不应变窄，二是在人体高度内不应有凸出的障碍物或突变的台阶。在进行高层建筑平面设计，尤其是布置疏散楼梯间时原则上应该使疏散的路线简捷，并尽可能地使建筑物内的每一房间都能向两个方向疏散，避免出现袋形走道。

为了保证安全疏散，除了形成流畅的疏散路线外，还应尽量满足下列要求：

（1）靠近标准层（或防火分区）的两端设置疏散楼梯，便于进行双向疏散。

（2）将经常使用的路线与火灾时紧急使用的路线有机地结合起来，有利于尽快疏散人员，故靠近电梯间布置疏散楼梯较为有利，如图4-4所示。

（3）靠近外墙设置安全性最大的带开敞前室的疏散楼梯间形式，同时，也便于自然采光通风和消防人员进入高楼灭火救人。

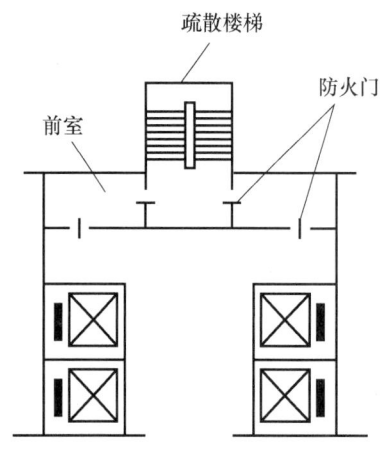

图4-4 疏散楼梯靠近电梯布置

（4）避免火灾时疏散人员与消防人员的流线交叉和相互干扰，有碍安全疏散与消防扑救，疏散楼梯不宜与消防电梯共用一个凹廊作为前室，如图4-5所示。

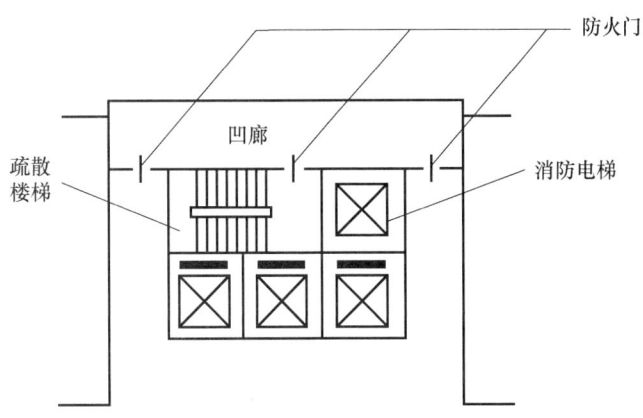

图 4-5 不理想的疏散路线布置

(5) 当建筑设置内楼梯不能满足疏散要求时,可设置室外疏散楼梯,既节约室内面积,又是良好的自然排烟楼梯。

(6) 为有利于安全疏散,应尽量布置环形走道、双向走道或无尽端房间的走道、人字形走道,其安全出口的布置应构成双向疏散。

(7) 建筑安全出口应均匀分散布置,同一建筑中的出口距离不能太近,两个安全出口的间距不应小于 5m。

2. 安全疏散距离

根据建筑物使用性质、耐火等级情况的不同,疏散距离的要求也不相同。例如,对居住建筑,火灾多发生在夜间,一般发现比较晚,而且建筑内部的人身体条件不同,老少皆有,疏散比较困难,所以疏散距离不能太大。对托儿所、医院等建筑,其内部大部分是孩子和病人,无独立疏散能力,而且疏散速度慢,所以,这类建筑的疏散距离应尽量短。此外,对有大量非固定人员居住、利用的公共空间(如旅馆等),由于顾客对疏散路线不熟悉,发生火灾时容易引起惊慌,找不到安全出口,往往耽误疏散时间,故从疏散距离上也要区别对待。民用建筑的疏散距离如图 4-6 所示。高层建筑的疏散更困难,因此,疏散距离较一般民用建筑要求更加严格。

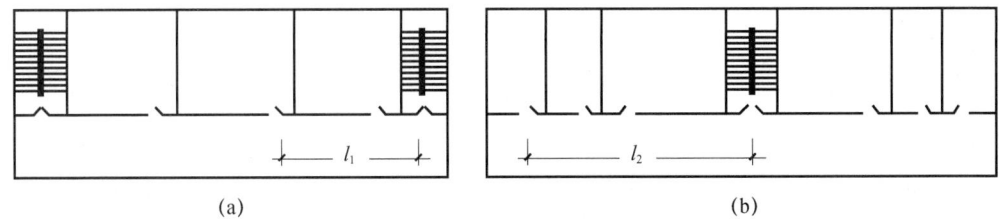

图 4-6 走道长度的控制

3. 疏散设施设计

(1) 敞开楼梯间。

敞开楼梯间一般指建筑物室内由墙体等围护构件构成的无封闭防烟功能,且与其他使用空间直接相通的楼梯间,如图 4-7 所示。

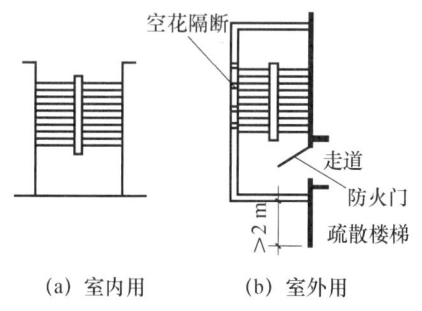

图 4-7　敞开楼梯间

（2）封闭楼梯间。

封闭楼梯间指用具有一定耐火能力的墙体和门将楼梯与走廊分隔开，使之具有一定的防烟、防火能力的楼梯间，如图 4-8 所示。

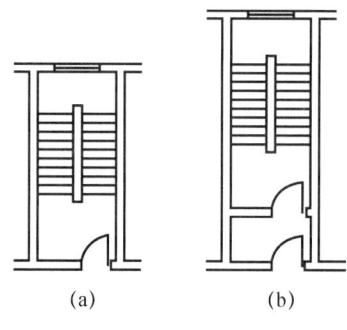

图 4-8　封闭楼梯间

（3）防烟楼梯间。

防烟楼梯间是指能够防止烟气侵入的楼梯间。为了阻挡烟气直接进入楼梯间，在楼梯间出入口与走道间设有面积不小于规定数值的封闭空间（称作前室），并设有防烟设施；也可在楼梯间出入口处设专供防烟用的阳台、凹廊等。通向楼梯间及前室的门均为乙级防火门。防烟楼梯间的主要形式如图 4-9 所示。

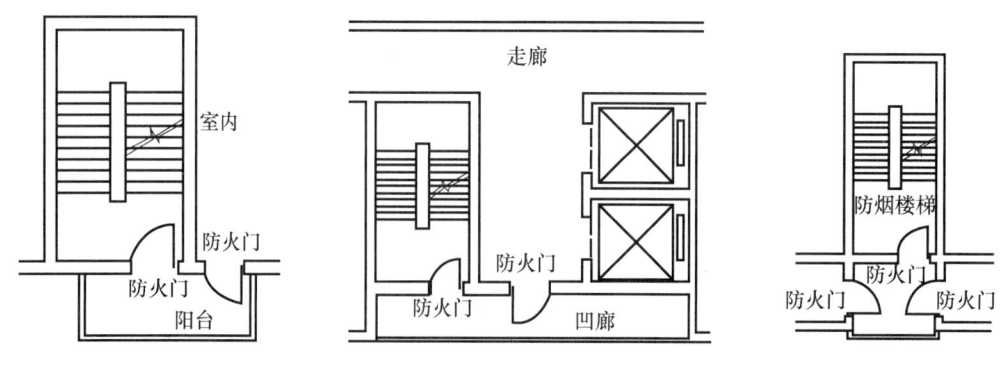

图 4-9　防烟楼梯间的主要形式

(4) 避难层。

高度 100m 以上的公共建筑一旦发生火灾，要将建筑内的人员完全疏散到室外比较困难。因此，建筑高度超过 100m 的公共建筑应设避难层。两个避难层之间，不宜大于 50m。封闭式避难层应是无烟区。

(5) 安全出口。

民用建筑的安全出口应分散布置。每个建筑防火分区、建筑防火分区的每个楼层，其相邻的两个安全出口最近的水平距离不应小于 5m。公共建筑内的每个建筑防火分区、建筑防火分区内的每个楼层，其安全出口的数量应经计算确定，且不应少于 2 个。当符合可设一个疏散楼梯的条件时，可设一个安全出口。

决定安全出口宽度的因素很多，如建筑物的耐火等级与层数、使用人数、允许疏散时间、疏散路线等。为了使设计既安全经济，又符合实际使用情况，通常疏散宽度按百人宽度指标确定。

疏散门应向疏散方向开启，但房间内人数不超过 60 人，且每个门的平均通行人数不超过 30 人时，门的开启方向可以不限，疏散门不应采用转门。

为了便于疏散，人员密集的公共场所（如观众厅的入场门、太平门等），不应设置门槛，其宽度不应小于 1.4m，靠近门口各 1.4m 范围内不应设置台阶，以防摔倒伤人。

人员密集的公共场所的疏散楼梯、太平门，应在室内设置明显的标志，室外疏散通道的净宽不应小于疏散走道总宽度的要求，最小净宽不应小于 3m。

第三节　高层建筑火灾的特点及防火措施

随着我国城市化的快速发展，我国高层建筑越来越多。但由于高层建筑自身的特点，一旦发生火灾，其危险性比普通建筑更为严重，因而深入了解高层建筑火灾的特点，并且在此基础上做好防火措施，显得越来越重要。

一、高层建筑火灾的成因和特点

(一) 高层建筑火灾的成因

1. 火源因素

高层建筑发生火灾，火源是个很重要的因素。概括来讲，火源无非就两类：人为与非人为（天然）。人为火源占主要，比如生活用火不当、违章作业、小孩玩火、未熄灭烟头致燃等；天然因素主要是由于天气、环境等因素引发燃烧包括静电、雷电等。无论是人为还是非人为，火源都可以采取相应措施加以控制，对避免火灾发生具有重要意义。

2. 建筑设计不合理，存在安全隐患

建筑公司在进行设计建设时只顾及个人需求，没有考虑实际问题就进行毫不合理的设计、建设。很多公司在设计时没有通过消防备案、审核就设计、开工并投入使用。有些公司为节约成本，没有安装火灾自动报警系统和自动喷水灭火系统，疏散楼梯设计过于窄小甚至没有设计防火门、防烟楼梯间等。这些问题的存在将造成重大的火灾隐患。

3. 消防验收把关不严

一般建筑公司在建筑前和建筑后都要进行消防验收，然而在我国建筑行业内却普遍存在着"虚报、谎报、弄虚作假、徇私舞弊"等现象。公司将设计图纸交给消防部门审核，在还未审核完毕和接到任何通知的情况下，就自行建设并投入使用。在工程完工后，消防人员需进行二次验收，这时候验收方又存在把关不严、收红包、徇私舞弊等现象，对建设中存在的问题置若罔闻，睁一只眼闭一只眼。

4. 工程质量不达标

一些高层建筑的施工方由于不达标而不具备建设大建筑的资格，为了能够建设大建筑而挂靠有资质的公司，"挂羊头卖狗肉"，这种现象屡见不鲜。一些小建筑公司施工人员都是些"游兵散将"，流动性非常大，且极不专业，也就造成了工程质量的下降。同时一些建筑公司为了节省成本，随意改造图纸、偷工减料等严重违规行为，造成了极大的安全隐患。

5. 消防安全管理不当

现代高层建筑消防设施都比较齐全，如火灾自动报警系统、自动喷水灭火系统等，但即使安装了这些系统，火灾还是容易发生，其中最大的原因就是高层建筑内工作人员消防意识淡薄，甚至不会操作这些消防设施，消防设施完全就是摆设，失去了作用，并且管理层各自为政，相互推脱，没有对消防设施进行妥善管理、定期检测等。

(二) 高层建筑火灾的特点

1. 火灾蔓延较快

由于高层建筑具有空气流动快的特点，因而在通常情况下，一旦高层建筑发生火灾，在压力和风速的影响下，高层建筑火灾会迅速蔓延，容易从局部火灾变成大范围火灾，如果扑救不及时，就会使高层建筑火灾失去控制，造成巨大的损失。比如，由于高层建筑必须采取竖向井管的设置方式，因而楼梯井、管道井、电缆井、排风管等都会成为燃烧源，一旦室内发生火灾，就会通过这些竖向井管导致向上层蔓延。

2. 扑救难度较大

由于高层建筑层数较多，消防人员在对高层建筑火灾进行扑救的过程中，登高难度非常大，消防人员徒步登楼一般在10层左右体力消耗较大，再登就很困难，必须借助消防电梯来进行，但目前我国很多高层建筑为了节约建筑成本以及受技术等诸多因素影响，没有设置消防电梯，这就使消防人员在扑救过程中的难度更大；高层建筑发生火灾之后，要想成功将火灾控制住，需要用大量水，根据科学测算，高层建筑火灾用水量每秒需要上百升甚至几百升，当前针对高层建筑火灾扑救的消火栓系统最多只能提供每秒几十升的用水量，因而只能借助水泵接合器供水，但由于技术因素通常会导致供水中断，造成高层建筑火灾扑救困难。

3. 人员疏散困难

高层建筑人员较多，而且也比较复杂，一旦高层建筑发生火灾，加上垂直疏散距离较长，就使人员疏散难度加大，特别是由于高层建筑人员疏散只能通过楼梯进行，更增加了高层建筑火灾人员疏散的困难。试验表明，在一座50层的建筑内通过楼梯将人员全部疏散完毕用了2小时11分钟，火灾中烟气在竖直方向上的流动速度是人员疏散速度的100多倍。特别是由于在高层建筑火灾人员疏散过程中，火灾蔓延方向与人员疏散方向相反，这就使得无论是消防人员还是疏散人员，都要面对烟熏、热流的冲击和危害，更进一步增加了人员疏散的难度，极易在疏散过程中再次出现危险。

4. 消防设施复杂

由于高层建筑比较复杂，因而消防设施也比较复杂，这就使得高层建筑消防设施在运转过程中极易出现故障甚至损坏的问题，比如很多高层建筑都会出现防排烟系统送风口无法打开、火灾自动报警系统失效、消防水泵无法启动等问题，一旦出现火灾，如果这些消防系统不能正常运转，就会导致灭火工作无法更好地开展。还有一些高层建筑，在建筑过程中为了降低成本，安装的消防设施质量无法保障，或消防设施没有按照规定进行安装，比如防火门、应急灯等安装不到位或者根本没有安装，都会对高层建筑防火造成严重的影响。

二、高层建筑防火措施

（一）科学规划，合理设计

高层建筑建设，必须符合城市的整体规划。根据高层建筑物的位置、风向、环境等因素进行合理规划。在设计中要严格遵守现行消防技术规范，根据商用或者民用类别确定耐火等级，科学规划、施工。

（二）划分防火、防烟分区，合理布局

高层建筑内划分建筑防火分区的目的就是发生火灾后，能够将火势控制在一定的空间内，防止四处蔓延，为火灾的扑救争取时间。高层建筑内划分防烟分区如设置挡烟垂壁、挡烟梁、隔墙等对烟气进行控制，使其不能任意扩散，将烟气及时排出去保证有清晰的可见度，有助于安全疏散人群，便于消防队员顺利开展工作。

（三）采取安全疏散措施，加宽疏散通道

高层建筑在设计和施工中要考虑安全疏散措施，比如确定安全出口的数量、宽度、楼梯形式、疏散距离等，设置避难层、安全出口、应急照明灯、应急疏散指示标志等。同时在条件允许的情况下加宽紧急疏散通道，设立一个消防电梯。消防电梯必须符合相关消防技术规范，疏散通道一定要便捷，切忌复杂化。

（四）室内装修注意防火

在进行室内装修时，一定要根据建筑物的使用性质、规模、装修部位等进行材料选取，尽量选择那些不易燃材料，做到安全适用、经济合理。同时根据室内存放的物品数量和种类采取相应的防火措施，降低室内火灾危险性。

（五）防火设置要配套齐全

高层建筑内一定要将防火设施安装齐全，比如最基本的室内消火栓、火灾自动报警系统、自动喷水灭火系统、防排烟系统、消防电梯等，确保火灾发生后，人员能够第一时间进行自救，为消防队员的到来争取时间。

（六）加强消防安全管理，增强消防意识

高层建筑必须有一个好的安全管理措施，使用方应该明确责任，加强消防安全管理。首先使用方应该由管理层专门成立一个消防安全管理组织，健全消防安全机构，落实安全责任制，制定各项消防管理制度。其次当火灾发生后，一定要对人群进行有组织、有计划的疏散，确保疏散能最大秩序化，所以要经常开展应急疏散演练，做到防患于未然。

第五章　电气防火管理

随着社会经济的不断发展，电的作用越来越广泛，它在改善和方便人们生活的同时，也增加了火灾的危险性。统计表明，电气火灾已经是引起各类火灾事故最为常见的原因。因此，加强电气防火管理，是火灾预防的一项重要任务。本章主要对电气防火要求、电气火灾监控系统以及电气火灾的防治对策进行研究。

第一节　电气防火要求

电气防火是研究电气火灾形成机理和电气线路与设备等在生产、生活应用过程中的火灾危险性及预防措施，防止电气火灾事故发生的一门科学。下面对电气防火的要求进行简要介绍。

一、电气火灾形成的原因与特点

（一）电气火灾形成的原因

1. 短路

电气线路中的裸导线或绝缘导线的绝缘破损后，相线与相线、相线与零线、直流电的正极与负极在某一点相碰，造成电气回路中电流突然增大的现象叫短路。

短路有金属性、弧光、接地（含高阻接地）三种形式。无论哪种短路现象发生，由过电流积聚起来的足够热量，把覆盖层引燃。一般来讲自动保护装置应准确动作，虽然在短路电火花和短路过热情况下，过热时间很短，可以毫秒计，而且都伴随有电弧火花和熔融颗粒，但很容易点燃可燃物，形成火灾。

2. 过负荷

实际工作电流超过安全载流量即为过负荷。电气回路中的导线在工作电流通过时，由于导线本身具有电阻，通过电流就会发热，发热量的多少与通过的电流大小有关。导线的安全载流量就是根据电流通过导线，使导线温度升高至某一限度来决定的。导线的安全载流量一般都用试验的方法来测定。橡胶绝缘导线的最高允许工作温度为65℃，塑料绝缘导线的最高允许工作温度为70℃。如果绝缘导线的温度超过最高允许工作温度，导线的绝缘层就会加速老化，严重过负荷时，甚至会引起导线的绝缘层发生燃烧，并能引燃导线附近的可燃物质。

3. 接触电阻过大

导体连接时，在接触面上形成的电阻称为接触电阻。接头处理良好，则接触电阻小，有时可以忽略不计。导体接头接触不良或其他原因，使接触点电阻过大称为接触电阻过大。

电接触不良会造成局部过热，温度能达到1000℃以上，可以把可燃物点燃，在新闻中经常有接触不良引发火灾的报道。电气系统中接触不良的部位，主要出现在电线电缆中间连接处，电线电缆与配电装置或电气设备接线端子的固定连接处，开关动静刃部接触处，各种接触器和继电器动静触头，插头与插座分合接触处等。

形成接触不良的原因：一是氧化（锈蚀）；二是压接不牢接头虚接或松动；三是遭到烧蚀、污损或腐蚀。接触不良长期存在的后果，使接触处电运行条件恶化，接触电阻增大，形成局部温度升高过热，即便导线并没过负荷，在正常电流下也能出现局部过热现象，埋下火灾隐患。当然，火源出现的形式，可以是过热也可以是电弧，在适当的条件下火灾就可能发生。

4. 漏电

导线在正常运行中，总会有电流泄漏，只不过其值是限制在一定的安全范围内的，对绝缘层和人身安全都没有影响。例如，电动机正常运行时，55kW 有 1.22mA 泄漏，5.5kW 有 0.29mA 泄漏。荧光灯对金属构件为 0.1mA，对木质构件是 0.42mA。

从导体绝缘材料中泄漏出来的电流，是绝缘材料老化的结果。但当绝缘层受热绝缘性能降低后，漏电流增加。漏电特征是电流小，路径不确定，可能通过管子与大地接通，产生电火花，引起绝缘或可燃物着火。漏电产生电火花的地点存在着随机性。

（二）电气火灾发生的特点

按电气火灾发生的规律，电气火灾有明显的季节性、时间性特点，自然灾害和电气设备的维修、管理不善对电气设备火灾也有很大的影响。

1. 电气火灾的季节性特点

一般电气火灾容易发生在夏季和冬季。

（1）夏季风大、雨多、雷多，气候变化大、气温高、环境温度高。由于风吹雨淋，架空线路易发生断线、短路、杆塔倒塌等引起事故，电缆也会受潮发生短路击穿现象；露天安装的电气设备（如电动机、闸刀开关、电灯等）淋雨进水，使绝缘受损，运行中发生火灾；夏季气温很高，对电气设备散热有很大影响，使一些电气设备在运行中发热严重，影响电气设备工作的可靠性和寿命。雷电活动频繁，可能导致避雷系统故障，引起雷击火灾。

（2）冬季风大物燥、昼短夜长，电力负荷增大。冬季风很大，在风力影响下发生导线相碰放电起火；大雪大风造成电杆倒塌事故。天气寒冷时使用电炉取暖、大灯泡取暖不当，引燃可燃物起火。冬季气候干燥，人们穿戴的化纤织物、毛织品或皮大衣等最容易产生静电，引起静电火灾，冬季夜长天冷，值班人员容易失职，减少检查次数和检修次数，使线路在过负荷情况下长期运行，形成过负荷火灾。

2. 电气火灾的时间性特点

许多电气火灾容易发生在节假日或夜间。因为在节假日下班之前，值班人员对正在运行中的电气设备处理不善，匆忙离去；值班人员思想不集中容易疏忽大意；还可能因暂时停电，值班人员没切断电源，待正常供电后引起火灾，再加上值班人员很少，故不能及早发现火情，而酿成大火后加大火灾损失。

3. 自然灾害引起的电气火灾

台风、龙卷风、暴风骤雨、山洪、地震和地滑等自然灾害具有极大的破坏力，可能使电气设备发生倒塌、倾斜、淹没等造成短路和断线，从而酿成电气火灾。

二、电气线路防火要求

（一）室内、外布线的防火要求

1. 选择路径要合理

在选择线路路径时，一般从供电点至用电点，尽量走近路、直路，避免曲折迂回，减少交叉跨越。

2. 选择导线要科学

在选择线路导线时，应根据具体环境特点，正确选用导线的类型。

3. 导线连接要牢固

导线相互连接或导线与电气设备的连接处，是造成接触电阻过大，产生局部过热起火的主要部位。因此，导线连接应符合以下基本要求：

（1）导线的连接处，其接触电阻应尽量减小，机械强度不得小于同截面导线的80%。

（2）铝线连接采用焊接时，要防止焊药和熔渣的化学腐蚀；铝线与铜线连接时，要防止接触面松动、受潮、氧化，以及铜铝之间产生的电化腐蚀。

（3）接头处包缠的绝缘材料的绝缘强度应与导线相同。

（4）导线的连接，不论采用熔焊、铆焊、线夹和压接，还是采用绞接、缠绕和铜铝过渡连接管等方法，均应接触可靠、稳定、牢固，不能松动。

4. 定期检查和维护

为了保证室内、外线路的正常工作，应每年进行一次全面的检查，在有条件的地方，可半年检查一次。

（二）消防电源及其配电要求

消防电源是指对消防控制室、消防水泵、消防电梯、防排烟设施、火灾报警装置、自动灭火装置、火灾事故照明、疏散指示标志和电动防火门窗、卷帘、阀门等用电设施提供动力保障的电源。

依据现行《高层建筑防火设计规范》（GB 50016）的规定，根据建筑物的使用性质、火灾危险性、疏散和扑救难度等，对建筑物划分为一类、二类。相应的用电负荷分为两级：

属于一类高层建筑的消防用电应为一级负荷。

属于二类高层建筑的消防用电应为二级负荷。

第二节　电气火灾监控系统

随着社会的进步，建筑智能化、电气化的发展，建筑物内部各种电气线路越来越多。每年由电气事故引发的火灾数量不断增加。每年国家消防局以及省、市的消防管理部门对火灾数据的统计分析，电气火灾占火灾总的36.1%，且有逐年上升的趋势，这就要求我们查原因、找根源，再采用行之有效的科学方法来减轻这些灾害。在这种情况下，电气火灾监控系统应运而生，它能够准确实时监控电气线路的故障和异常状态，及时发现电气火灾的隐患，及时报警、提醒有关人员去检查隐患所在并及时消除隐患。此时，它能够在很大程度上减少由电气事故引发的火灾。

一、电气火灾监控系统概述

(一) 电气火灾监控系统的概念

电气火灾监控系统是指当被保护线路中的被探测参数超过报警设定值时,能发出报警信号、控制信号并能指示报警部位的系统。它由电气火灾监控设备(能接收来自电气火灾监控探测器的报警信号,发出声光报警信号和控制信号,指示报警部位,记录并保存报警信息的装置)和电气火灾监控探测器(探测被保护线路中的剩余电流、温度等电气火灾危险参数变化的探测器)组成。电气火灾监控系统特点在于漏电监控及温度监控方面属于先期预报警系统,与传统火灾自动报警系统不同的是,电气火灾监控系统早期报警是为了避免损失,而传统火灾自动报警系统是为了减小损失。电气火灾监控系统应能准确监控电气线路的故障和异常,并及时记录和保存,能发现电气火灾的隐患,及时报警提醒相关人员消除这些隐患。

(二) 电气火灾监控系统的参数要求

1. 通用要求

(1) 监控设备主电源应采用220V、50Hz交流电源,电源线输入端应设接线端子。

(2) 监控设备应设有保护接地端子。

(3) 监控设备应具有中文的功能标注和信息显示。

2. 监控报警功能

(1) 监控设备应能接收来自探测器的监控报警信号,并在30s内发出声、光报警信号,指示报警部位,记录报警时间,并予以保持,直至手动复位。

(2) 报警信号应手动消除,当再次有报警信号输入时,应能再次启动。

3. 控制输出功能

(1) 监控设备在报警状态下应有用于控制被保护线路的控制输出。

(2) 监控设备可设置用于电气设备通断电的控制输出,每一控制输出应有对应的手动直接控制按钮。

(3) 不应使用同一控制输出接点同时控制报警监控设备内部和外部电路。

4. 故障报警功能

(1) 当监控设备发生下述故障时,应能在100s内发出与监控报警信号和有明显区别的声光故障信号。

① 监控设备与探测器之间的连线短路、断路。

② 监控设备主电源欠压。

③ 给备用电源充电的充电器与备用电源间连线的断路、短路。

④ 备用电源与其负载间短路、断路。

(2) 故障声信号应能手动消除,再有故障信号输入时,应能再启动;故障光信号应能保持至故障排除。

(3) 故障期间,非故障回路的正常工作不应受影响。

5. 自检功能

监控设备应具有主、备电源转换装置。当主电源断电时,能自动转换到备用电源。当主电源回复时,能自动转换到主电源。主、备电源的工作状态应有指示,主电源应有过流保护措施。

（三）电气火灾报警监控系统的工作原理

电气火灾报警监控系统通过剩余电流传感器和温度传感器采集电气火灾信号，通过分析信号判断是否有火灾或潜在火灾危险发生，进行火灾报警监控。下面分别介绍这两种传感器的工作原理。

1. 剩余电流传感器的工作原理

剩余电流传感器由零序互感器和信号调理电路组成。零序互感器负责采集信号，调理电路负责将信号放大、整流以供单片机处理。图 5-1 为剩余电流传感器的工作原理。

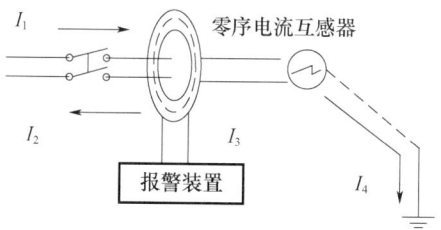

图 5-1　剩余电流传感器的工作原理

I_1 为流入零序互感器的电流，I_2 为流出零序互感器的电流，正常情况下 I_1 和 I_2 是相等的，但方向相反，即在互感器一次线圈中产生了大小相等、方向相反、正负相互抵消的磁场，所以零序互感器二次线圈无信号输出。但如有漏电事故，由于在泄漏点处产生剩余电流 I_4 导致 I_1 和 I_2 不相等，从而在线圈内产生了磁场，零序互感器的二次线圈产生 I_3。信号调理电路采集到 I_3，经过整流、放大将电流信号传送到单片机处理。

2. 温度传感器的工作原理

温度传感器由温度采样电路与信号调理电路组成。电气火灾发生之前，线路的温度会急剧上升，所以探测器将异常的温升作为判断火灾产生的依据之一。温度传感器采样电路利用热敏电阻 Pt100 热电特性，将温度的变化转换为电信号的变化以达到采样目的。信号调理电路将信号放大传送到单片机处理。

（四）电气火灾监控系统的构成

监控系统主要包括如下几个部分：

1. 火灾监控单元

该单元安装在配电柜中，通过温度传感器、剩余电流传感器等对电气线路中的参数进行检测，并且每个火灾监控单元配有独一无二地地址，经过现场总线，按照一定的通信协议，将数据发送到区域监控主机。

2. 中心监控主机

该单元设置于火灾监控中心，通过工业以太网获得数据并存储到数据库服务器，提供应用程序，使工作人员方便地查看监测参数，管理区域监控主机，可以查询历史数据。也可配置通知模块、联动模块，及时通知用户紧急事故并动作。

3. 区域监控主机

按照实际监控需求将监控的区域划分为几个子区域。区域监控主机是火灾监控单元和中心监控主机的中间环节。区域中心主机管理辖区内的火灾监控单元，监控并存储数据,实现报警显示及查询等中心监控主机的功能,但是比中心监控主机成本低,并且体积小,安装更灵活,一定程度上可以代替中心监控主机。

4. 数据库服务器

数据库服务器作为监控系统的数据中心,用户可以通过因特网在任何一个地点读取监控数据和配置参数,现场监控到的数据将被存储到数据库服务器。

(五)电气火灾监控设备

电气火灾监控设备主要包括监控主机、与主机相连的触摸屏模块、以太网模块等,如图 5-2 所示。

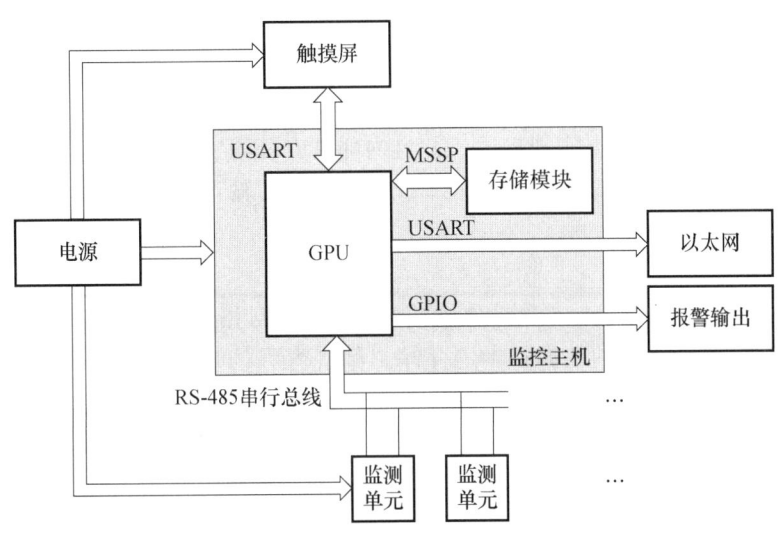

图 5-2　电气火灾监控设备框

1. 监控主机

监控主机是整个监控设备的核心,触摸屏模块、存储芯片、以太网模块、监测单元均以不同的方式与其相连接。监控主机的处理器以 Microchip 公司的 PIC18 系列单片机为例,具有 16 位指令系统、大容量的 ROM 和 RAM,更为丰富的内部模块和 8 位的硬件乘法器。PIC18 系列单片机具有精简指令集、流水作业、低功耗等特点。其中,触摸屏幕与单片机通过 USART 通信,监测单元也是通过总线与单片机的串口相连接,以太网模块可采用 SPI 或串口方式与单片机连通,这就要求监控主机上的串口数量不少于三个。目前,PIC18 系列单片机中 PIC18F96J94 具有 4 个串口,为该系列中串口最多的单片机,也可以选用其他型号单片机。通过专用的串口扩展芯片,如成都维肯电子生产的 VK 系列串口扩展芯片,可以通过 SPI、IIC 等方式为单片机扩展串口。

要求监控主机具有报警声光输出和按键等部分。另外,还应根据设计需要,如需要较大数据量存储报警记录,还需要为监控主机的处理器扩展存储芯片,如 AT24C 系列芯片。也可根据实际设计需求,为监控主机设计大容量存储模块,如 SD 卡存储模块。另一个非常重要的监控设备就是监视和管理监控探测器。监控设备计划硬件采用 RS-485 总线,单片机与相关的 RS-485 通信芯片相连,软件编写 Modbus 通信协议可以传输监控探测器状态、故障时间和故障位置等。

2. 触摸屏模块

为了满足国家标准中对电气火灾监控设备的指示、控制等要求，显示部分一般采用触摸屏模块。当控制过程比较烦琐和复杂时，人机界面（HMI）在控制系统的设计中就显得极为重要。目前，在许多控制应用中采用的触摸屏为用户提供了良好的操控界面，用户可以通过触摸屏修改参数，也可以通过触摸屏直观地观察有关数据，可以完成相对复杂的控制过程，一定程度上代替了显示器和键盘的作用。同时，它还具有成本低、体积小、方便移动等优势。例如金鹏实业公司生产的 OCM640480T560 彩屏智能终端，触摸屏采用双核控制结构，具有高性能、低功耗、易使用等特点，能直接和串行接口连接进行通信。

3. 以太网模块

以太网传输具有可靠性高、速度快等特点，设计的监控设备还具有以太网功能。例如济南有人物联网技术有限公司生产的 USR-TCP232-T 以太网模块。USR-TCP232-T 将网络数据包串口接口数据实现传输，并且内部具有 TCP/IP 协议栈，可通过上位机软件配置工作模式。可以将电气火灾监控系统中的数据传输到客户端存储，通过客户端也可以控制监控设备。

4. 存储模块

电气火灾监控设备中记录的剩余电流或温度等数值对相关电气火灾隐患的分析十分有参考价值。将监控设备中的数据在本地存储，存储选用 CH376 为核心的 U 盘存储模块。该模块采用 SPI 接口与单片机连接，采用中断的方式有效节省了主机芯片的接口资源。CH376 具有 USB 底层传输固件，FAT 文件固件程序等。在实际应用中的单片机只需要发出文件管理和文件读写命令，就可以完成新建文件、写入数据等原本复杂的任务。

二、电气火灾报警系统的设计

（一）系统的总体设计

国家消防安全规范《电气火灾监控系统：电气火灾监控设备》（GB 14287.1—2014）规定：

（1）电气火灾监控系统：当被保护线路中的被探测参数超过设定值时，能够发出报警信号、控制信号并能指示报警部位的系统，它由电气火灾监控设备、电气火灾监控探测器组成。

（2）电气火灾监控探测器：探测被保护线路中的剩余电流、温度等电气火灾危险参数变化的探测器。

（3）气火灾监控设备：能接收来自电气火灾监控探测器的报警信号，能发出声、光报警信号和控制信号，指示报警部位，记录并保存报警信号的装置。

下面介绍采用三层结构的系统设计，如图 5-3 所示。最底层为火灾探测器，下级控制器为火灾监控控制器。

电气火灾报警监控系统终端（以下简称上位机）为整个系统的主机，主要承担系统的管理功能，通常放置于远离现场并有管理人员看守的控制中心。火灾监控控制器（以下简称监控器）用来完成对探测器模块的直接控制，既可以通过集中监控器与其他区域火灾监控系统协调工作，也能够独立实施报警、联动功能。火灾探测器（以下简称探测器）则安装在工作现场，用以采集、分析火警信号（温度与剩余电流），并把报警信号送至监控器。

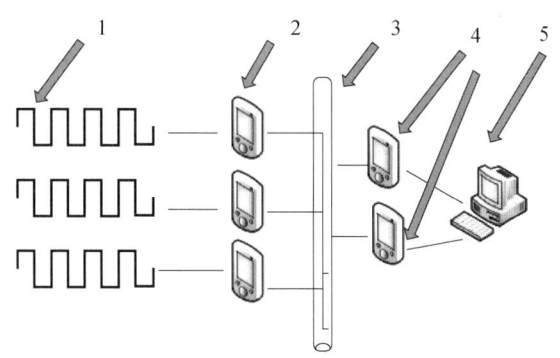

图 5-3 电气火灾报警监控系统总体设计

1—火灾信号；2—火灾探测器；3—通信媒介；4—火灾监控控制器；
5—监控系统终端

监控器与探测器通过 CAN 总线实现板间通信，上位机与监控器之间通过 RS232 总线进行通信。

（二）系统的硬件设计

1. 探测器的硬件设计

电气火灾发生之前，线路的温度会急剧上升，所以探测器将异常的温升作为判断火灾的依据之一。探测器通过传感器采集温度信号，传感器采样电路利用热敏电阻热电特性，将温度的变化转换为电信号。图 5-4 为温度传感器采样电路原理图。

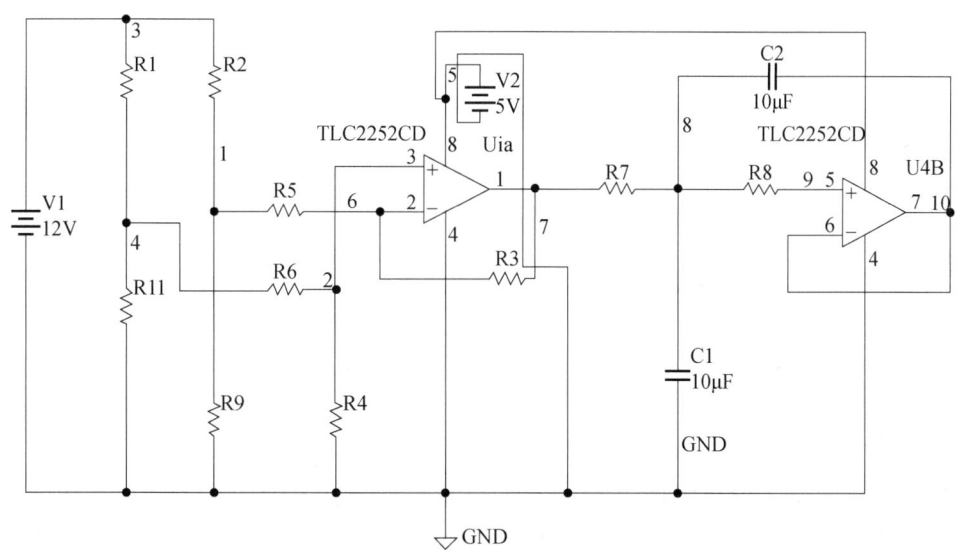

图 5-4 温度传感器采样电路原理图

R11 为热敏电阻，当温度变化时热敏电阻的阻值发生变化，所以节点 1 和节点 4 之间的电压 U_{14} 也在变化，通过检测到 U_{14} 就可以间接地计算出温度值。U_{14} 是一个很微弱的信号，准确地将其检测出来，则需要将信号放大。如图 5-4 所示，U_{14} 经放大器（Uia）和跟随器的放大后通过节点 10 输入至单片机。

系统需要采集探测现场的剩余电流以及温度传感器输出的都是模拟信号，所以要使用 A/D 转换器将这些模拟量转换为数字量。

在保证精度和速度的前提下，系统使用自带 A/D 接口的 STC12C5410AD 单片机为运算核心，这是一款高速、低功耗、超强抗干扰的新一代 8051 单片机，指令代码完全兼容传统 8051，但速度快 8～12 倍，8 路高速 10 位 A/D 转换。这种设计简化了电路结构，降低了成本。STC12C5410AD 系列单片机的参考电压源是输入工作电压 Vcc，由于电源供电的不稳定性，同时为了提高 A/D 转换的精度，就需要在 8 路 A/D 转换的一个通道外接一个稳定的参考电压源，来计算出此时的工作电压 Vcc，再计算出其他几路转换通道的电压，如图 5-5 所示。在 A/D 转换通道的第七通道外接一个 1.25V 的基准参考电压源，由此求出此时的工作电压 VCC，再计算出其他几路 A/D 转换通道的电压。

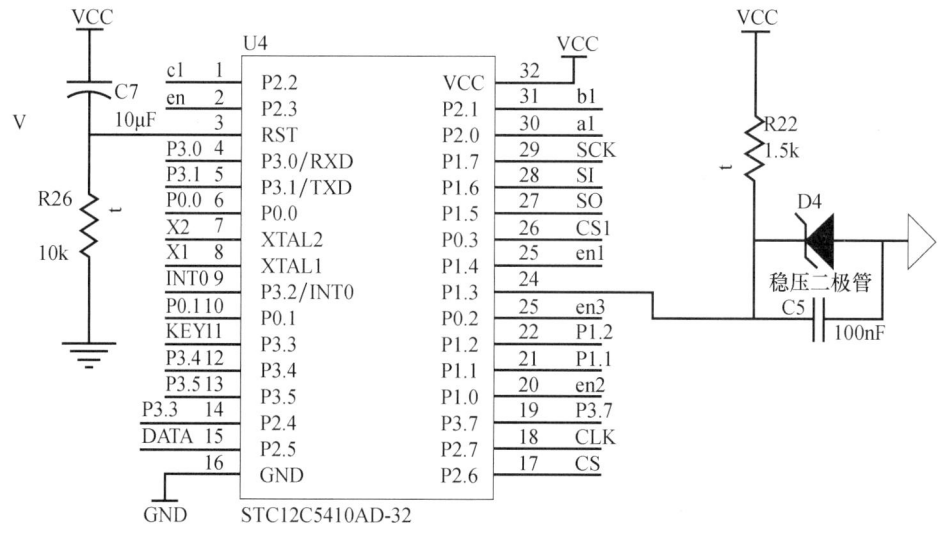

图 5-5　A/D 转换电路

2. 温度检测电路的设计

测温方法可以分为接触式测温和非接触式测温两种。接触式测温的特点是精度高、简单可靠，但通常测温元件与被测介质之间需要一定的时间达到热平衡，所以时间延迟较高，而作为接触式测温，本身的材质也影响到其测温的范围。接触式测温适合应用于时间要求不高、测量温度不高的场合。非接触式测温方法，通常使用热辐射原理来测量温度，响应速度快，不受材质的限制，测温范围广，但是其精度不高，误差较大。而测温式电气火灾探测器的报警范围是 55～140℃，虽然报警范围是 200℃ 以内，但是在实际应用时能显示更高的温度，同时对温度测量的响应时间要求并不高。课题设计的测温式监控探测器主要用于监测低压配电箱内和电气节点等局部范围的温度检测，综合考虑设计要求，选用了 Pt100 作为温度探测器。

Pt100 是铂热电阻，具有导热性好、灵敏度高、响应速度快、耐腐蚀、耐冲击等特点，广泛应用于工业、医疗、电机等温度设备。Pt100 在 0℃ 时为 100Ω，随着温度的升高阻值呈线性均匀增加，但是其温度特性也并非直线，而是近似的抛物线。这种测量误差可通过后续的软件算法得到修正。Pt100 接在 T_1 位置，Vref 为参考电压，RJ26 等于 RJ28，RJ36 为 100Ω，Pt100 在 0℃ 的阻值为 100Ω，此差分电路在 0℃ 时完全对称，输出为 0V。温度检测电路如图 5-6 所示。

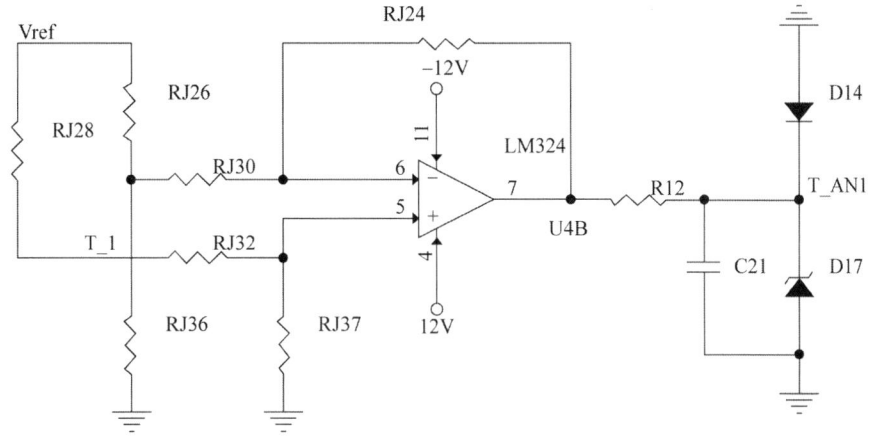

图 5-6　温度检测电路

3. 人机接口的设计

人机交互采用按键配合 LCD 显示菜单来实现，为了使操作简单、易于上手，需要 4 个按键，其功能分别为 Up、Down、Esc 和 Enter 功能，显示屏采用 LCD 显示屏。

（1）LCD 显示电路。LCD 显示模块具有低功耗、价格低廉、接口简单、控制方便等优点，因此被广泛应用于各类仪器仪表中。

本案例设计选用 OCMJ4X8C 液晶显示模块，12832 显示器，主控芯片为 ST7920，其可以显示字母、数字符号、中文字型及图形，具有绘图及文字画面混合显示功能，具有串行接口，只需要单片机的最小系统就可以方便地操作模块。它具有多种多功能指令如清除显示、光标移位、显示移位等命令功能，这些功能运用于菜单设计中可以使显示更加人性化、显示界面更加友好。

利用以上指令可方便地实现在一个屏幕上同时显示汉字、ASCII 码、点阵图形及自造字体，以上功能都集成在 ST7920 的芯片中。因此，只需要提供一个最基本的微处理系统，与液晶显示模块相连，便可以通过 ST7920 芯片来控制液晶显示模块，进行图形和汉字的显示。LCD 的工作电压为 4.5～5.5V，逻辑电平为 2.7～5.5V。

PIC 18F46K22 的 I/O 具有很强的驱动能力，其 PORT 口可以通过最大 20mA 的灌电流和拉电流，但电流总和需小于 200mA，其接口电路设计如图 5-7 所示。

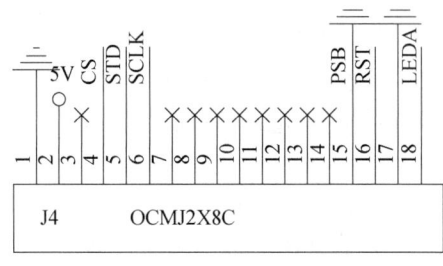

图 5-7　LCD 接口电路设计

RD0、RD1、RD2 分别接 SCLK、STD、CS，PSB 接地，RST 接+5V 电源，这样液晶模块一直在串行模式下工作。

（2）按键电路的设计。

设计上只使用 4 个按键，键盘的设计方式主要有线性键盘和矩阵键盘，为了节省 I/O 资源设计选用矩阵键盘的设计方式，使用微动开关，软件去抖。按键电路的设计如图 5-8 所示。

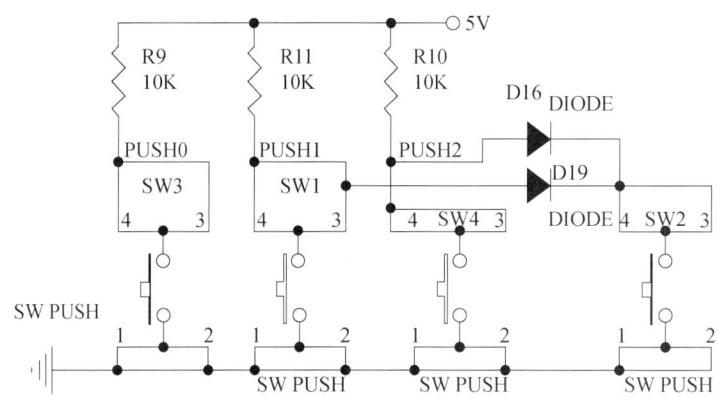

图 5-8　键盘接口电路

其中 PUSH0、PUSH1、PUSH2 分别接 RD3、RD4、RD5，当按下不同按键时，对应的 PORTD 口读回的码值不相同。

（三）系统的软件设计

电气火灾监控软件作为监控网络的核心，自动处理各种监控数据，提供人机交互界面来提示各种监控信息，并执行用户各种操作命令。其任务有数据收发、数据解析、数据存储、查看记录和权限管理。下面在 Delphi 集成开发环境下，使用模块化的编程思想对程序进行设计。

1. Delphi 简介

程序设计是在 Delphi 集成开发环境下完成的，它是 Window 平台下的快速应用程序开发工具，提供了程序设计器在设计、开发、测试、调试及发布应用程序所需的全部程序工具，使用起来方便快捷。Delphi 是可视化编程环境，它使用 Windows 图形用户界面的许多先进特性和设计思想，采用面向对象程序设计方法以及面向对象的程序语言 Object Pascal 语言、快速编译器以及领先的数据库技术。对广大程序开发者而言，使用 Delphi 会大大提高编程效率。

针对电气火灾监控系统的设计要求，使用 Delphi 编写了软件程序，使用 SPCOMM 串口通信控件完成了串口数据的收发；采用 ADO 组件，与 SQL 语言结合，完成 Access 数据库的操作，使用数据库感知组件，进行记录的存储和管理。

2. 数据收发程序

用 Delphi 实现串口通信，常用的方法有使用 MSCOMM、SPCOMM 组件，使用 API 函数，或者在 Delphi 中调用其他串口通信程序。使用 API 编写串口程序比较复杂，需掌握大量的通信知识，其优点是可实现的功能强大，更适合编写较为复杂的底层通信程序。而使用SPCOMM控制串口相对简单，它包含丰富的与串口通信相关的属性和事件，可以方便地对串口进行操作。因为使用简单，功能强大，所以该插件的应用更加方便、广泛。

SPCOMM处理通信的方式分为查询和事件触发两种，为了节约系统资源、提高程序的效率，可以采用事件触发的方式来接收数据，即事件发生时，SPCOMM利用OnReceiveData事件来捕获串口接收到的数据，此功能类似于中断。数据接收程序的流程如图5-9所示。

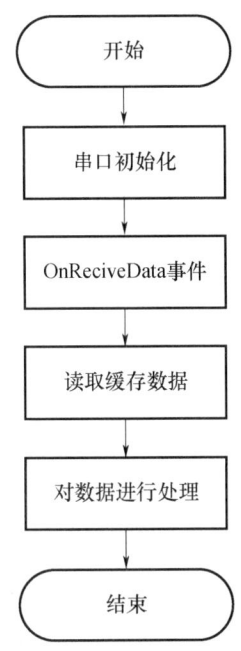

图 5-9　数据接收程序的流程

3. 数据存储程序

数据存储方案以使用Delphi中的ADO组件为例，配合Access数据库。微软在数据访问方面的技术是由DAO（数据访问对象）、RDO（远程数据对象）演进到ADO的，其中DAO是第一个以对象为基础的数据访问接口，比较适合于单一数据库或桌面数据库系统。而RDO对象虽然解决了效率不佳的问题，但是它较难上手，而且也不支持DAO中的一些指令。

ADO则解决了以上的问题，在保证简易性的同时又提供高效与灵活度。ADO对象模型包含Connection连接对象、Command指令对象、Recordset数据集合对象与Errors错误集合对象。Delphi将ADO的一些常用对象封装为TADOConnection、TADOCommand。

Access是由微软发布的关系数据库管理系统，是Office的一个成员。它提供了丰富的用来建立数据库系统的对象，并提供了多种模板、生成器，把数据存储、数据查询、报表生成、界面设计等操作规范化，可以使使用者轻松地完成数据库相关应用程序的编写工作。

第三节　电气火灾的防治对策

电气防火主要涉及电气线路、电气设备、家用电器以及防雷防静电等方面。要有效预防和减少电气火灾危害，就必须学习和掌握电气线路、电气设备等的防范对策。

一、电气线路防火

电气线路是用来输送电能的，其特点是线路长、分支多、应用范围广，易于接触可燃物质，一般故障难以发现，绝缘层着火蔓延迅速。电气线路火灾主要是由于电气线路短路、漏电、过负荷、接触电阻过大或电气线路绝缘击穿等产生的电弧、电火花或高温高热所引起的。

（一）防止电气线路短路的措施

(1) 严格按照《电气设计规程》的规定，设计、安装、调试、使用和维修电气线路。

(2) 防止电气线路绝缘老化，除考虑环境（环境温度、潮湿和化学腐蚀）条件的影响外，还应定期对线路的绝缘情况进行检查。例如对 500V 以下的绝缘导线线路检查，使用 500V 或 1000V 兆欧表测定；对 500V 以上的线路，使用 1000V 或 2500V 兆欧表测定。低压线路的绝缘电阻不应低于 $0.5M\Omega$ 或按每伏工作电压 1000Ω 的要求进行。特别潮湿的环境，可适当降低。控制线路的绝缘电阻不应低于 $1000M\Omega$，高压线路的绝缘电阻一般不应低于 $1000M\Omega$。3kV 额定电压的绝缘电缆，其绝缘电阻应在 $300\sim700M\Omega$ 的范围，而 6~10kv 的绝缘电缆，绝缘电阻应在 $400\sim700M\Omega$ 的绝缘电阻范围。

(3) 不同工作环境（爆炸性危险场所、高温、高湿和有化学腐蚀的场所等）下，电气线路中导线和电缆的选择和敷设，应根据相应的国家标准进行。例如，在爆炸性危险场所就应根据现行《爆炸危险环境电力装置设计规范》（GB 50058）的规定进行。

(4) 按规定安装断路器或熔断器，安装阀型避雷器进行线路保护。

(5) 加强电气线路的安全管理，防止人为操作事故和未经允许情况下乱拉乱接线路。

（二）防止电气线路过载的措施

线路发生过载的主要原因是导线截面选用过小，实际负荷远超导线的安全载流量，或在线路中又加入过多或功率过大的电气设备等原因所造成的。例如，截面面积为 $1mm^2$ 的塑料铜芯线，安全载流量是 18A，在电压为 220V 时最高允许用电＝220×18＝3960（W），如果接 1000W 的卤钨灯，只能接 3 只，接 5~6 只就严重超载。预防过负荷的主要措施如下：

(1) 合理选用导线截面，使用单位安装线路时应由电业管理人员负责，并严格按制度进行，不准乱拉电线和随意增加负荷。

(2) 定期测量和检查线路过负荷情况，要安装合适的熔断器和过负荷保护装置，以便线路中过负荷严重时，能及时切断电源。

(3) 随着线路负荷的增加，应及时更换适应于相应容量的导线截面，或者根据生产程序和要求，对用电负荷进行合理的调节，避开用电高峰或将时间相互错开，以达到防止过负荷的目的。为了避免线路过负荷，还可在线路上增加自动开关做负荷保护。

（三）防止漏电的措施

（1）在设计和安装电气线路时，导线绝缘强度不应低于线路额定电压，支持导线的绝缘子也要根据线路和电源电压进行选配。

（2）在特别潮湿的或有酸碱腐蚀性气体的场所，严禁绝缘导线明敷，应采用聚氯乙烯套管或（水煤气）钢管布线。

（3）在安装电路时，导线接头处要包扎牢固，同时要防止刀钳等物划伤导线绝缘层。

（4）平时要加强检查维护，发现导线绝缘破损应及时维修和更换。

（四）防止接触电阻过大的措施

（1）导线与导线、导线与电气设备的连接必须牢固可靠。

（2）经常对运行的线路进行巡视检查，发现接头松动或发热现象应及时处理。

（3）对大截面面积的导线之间的连接应焊接或压接。

（4）铜、铝导线相接时，要采用铜、铝过渡接头，也可在铜、铝导线间垫上锡箔或在铜线鼻子上搪锡。为了检查接触头温升情况，也可采用在接触电阻大的部位涂变色漆或者蜡烛，监视接触点的发热情况。

（5）定期进行电气安全检测，发现问题应及时维修、更换。

（五）防止电弧和电火花产生的措施

（1）裸导线间或导线与接地体之间应保持足够的安全距离，并保持导线的绝缘支持物良好无损，防止导线敷设过松、垂弧过大。

（2）绝缘导线和绝缘层无损伤。

（3）熔断器或开关宜装在非燃材料基础上，并用非燃材料的箱盒保护。

（4）不带电安装和修理电气设备。

（5）安装避雷装置和线路过电压保护装置进行保护。

二、电气设备防火

（一）防止变压器火灾的措施

引起变压器火灾的主要原因如下：变压器超负荷运行引起温度升高，造成绝缘不良，变压器铁芯叠装不良或芯间绝缘老化，引起铁损增加，造成变压器过热；变压器线圈受机械损伤或受潮，引起层间或匝间短路产生高热；变压器油箱、套管等渗油、漏油，形成表面污垢，遇明火燃烧；变压器接线、分接开关等处接触不良造成局部过热等。

预防变压器火灾的主要措施如下：在安装前注意检查变压器绝缘情况，保证各部绝缘良好，保证变压器额定电压与电源电压一致；安装时要注意接线牢固，接地可靠；运行中要注意变压器电流、电压的测量，防止过负荷运行；平时要加强对变压器各零部件的检查，发现有破损、漏油等异常现象应及时处理；控制油温度在 85% 以下，对油定期抽样化验，发现变质或酸量超过规定值时要及时更换处理。近年来，对大型变压器采取了充氮排油技术，以防止变压器油高温起火。对变压器采取防火措施的同时，对变压器室也应采取相应的防火措施。

（1）油浸电力变压器室应采用一级耐火等级的建筑，门为甲级防火门。

（2）油浸变压器一般应安装在变压器室内，并应有储油设施。

（3）变压器室内应有良好的自然通风，室内温度不应超 45℃。如果室温过高，可采用机械通风。

（4）变压器外壳及墙壁间距应留有一定的距离，并符合有关要求。

（5）变压器室内不允许堆放其他物品，并应保持清洁，地面无油污和积水。

（6）单台容量在 40kV·A 及以上的油浸电力变压器，单台容量 90kV·A 以上的电厂油浸电力变压器，应设水喷雾灭火系统等自动消防设施进行保护。

（二）防止配电盘火灾的措施

配电盘是用电设备的供电和配电的中间环节，按其控制的设备不同，可分为照明配电盘和动力配电盘。配电盘发生火灾的主要原因如下：配电盘的布线与电器、仪表等连接不牢，造成接触电阻过大；开关、熔断器、仪表的选择与配电盘的实际容量不匹配；长期过负荷运行；熔断器的熔丝选择不符合规定；配电盘的开关在拉合时或熔丝熔断时产生火花和电弧等。

预防配电盘火灾的主要措施如下：配电盘的金属构架、铁盘面及盘面设备的金属外壳均应良好接地，接地电阻不大于 40Ω；配电盘的接线应采用绝缘导线，并应防止接错、漏接和接触不良现象；配电盘上安装的各种刀闸及断路器，当处于断电状态时，刀片和可动部分均不应带电；在有可燃粉尘和可燃纤维场所安装配电盘时，应采用铁皮密封配电箱；在有爆炸危险的场所应采用防爆配电盘；配电盘要保持清洁，附近不要堆放衣服、手套等可燃物。在加强配电盘火灾预防的同时，对高、低压配电室更要采取严格的防火措施。

（1）高压配电室应为一、二级耐火等级建筑。低压配电室的耐火等级不应低于三级。配电室的窗应有防雨雪、防水、防小动物进入的措施。高、低压配电装置同在一室时，装置间距应不小于 1m。

（2）每台充油电气设备，如断路器、电压互感器等，应装在两侧有隔板的间隔之内，或防爆间隔之内，总油量超过 600kg 时，应安装在单独的防爆间内，或采用成套的高、低压配电装置。总油量在 60kg 以上，如油浸电压互感器，应有储油设施或者挡油设施。

（3）连接母线、电缆、通风管道等穿过墙、楼板及地面后留下孔洞时，应用耐火材料堵塞，防止设备着火后延孔洞蔓延。

（4）配电室内应配备一定数量的灭火器材。

（三）防止电动机火灾的措施

引起电动机火灾的主要原因如下：选择使用不当或维修保养不够，造成电动机相间、匝间短路或接地，断相过载运行；连接线圈的接触点接触不良，铁损过大；电源电压过高或过低，接线方法错误；电源频率过低；轴承磨损，转子扫镗，线圈匝间开焊及短路开环、开路运行等。

预防电动机火灾的主要措施如下：根据电动机的使用要求正确选择电动机型号和容量，一般电动机容量要大于所带动机械的功率 10% 左右；根据电动机的型号和用途正确地安装，使电动机及启动装置与可燃物质保持 1m 以上的距离，并且要安装在非燃烧的基座上；电动机所配用的电源线靠近电动机的一端，应采用金属软管保护。另一端与电动机进线盒连接处应有良好固定。电动机及电源线管均应接地，接地线应牢固地固定在电动机螺栓上。

根据电动机的型号和容量，选择采用合适的保护装置。加强电动机的检查和维护保养，及时清扫保持清洁，及时加注润滑油；电动机周围不准堆放可燃或易燃物，启动部分附近不准堆放任何物品，以免影响操作。电动机及连动的机械至开关的通道应保持畅通。严格控制电动机运行温度，运行时温升一般不得超过55℃；严格操作规程，发现不安全因素应及时排除。电动机使用完毕，应及时切断电源。

（四）防止电气照明设备火灾的措施

照明设备是电能转变为光能的一种电气设备，常用的主要有白炽灯、日光灯、卤钨灯等。如果管理不善和使用不当，就会发生火灾或爆炸事故。

引起电气照明设备火灾的主要原因如下：照明灯具在工作时，其玻璃灯泡、灯管、灯座等表面温度较高，如选型不当或发生故障，会产生电弧、电火花和局部高温；导线和灯具过载、过压会引起导线过热，长时间使用会使绝缘层老化，形成短路和灯具爆碎；高温灯泡溅水可以引起爆炸，爆炸危险场合开启和关闭灯具时，由于产生电火花而发生爆炸。

预防照明灯具火灾的主要措施如下：

（1）应根据灯具的使用场所、环境要求，选择不同类型的灯具。例如，室外堆场照明要使用防水型灯具；爆炸危险场所要使用防爆灯具等。

（2）白炽灯和碘钨灯应与可燃物之间保持适当的距离，在灯泡上不能用布、纸或其他可燃物遮挡。存放可燃物的库房里不宜采用此类灯具。同时不宜在灯泡的正下方堆放可燃物品，以防灯泡破碎后，热玻璃碎片或炽热的灯丝引起火灾。

（3）卤钨灯具附近所使用的导线应采取防烤燃措施。例如，使用玻璃丝、石棉、瓷珠等耐火耐热材料的护套，防止灯管高温损坏导线绝缘，引起短路事故。

（4）镇流器安装时应注意通风散热，不准将镇流器直接固定在可燃天花板、柜台、展览橱窗内；镇流器与灯管的电压、容量必须相同、匹配。

（五）防止电热设备火灾的措施

随着工业的发展和人民生活水平的提高，电热设备从工业到家庭，应用越来越广泛，如工业上使用的工业电炉、电烤箱、电暖气，家庭使用的电炊具、电熨斗、电吹风等。电加热设备是把电能转变成热能的设备，具有功率大、加热温度高、控温时间长等特点。

引起电热设备火灾的主要原因如下：

（1）温控系统失灵或损坏，调节温度失控，使加热温度超过预定的温度，轻则可能使产品报废，重则将导致火灾事故。

（2）由于电加热器具周围环境温度很高，导线与电缆的环境温度升高容易使绝缘层老化，再加上电热设备取用功率较大，如果线路发生过载现象，则很容易因绝缘层老化，绝缘寿命下降发生击穿短路事故。

（3）导线与电加热设备加热丝之间，由于高温作用，经常出现绝缘导线老化，接触点被烧断等事故，具有一定的火灾危险性。

（4）使用不当和管理不严是电热器火灾的重要原因之一。据统计，许多电热设备火灾都是违反操作规程，将电热器放到易燃材料上长时间烘烤或未拔掉插头等烤燃周围可燃物。

预防电热设备火灾的主要措施如下：

（1）工业用大型电热设备，应设置在一、二级耐火建筑内，小型电热设备应单独设在非燃材料的室内，并采取良好通风、排风和防爆泄压措施。

(2) 电热设备功率比较大，应防止线路过载，最好采用单独的配线供电，选用耐火或耐热电缆配线，并装设熔断器保护。

(3) 小型电热设备和电热器具如电烤箱、电熨斗、电烙铁等，通电使用时，人不能离开。要养成人走电断的好习惯。

(4) 电热设备在使用过程中应配备适量的灭火器材；要派专人进行管理，并且制定相应的安全操作规程，并严格遵守执行。

三、爆炸及火灾危险场所电气防火

(一) 电气设备防爆途径

要达到电气防爆的目的，必须通过以下有效途径，消除和控制电气设备产生火花、电弧和高温的危险因素。

1. 采用隔爆外壳

隔爆外壳多用于电机、电器等动力设备的防爆，特点是外壳很坚固。当设备内部爆炸时，产生的爆炸压力不致使外壳变形，而且当火焰从防爆间隙传出时，也能受到足够的冷却，不足以引燃壳外的爆炸性混合物，把爆炸限制在壳内，这就是隔爆作用。

2. 采用本质安全电路

本质安全电路多应用在测量仪表、信号通信、遥控和自动控制系统，电路电压和电流都比较小。它是在电路中采取一些降低电感、电容量的措施，使外露的电火花能量不足以引燃爆炸性混合物。

3. 采用超前切断电源

其基本原则是，当设备可能出现故障之前，即自行把电源切断，使电热源不至于与爆炸性混合物接触，从而达到防爆的目的。比如矿用橡胶软电缆，在工作条件恶劣的井下，容易发生机械损伤而短路，但是，对电缆又不能采用隔爆外壳结构予以保护。为了防止电缆遭受机械损伤而使短路火花外露，可采用有特殊构造的屏蔽电缆与漏电保护装置配合构成超前切断保护。当电缆受砸压时，在主芯线绝缘未完全损坏之前，其漏电电流经屏蔽层首先入地，比漏继电器动作超前切断电源。当爆炸混合物的浓度达到爆炸浓度下限时，即把电源切断，也属于超前范畴。

4. 实施隔离法

使电气设备在正常或故障时产生的危险因素，不与爆炸性混合物直接接触，从而达到防爆的目的。比如采用普通照明灯具通过密封玻璃间接照明，将产生危险因素的部件密封在壳内或浸在油内，或对壳内通风或充以稀有气体使其形成正压状态。

5. 限制正常运行工作温度

通过加大导线截面，降低使用负荷容量，改善散热条件等方法，把电气设备正常或故障时的运行温度控制在引燃温度以内。

(二) 防爆电气设备及防爆原理

常见的防爆电气设备主要有隔爆型、增安型、本质安全型三大类。

1. 隔爆型电气设备

隔爆型电气设备的防爆原理：将电气设备的带电部件放在隔爆外壳内。该外壳具有将壳内带电部件产生的火花、电弧与壳外爆炸性混合物隔开的作用，能承受通过外壳任何接合面或结构间隙渗透到外壳内部的爆炸性混合物被点燃时所产生的爆炸压力而不损坏，而且能防止壳内爆炸生成物（高温气流和火焰）经接合面喷出时，向壳外爆炸性混合物传爆，不会引起外部由一种或多种相应爆炸性气体、蒸气混合物形成的爆炸性环境的点燃。能达到这一防爆效果的主要原因，就是法兰间隙的熄火作用及其对壳内爆炸生成物的冷却作用。

2. 增安型电气设备

要达到的安全程度主要取决于电气设备的结构形式、使用环境、维修等许多因素。增安型电气设备在正常运行条件下，不会产生火花、电弧或危险温度。

（1）电路连接。对引入电缆或导线应连接可靠、接线方便，防止连接松动、自动脱落和扭转，并保持接触良好。接触压力不受温度影响，不应有损伤电缆或导线的棱角。绝缘材料不应受压，多股连接线在连接件上要有防分股措施。内部导线应经螺栓或螺钉、挤压、软钎焊、硬钎焊或熔焊等方式连接，以防止松动。

（2）电气间隙和爬电距离。不同电位的导电零件之间，带电零件与接地零件之间的电气间隙以及不同电位导电零件之间的爬电距离，都要符合规定要求。

（3）固体绝缘材料和绕组。固体绝缘材料应采用耐电弧性能好、不燃或难燃和吸潮性小的材料制造。当模压塑料或尼龙绝缘表面有损伤、脱落时，应用同级绝缘漆给予涂覆。绕组应采用绝缘漆包线，嵌绕、绑扎干燥后要做浸渍处理，不允许用小于 0.25mm 直径的导线绕制。

（4）极限温度。电机在启动、额定运行或规定的过载状态时，任何部件的最高表面温度、导线与其他金属部件的允许温度，都不允许超过规定要求。绕组温度应满足各绝缘材料等级的额定运行极限温度，并有保护装置给予配合。

3. 本质安全型电气设备

本质安全型（简称本安型）电路是指在正常工作和规定的故障条件下，产生的任何火花和热效应均不能点燃规定爆炸性气体环境的电路。由本质安全型电路组成的电气设备，称为本质安全型电气设备。

四、防雷与防静电

（一）防雷

1. 雷电的危害

雷电的火灾危险性主要表现在雷电放电时所出现的各种物理效应和作用。

（1）电效应。在雷电放电时，能产生数万伏甚至数十万伏的冲击电压，足以烧毁电力系统的发电机、变压器等电气线路和设备，引起绝缘击穿而发生短路，导致可燃、易燃、易爆物品着火或爆炸。

（2）热效应。当强大的雷电流通过导体时，在极短的时间内将转换成大量的热能。雷击点的发热能量为 500～2000J，这一能量足以将金属熔化。故在雷电通道中产生的高温，往往会酿成火灾。

（3）力学效应。由于雷电的热效应，还将使雷电通道中木材纤维缝隙和其他结构的缝隙里的空气剧烈膨胀，同时使水分及其他物质分解为气体，因而在被雷击物体内部出现强大的机械压力，致使被击物体遭受严重破坏或造成爆炸。

（4）静电感应。当金属物处于雷云和大地电场中时，金属物上会感应出大量的电荷。雷云放电后，云与大地间的电场虽然消失，但金属物上所感应积聚的电荷来不及立即逸散，因而产生很高的对地电压。这种对地电压称为静电感应电压，往往有数万伏，可以击穿数十厘米的空气间隙，发生火花放电。因此，存入可燃物品及易燃易、爆物品仓库的金属是很危险的。

（5）电磁感应。雷电具有很高的电压和很大的电流，同时又是在极短暂的时间内发生的，因此，在它周围的空间里，将产生强大的交变电磁场，不仅会使处在这一电磁场中的导体感应出较大的电动势，并且还会在构成闭合回路的金属物上（如露天堆垛物捆扎用的铁皮、铁丝等）产生感应电流。这时如回路上有的地方接触电阻较大，就会局部发热或产生火花放电，这对存放易燃易、爆物品的建筑物以及易燃、可燃材料的露天堆场也是非常危险的。

（6）雷电波侵入。雷电波侵入是指由于遭受直接雷击或受雷电感应，而在架空线路或空中金属管道上产生的高电压冲击波，又称高电压冲击波侵入或高电位侵入。这种雷电波可能沿架空线路或管道的两个方向侵入建筑物内，造成配电装置和电气线路绝缘层被击穿而产生短路，或使建筑物内的易燃、可燃物品燃烧或爆炸。

（7）防雷装置上的高电压对建筑物的反击作用。当防雷装置受到雷击时，在接闪器、引下线和接地体上都具有很高的电压，如果防雷装置与建筑物内、外的电气设备、电气线路或其他金属管道相隔距离很近，它们之间就会产生放电，这种现象称为反击。反击可能引起电气设备绝缘损坏、金属管道烧穿，甚至造成易燃、易爆物品着火或爆炸。

前三种效应是直接雷击所造成的，这种直接雷击所产生的电能、热能、机械能的破坏作用都很大。

2. 防雷击火灾的基本措施

根据不同的保护对象，对直击雷、感应雷、雷电波侵入应采取适当的安全保护措施。

（1）直击雷的防护：主要是装设避雷针、避雷线、避雷网、避雷带、消雷器等保护措施。要求接地电阻不超过 10Ω，严禁在装有避雷针、避雷线的构筑物上架设通信线、广播线或其他电气线路；由于承受雷击的接闪器、引下线、接地装置呈现很高的冲击电压，可能与邻近的导体发生火花放电（雷电反击），所以应留有足够的安全距离。

（2）感应雷击的防护：感应雷击也称为雷电感应，是指空间雷云附近的金属导体由于静电感应的作用而带电，当发生雷击后在金属导体上的感应过电压向大地泄放，所形成的雷击现象。其预防措施主要是将金属屋面、建筑物内的金属设备、金属管道、结构钢筋等进行良好接地，以消除感应雷击的影响。

（3）雷电波侵入的防护：是指直击雷或感应雷的高压冲击波沿架空线路或金属管道侵入。它在雷电危害中占相当大比例。防护方法主要是对架空线路加装管形或阀形避雷器，对金属管道进行多点接地。

（4）球雷的防护：目前由于球雷的产生机理还不清楚，没有更好的防护方法，一般是采用消雷器或全屏蔽的方法进行防护。

(二) 防静电

1. 静电的危害

(1) 爆炸和火灾

静电能量虽然不大，但因其电压很高而容易发生放电现象。如果所在场所有易燃物质，又有由易燃物质形成的爆炸性混合物（包括爆炸性气体和蒸气），以及爆炸性粉尘等，即可能由静电火花引起爆炸或火灾。

一些轻质油料及化学溶剂如汽油、煤油、酒精、苯等容易挥发，与空气形成爆炸性混合物。在这些液体的载运、搅拌、过滤、注入、喷出和流出等工艺过程中，容易由静电火花引起爆炸和火灾。与轻质油料相比，重油和渣油的危险性较小，但其静电的危险依然存在，而且也有爆炸和火灾的事例。

金属粉末、药品粉末、合成树脂和天然树脂粉末、燃料粉末和农作物粉末等都能与空气形成爆炸性混合物。在这些粉末的磨制、干燥、筛分、收集、输送、倒装及其他有摩擦、撞击、喷射、振动的工艺过程中，都比较容易由静电火花引起爆炸和火灾。

塑料、橡胶、造纸等行业经常用到的一些化学溶剂，也能形成爆炸性混合物。在其原料搅拌、制品挤压和分离、摩擦等工艺过程中，容易由静电火花引起火灾，甚至引起爆炸。

应当指出，带静电的人体接近接地导体或其他导体时，以及接地的人体接近带电的物体时，均可能发生火花放电，导致爆炸或火灾。

对静电引起的爆炸和火灾，就行业性质而言，以炼油、化工、橡胶、造纸、印刷和粉末加工等发生事故最多。就工艺种类而言，以输送、装卸、搅拌、喷射、开卷和卷绕、涂层、研磨等工艺过程发生事故最多。

(2) 静电电击

静电电击不是电流持续通过人体的电击，而是静电放电造成的瞬间冲击性的电击。冲击电流引起心室颤动使人致命的界限为 $0.054A^2 \cdot s$。

生产和工艺过程中产生的静电所引起的电击不致直接使人致命，但是，不能排除由静电电击导致严重后果的可能性。例如，人体可能因静电电击而坠落或摔倒，造成二次事故。静电电击还可能引起工作人员紧张而妨碍工作等。

(3) 妨碍生产

在某些生产过程中，如不消除静电，将妨碍生产或降低产品质量。

在纺织行业及纤维加工的行业，特别是随着涤纶、腈纶、锦纶等合成纤维材料的应用，静电问题变得十分突出。

在粉体加工行业，生产过程中产生的静电除带来火灾和爆炸危险外，还会降低生产效率，影响产品质量。

在塑料和橡胶行业，由于制品与辊轴的摩擦，制品的挤压和拉伸会产生较多静电。除火灾和爆炸危险外，由于静电不能迅速消散，会吸附大量灰尘，为了清扫灰尘要花费很多时间。

在印刷行业，纸张上的静电可能导致纸张不能分开，黏在传动带上，使套印不准，折收不齐，油墨受力移动会降低印刷质量等。

在感光胶片行业，由于胶片与辊轴的高速摩擦，胶片静电电压达数千至数万伏。如在暗室中发生放电,即使是极微弱的放电,胶片也会因感光而报废。

在电子技术行业,生产过程中产生的静电可能引起计算机、继电器、开关等设备中电子组件误动作,可能对无线电设备、磁带录音机产生干扰,还可能击穿集成电路的绝缘等。

2. 防静电火灾的基本措施

静电安全防护主要是针对静电火灾和爆炸事故的防护。因此静电防护措施主要是控制静电产生、防止静电累积、防止静电放电和防止形成爆炸性危险物。

(1) 控制静电场所的爆炸性危险物,主要是不让爆炸性危险混合物在静电危险场所出现。一般采用不燃材料取代可燃材料,降低爆炸性物质在空气中的浓度,不使可燃物形成爆炸性混合物。

(2) 减少工艺过程中的静电起电能力,控制工艺过程中的起电电量和起电能量,使其达不到危险静电电量和危险放电能量的水平。为此,在火灾或爆炸危险场所,禁止使用高绝缘材料的物料和装置,限制可燃液体流速,限制可燃气体排放速度等。

(3) 接地。对金属而言,使用静电接地是导走静电的最好方法。一般来说,静电产生的速度很低($4\sim10A/s$),如果接地电阻选择在 $10^6\Omega$,就完全不会累积起事故电量。

(4) 增湿(增加空气中的相对湿度)。绝缘材料增湿后表面形成一层膜,增加静电的释放通道。增湿对吸湿性材料是一种非常有效的防静电措施。

(5) 采用抗静电添加剂。它是一种表面活性剂,可增加绝缘材料的亲水性和导电性,从而使绝缘破坏,以达到消除静电的目的。

(6) 人体静电的防护。人体不仅是一个小型的静电发生器,同时也可以成为引燃源。人体静电最有效的消除方法是采用系统接地的方法。如穿导电工作鞋、导电工作服戴导电手套,地面采用导电地面等。在非常危险的作业场合,还应使用导电手镯或脚镯使人体直接接地。

第六章　公众聚集场所防火管理

随着社会的进步、经济的发展和人民物质文化生活水平的不断提高,越来越多的宾馆饭店、商场、市场、游乐场、影剧院等公众聚集场所出现在人们的周围。这些场所的产生和发展,一方面反映出社会的进步和经济的发展,繁荣了社会主义市场经济,丰富了人们的文化生活;另一方面也给消防安全工作带来许多新情况、新问题。

近年来,全国各地相继发生了多起公众聚集场所火灾事故,给国家和人民群众生命财产造成了巨大损失,有些还引起全社会的普遍关注和强烈反响,严重影响了改革开放、经济建设和社会稳定。如何做好公众聚集场所的消防安全工作,有效地预防和减少火灾事故,特别是有效遏制并最终彻底杜绝群死群伤的恶性火灾事故的发生,切实保障改革开放的顺利进行,维护社会稳定和经济建设的持续、健康、协调发展,确保人民群众安居乐业,成为摆在我们各级公安机关消防机构和每一个消防监督工作者面前的一个严峻问题。本章主要对公众娱乐场所火灾的预防,商场火灾的预防,宾馆、饭店火灾的预防以及其他公众聚集场所消防管理等内容进行研究与论述。

第一节　公众娱乐场所火灾的预防

随着我国经济的发展,市场经济的繁荣,人民生活水平普遍提高,人们开始重视生活质量,利用节假日到娱乐场所休假、娱乐的人越来越多,促进了我国公共娱乐场所设施的发展。根据公安部《公共娱乐场所消防安全管理规定》,公共娱乐场所主要包括以下五大类:①影剧院、录像厅、礼堂等演出、放映场所;②舞厅、卡拉OK厅等歌舞娱乐场所;③具有娱乐功能的夜总会、音乐茶座和餐饮场所;④游艺、游乐场所;⑤保龄球馆、旱冰场、桑拿浴室等营业性健身、休闲场所。这些场所的特点是建筑功能复杂、社会性强、人员集中,一旦发生火灾,易造成重大人员伤亡和重大财产损失。

一、公共娱乐场所的火灾危险性

(一) 室内装饰、装修使用大量可燃材料

公共娱乐场所内可燃物多,火灾隐患大。如一些影剧院、礼堂的屋顶建筑构件是木质构件或钢结构;舞台上幕布和木地板是可燃的,加上道具、布景,可燃物最集中;观众厅的天花板和墙面为了满足声学设计音响效果,大多采用可燃材料。歌舞厅、卡拉OK厅、夜总会等娱乐场所,在装潢方面更是讲究豪华气派,大量采用木材、塑料、纤维织品等可燃材料,火灾隐患大幅度增加,增大了发生火灾的概率和危害。

(二) 用电设备多,着火源多,不易控制

公共娱乐场所一般采用多种照明和各类音响设备,且数量多、功率大,如果使用不当,很容易造成局部过载、短路等而引起火灾。有的灯具表面温度很高,如碘钨灯的石英灯管表面温度可达 500~700℃，若与幕布、布景等可燃物质接近，极易引起火灾。公共娱乐场所由于用电设备多，连接的电气线路也多，大多数影剧院、礼堂等观众厅的闷顶内和舞台电气线路纵横交错，倘若安装、使用不当，很容易引发火灾。公共娱乐场所在营业时往往还需要使用各类明火或热源，如果管理不当也会造成火灾。

（三）人员集中，疏散困难，易造成人员伤亡

人员聚集的公共娱乐场所一旦发生火灾，人员疏散是非常困难的。即使是小的火灾事故，也会导致人们惊慌失措，诱发争先逃生、拥挤，因不能及时疏散而造成重大伤亡事故。

舞厅、卡拉OK厅等娱乐场所不同于影剧院，顾客随意性比较大，有时人员相对集中，密度很高，加上灯光暗淡，一旦起火，人员拥挤、秩序混乱，如果疏散通道不畅，极易造成大量人员伤亡。

（四）火灾蔓延快，扑救困难

公共娱乐场所的歌舞厅、影剧院、礼堂等发生火灾，由于建筑跨度大，空间高，空气流通，火势发展迅猛，极易造成房屋倒塌，往往给扑救带来很大困难。

二、公共娱乐场所的主要防火要求

根据《中华人民共和国消防法》和《公共娱乐场所消防安全管理规定》，凡新建、改建、扩建或者改变内部装修的公共娱乐场所，防火设计（包括防火分区、安全疏散、防烟排烟、消防给水、装修材料、自动灭火系统和火灾自动报警系统等）必须符合国家有关消防技术规范的规定。建设单位应当将防火设计、装修图纸送当地公安消防机构进行审核或备案，经审核同意或备案后方可施工；在使用或者开业前应向当地公安消防机构申报，经消防安全检查合格后，方可使用或者开业。

（一）公共娱乐场所的设置

1. 设置位置、防火间距、耐火等级

公共娱乐场所不得设置在文物古建筑、博物馆、图书馆建筑内，不得毗邻重要仓库或危险物品仓库。不得在居民住宅楼内改建公共娱乐场所。在公共娱乐场所的上面、下面或毗邻位置，不准布置燃油、燃气的锅炉房和油浸电力变压器室。

在建设公共娱乐场所时，应与其他建筑物保持一定的防火间距，一般应与甲、乙类生产厂房、库房之间有不小于 50m 的防火间距。建筑物本身不宜低于二级耐火等级。

2. 防火分隔

在建筑设计时应当考虑必要的防火技术措施：影剧院等建筑的舞台与观众厅之间的隔墙，应采用耐火极限不低于 3.0h 的防火隔墙，舞台口上部与观众厅闷顶之间的隔墙，可采用耐火极限不低于 1.5h 的防火隔墙，隔墙上的门应采用乙级防火门；舞台下部的灯光操作室和可燃物储藏室应采用耐火极限不低于 2.0h 的防火隔墙与其他部位分开；电影放映室（包括卷片室）应用耐火极限不低于 1.5h 的防火隔墙与其他部分隔开，观察孔和放映孔应采取防火分隔措施。

对超过 1500 个座位的影剧院和超过 2000 个座位的会堂、礼堂的舞台口，以及与舞台相连的侧台、后台的门窗洞口，都应设水幕分隔。对超过 1500 个座位的剧院和超过 2000 个座位的会堂舞台的葡萄架下部以及建筑面积超过 400m² 的演播室、建筑面积超

过500m²的电影摄影棚等都应设雨淋喷水灭火设备。

公共娱乐场所与其他建筑相毗邻或者附设在其他建筑物内时,应当按照独立的防火分区设置。商住楼内的公共娱乐场所与居民住宅的安全出口应当分开设置。

3. 公共娱乐场所的内部装修设计和施工

必须符合现行国标《建筑内部装修设计防火规范》(GB 50222)和有关装饰装修防火规定。

4. 其他设置规定

在地下建筑内设置公共娱乐场所除符合有关消防技术规范的要求外,还应当符合下列规定:

(1) 只允许设在地下一层。

(2) 通往地面的安全出口不应少于2个,每个楼梯宽度应当符合有关建筑设计防火规范的规定。

(3) 应当设置机械防烟排烟设施。

(4) 应当设置火灾自动报警系统和自动喷水灭火系统。

(5) 严禁使用液化石油气。

(二) 公共娱乐场所的安全疏散

1. 疏散出口及门的要求

(1) 公共娱乐场所的安全疏散出口,应当根据人流情况合理设置,数目不应少于两个。建筑面积小于50m²的厅室且经常停留人数不超过15人时,可以设置一个疏散出口。

(2) 影剧院、礼堂的观众厅,其疏散门的数量应经计算确定,且不少于2个。每个安全出口平均疏散人数不应超过250人;当容纳人数超过2000人时,其超过部分按每个出口平均疏散人数不超过400人计算。

(3) 公共娱乐场所的入场门、太平门不应设置门槛,其宽度不应小于1.4m。紧靠门口1.4m范围以内不应设置踏步。同时,太平门不准采用卷帘门、转门、吊门和侧拉门,应为推闩式外开门,门口不得设置门帘、屏风等影响疏散的遮挡物。公共娱乐场所在营业时必须确保安全出口和走道畅通无阻,严禁将安全出口上锁、堵塞。

(4) 为确保安全疏散,公共娱乐场所室外疏散小巷的宽度不应小于3m。为了保证灭火时的需要,超过2000个座位的会堂等建筑四周,宜设置环形消防车道。

2. 应急照明和疏散标志要求

(1) 在安全出口和疏散走道上,应设置疏散指示标志,以利于火灾时引导人员沿着灯光疏散指示标志顺利疏散。疏散走道的地面最低水平照度不应低于1.0lx。楼梯间内地面最低水平照度不应低于5.0lx。

(2) 应急照明灯宜设在墙面或顶棚上,疏散指示标志宜设在太平门的顶部和疏散走道及其转角处距地面1m以下的墙面上,走道上的指示标志间距不宜大于20m。为了便于管理和防护,应急照明和疏散指示标志应设置玻璃或其他不燃材料制作的保护罩。

(三) 消防设施和器材的设置

(1) 设置在地下、半地上或地上四层及四层以上或设置在建筑的首层、二层和三层且任一层建筑面积超过300m²的地上歌舞、娱乐、放映、游艺场所应设置自动喷水灭火系统。

(2) 设置在地下、半地下或地上四层及四层以上歌舞娱乐放映游艺场所应设置火灾自动报警系统。

(3) 根据规定，对超过 800 个座位的剧院、电影院、俱乐部和超过 1200 个座位的礼堂，应设置室内消火栓。

为了保证能及时有效地控制火灾，座位超过 1500 个的剧院和座位超过 2000 个的会堂或礼堂，其观众厅、舞台上部（屋顶采用金属构件时）、化妆室、道具室、储藏室、贵宾室等应设置闭式自动喷水灭火设备。

室内消火栓，一般应布置在舞厅、观众厅和电影放映室等重点部位，应醒目并便于取用的地方。此外，对放映厅（包括卷片室）、配电室、储藏室、舞台、音响操作室等重点部位，都应配备必要的灭火器。

(4) 公共娱乐场所应配置干粉 ABC 灭火器，灭火器应放置在明显且便于取用的地点，保护距离不应大于 20m。

(5) 设置在综合性建筑物内的公共娱乐场所，其消防设施和灭火器材的配备，应符合消防技术规范对综合性建筑的防火要求。

三、公共娱乐场所消防管理标准

公共娱乐场所消防安全标准化管理，就是运用现代管理模式控制火灾风险，改进安全绩效，提高火灾防控能力的方法和手段；是将消防安全工作中的目标、责任制、检查消除火灾隐患、扑救初期火灾、人员疏散逃生和宣传教育培训等过程实施制度化、规范化和标准化管理。

（一）消防安全责任和职责

1. 一般规定

公共娱乐场所应建立完善的消防安全责任体系，落实逐级岗位消防安全责任。公共娱乐场所的主要负责人是单位的消防安全责任人。公共娱乐场所应明确消防安全管理人员，设置或确定消防工作的归属管理职能部门，并确定专职或兼职消防管理人员。场所消防安全责任人、消防安全管理人应经消防培训合格。公共娱乐场所应投保火灾公众责任保险。属于消防安全重点单位的，应报当地公安消防机构备案；属于非消防安全重点单位的，应报辖区公安派出所备案。属于消防安全重点单位的，应建立专职或志愿消防队。

2. 工作职责

(1) 消防安全责任人。

公共娱乐场所的消防安全责任人全面负责本单位的消防安全工作，应履行下列职责：①组织审定年度消防安全工作计划和消防安全资金预算方案；②统筹安排经营等活动中的消防安全管理工作，确定逐级消防安全责任；③批准实施消防安全制度和保障消防安全的操作规程；④组织防火检查，建立消防安全例会制度，每月至少召开一次消防安全工作会议，每月至少参加一次防火检查，督促落实火灾隐患整改，及时处理涉及消防安全的重大问题；⑤建立本单位专职消防队、志愿消防队。消防安全责任人应报当地公安消防机构或公安派出所备案。

(2) 消防安全管理人。

消防安全管理人由消防安全责任人指定，应履行下列职责：①拟定年度消防工作计划，组织实施日常消防安全管理工作；②检查督促落实消防安全管理制度和保障消防安全的操作规程；③组织实施防火检查和火灾隐患整改；④每半年至少组织一次消防宣传教育、灭火和应急疏散演练；⑤组织管理专职消防队或志愿消防队；⑥完成消防安全责任人委托的其他消防安全管理工作，并每月至少向消防安全责任人报告一次消防安全情况。消防安全管理人应报当地公安机关消防机构或公安派出所备案。

(3) 专兼职消防管理人员。

专兼职消防管理人员应履行下列职责：①实施日常消防安全管理工作；②拟定消防安全管理制度和保障消防安全的操作规程，并协助消防安全管理人检查督促落实；③开展防火检查，提出火灾隐患整改方案并督促落实；④组织开展对专职、志愿消防队的消防业务学习和灭火技能训练；⑤组织开展岗前和定期消防知识、技能的教育和培训；⑥制定灭火和应急疏散预案，并定期演练；⑦定期检验、维修消防设施和器材、确保完好有效；⑧建立健全本单位的消防工作档案，确定消防安全重点部位，设置防火标志，实行严格管理。

(4) 自动消防设施操作人员。

自动消防设施的操作人员、消防控制室值班人员应通过消防职业技能鉴定，并持证上岗。应履行下列职责：①掌握自动消防设施的功能及操作规程；②每日测试主要消防设施功能，发现故障应在24h内排除，不能排除的应报告消防安全管理人、消防安全责任人；③核实、确认报警信息；④发生火灾时，启动相关消防设施。

(5) 电气焊工、电工、易燃易爆化学物品操作使用人员。

电气焊工、电工、易燃易爆化学物品操作使用人员应经消防安全培训合格，并持证上岗。其应履行下列职责：①严格执行有关消防安全制度和操作规程，履行审批手续；②落实相应作业现场的消防安全措施，保障消防安全；③发生火灾后应立即报火警，实施扑救。

(6) 志愿消防队员。

志愿消防队员应从员工中以不低于10％的百分比确定，并履行如下职责：①熟悉本单位灭火与应急疏散预案和本人在义务消防组织中的职责分工；②参加消防业务培训及灭火和应急疏散演练，了解防火知识，掌握灭火与疏散技能，会使用灭火器材及消防设施；③做好本部门、本岗位日常安全防火工作，宣传消防安全常识，督促他人共同遵守；④发生火灾时须立即赶赴现场，服从现场指挥，积极参加扑救火灾、疏散人员、救助伤患、保护现场等工作。

(7) 其他人员。

其他人员应严格执行消防安全制度和操作规程，参加消防安全培训及灭火和应急疏散演练，熟知本岗位火灾危险性和消防安全常识，发生火灾时会引导人员疏散。

3. 承包、租赁、委托经营

公共娱乐场所实行承包、租赁或委托经营管理时，产权单位应提供符合消防安全要求的建筑物，订立的合同中应明确消防安全责任。消防车通道、涉及公共消防安全的疏散设施和其他建筑消防设施应由产权单位管理。

公共娱乐场所所在建筑由两个以上单位管理或者使用的，应当明确各方的消防安全责任，并确定责任人对共用的疏散通道、安全出口、建筑消防设施和消防车通道进行统一管理。

（二）消防机构对公共娱乐场所的监督检查

对大型公共娱乐场所，消防机构应当列为消防安全重点单位，定期进行监督检查。人员聚集的公共娱乐场所应当在其开业前进行消防安全检查，做出同意或者不同意投入使用的决定。

公安消防机构应当依据《中华人民共和国消防法》和《消防监督检查规定》以及《公共娱乐场所消防安全管理规定》，重点检查公共娱乐场所的合法性，建筑防火和消防设施，以及单位自身履行消防安全管理职责的情况，遵守消防法律法规情况。发现违反消防法律、法规的行为，应当责令改正，并依法实施消防行政处罚。

第二节　商场火灾的预防

近些年来，随着我国改革开放的不断深入和经济建设的高速发展，许多城市都新建和改建了一大批体量大、功能多、装修豪华、商品高档的商场，吸引了成千上万的顾客，为繁荣市场经济起到了积极作用。一个地方商场的多少、规模的大小、档次的高低、客流的疏密，已经成为当今社会衡量一个地方经济发展与繁荣程度的重要标志之一。在商场迅速发展的同时，由于消防安全责任不落实、防范管理措施不到位、建筑消防设施先天不足及维护管理不力，导致商场火灾时有发生，给公共财产、公民财产造成了巨大损失，同时造成了重大人员伤亡，在社会上引起了强烈反响。因此，我们必须站在"隐患险于明火，防范胜于救灾，责任重于泰山"的高度，从保障改革开放和经济建设的顺利进行，维护社会稳定和人民群众生产生活安定的高度，来充分认识加强商场消防安全工作的重要性和紧迫性。

一、商场的火灾危险性

（一）建筑结构本身易造成火灾蔓延

商场的营业厅一般建筑面积都比较大，小的数千平方米，大的则数万平方米，高层、多层的商场大都安装自动扶梯，层层相通；有的还设有中庭，形成内天井式结构，使商场的防火分隔问题相当突出。

（二）可燃商品多，容易造成重大经济损失

商场经营的商品中，大部分是可燃物品，一些商品本身是不燃材料，但其包装箱、包装盒是可燃的。还有一些商品如指甲油、摩丝、发胶、化妆品和打火机充气剂等，均属于易燃、易爆的化学危险物品。很多商场为了吸引顾客和美观好看，还把一些商品陈列在货架中、悬挂在支架上。商场的这一特点使商品高度集中，特别是开架售货，又使可燃物的表面积远大于其他场所，一旦失火，就会迅速燃烧和蔓延。

另外，商场的商品周转很快，除了陈设在柜台内、货架上供顾客选购的商品外，往往在每个柜台的后面还设有各自的小仓库，形成了"前店后库""前柜后库"甚至"以店代库"的情况，有些商场在通道上堆满商品，一旦发生火灾，极易导致"火烧连营"。加之商场内的柜台、货架本身有不少由可燃材料制作，这些柜台、货架虽然分组布置，但距离一般都比较近,基本上毗连成片,这也是导致火灾蔓延的一个不可忽视的客观因素。

(三) 人员聚集,流动量大,易造成人员伤亡

商场是人员相对集中的地方,顾客云集,男女老少摩肩接踵,是公共场所中人员密度最高、流动量最大的场所。据统计,在一些中等以上城市的大型商场内,每天接待的顾客人数高达20余万,高峰时每$1m^2$就可达5人,逢节假日,这种现象就会更加突出。商场流动人员如此集中,在营业期间万一发生火灾,势必引起恐慌和混乱,疏散极为困难,难免会造成重大人员伤亡。对地下商场来讲,问题就会更为严重。地下商场的安全疏散通道、安全出口的数量和宽度本身就受到人防工程的局限,加上缺少自然采光和通风条件,一旦发生火灾,人们必然惊惶失措,难免有拥挤踩踏现象出现,而建筑空间又相对封闭,火灾时大量的有毒烟气因散发不出去,极易导致人员中毒窒息而亡。

(四) 电气设备方面的致灾因素多

商场内电气照明设备的火灾危险性,按功能和用途有以下特点:

(1) 安装在商场顶、柱、墙上的照明、装饰灯,多采用带状方式或分组方式的荧光灯具,有些商场采用满天星式深罩灯。这些灯具都安装在顶棚里面,数量比较多,且荧光灯的镇流器易发热起火,深罩灯如采用较大的白炽灯,也易引燃附近的可燃物。

(2) 安装在商品橱窗和柜台内的照明灯具,除了荧光灯外,还有各种射灯。射灯除采用冷光源的以外,其他光源的射灯表面温度都较高,足以将可燃物引燃。

(3) 商场内和商品橱窗里除了大量安装广告霓虹灯和灯箱外,有的还安装了可控制移动式广告的电动机及霓虹灯的变压器具,有较大的火灾危险性。

(4) 商场经营照明器材和家用电器的柜台,为了测试的需要,一般均装有临时的电源插座,一些没有空调系统的商场,在夏季还大量使用电风扇降温等。

(5) 在节假日,商场内外还要临时拉线安装各种彩灯,增添节日气氛。

(6) 其他致灾因素也有很多。例如:有的商场为了方便顾客,附设有服装加工部、家用电器维修部、钟表眼镜维修部及金银首饰加工部等。这些地点常常需要使用电熨斗、电烙铁等电加热设备。

(五) 扑救难度大

商场发生火灾,可燃物多、空间大、蔓延快,顾客向外疏散,消防人员逆向进入抢救疏散人员、扑灭火灾都相当困难。加之发生火灾后,由于浓烟和高温作用,消防人员较难侦察火情,难以迅速扑灭火灾。这些都是商场火灾中的不利因素。

二、商场的主要防火要求

(一) 商场建筑的耐火等级

根据国家有关消防技术规范规定:新建商场的耐火等级一般应不低于二级,商场内的顶棚和其他装饰材料不准使用可燃材料,对原有建筑中可燃的构件和耐火极限较低的钢架结构,必须采取措施,提高其耐火等级。

(二) 商场的安全疏散

(1) 商场是人员密集的公共场所之一,安全疏散必须符合国家消防技术规范的要求。商场要有足够数量的安全出口,应按方位均匀地设置。为了便于人员疏散,疏散门

宜采用平开门，且向疏散方向开启。不准设置影响人员安全疏散的侧拉门，严禁采用转门，如设转门，其旁边应另设一个安全出口。

（2）疏散楼梯间和走道上的阶梯不应采用螺旋楼梯和扇形踏步。螺旋楼梯和扇形踏步，因踏步宽度变化，紧急情况下易使人摔倒，造成拥挤，堵塞通行，因此不宜采用。当出于建筑造型的要求必须采用时，其踏步上、下两级形成的平面尖角不能超过10°，且每级离扶手250mm处的踏步宽度不应小于220mm。

（3）疏散走道内不应设置阶梯、门槛、门垛、管道等突出物，以免影响疏散。

（4）疏散安全出口、楼梯等通道，应设置灯光疏散指示标志和应急照明灯，以利于火灾时引导疏散。应急灯最低亮度不应低于1.0lx，且供电时间不得少于20min，疏散指示标志应设在疏散走道及其转角处距地面1m以下的墙面上、走道上。指示标志的间距不大于20m。

（三）商场的布局及防火分隔

（1）保证人员通行和安全疏散通道面积。商场营业厅作为公共场所，顾客人流所需的面积应予充分考虑。这方面目前国内尚无规范明确规定，可根据实际情况和参考国外经验。货架同人流所占的公共面积的比例：综合性大型商场或多层商场一般不小于1：1.5；较小的商场不小于1：1。人流所占公共面积，按高峰时间顾客平均流量人均占有面积不小于$0.4m^2$计。柜台分组布置时，组与组之间的距离不小于3m。

（2）商场应按现行《建筑设计防火规范》（GB 50016）的规定划分防火分区。设置在单、多层民用建筑中的商场，地上商场的防火分区不应超过$2500m^2$，地下或半地下的商场不应超过$500m^2$，如果商场装有自动喷水灭火系统，防火分区面积可增加一倍。设置在一、二级耐火等级建筑内的商场，如果设有火灾自动报警系统和自动灭火系统，并采用不燃或难燃材料装修，地上商场防火分区可扩大：设置在高层建筑内，不应超过$4000m^2$；设置在地下或半地下时，不应超过$2000m^2$；设置在单层建筑或者仅设置在多层建筑首层时，不应大于$10000m^2$。

（3）面积大于$20000m^2$的地下或半地下商店，应采用无门、窗、洞口的防火墙、耐火极限不低于2.0h的楼板分隔为多个建筑面积不大于$20000m^2$的区域。相邻区域确需局部连通时，应采用符合规定的下沉式广场等室外开敞空间、防火隔间、避难走道、防烟楼梯间等方式进行连通。

（4）商场的小型中转仓库、服装加工及家用电器、钟表、眼镜修理部、维修部等应同营业厅分开（独立）设置。

（5）油浸电力变压器不宜设在地下商场内。如果必须设置，应避开人员密集的部位和出入口，且应用耐火极限不低于3h的隔墙和耐火极限不低于2h的楼板与其他部位隔开。墙上的门应采用甲级防火门，变压器下面应设有能储存变压器全部油量的事故储油设施。

（6）空调机房进入每个楼层或防火分区的水平支管上，均应按规定设置火灾时能自动关闭的防火阀门。空调风管上所使用的保温材料、吸声材料应选用不燃或难燃材料。

（四）商场消防设施设置

（1）防火卷帘门应能自动启动和手动启动，防火卷帘下不能摆放柜台、堆放货物影响卷帘门的降落。设在疏散通道的防火卷帘，应具有在降落时有短时间停滞以及能从两侧自动、手动和机械控制的功能。楼梯间及其前室不应用卷帘门代替疏散门。

(2) 防火门应设闭门器或由消防控制室远程联动关闭。

(3) 空调机房进入每个楼层或防火分区的水平支管上，均应按规定设置火灾时能自动关闭的防火阀门。空调风管上所使用的保温材料、吸声材料应采用不燃材料或难燃材料。

(4) 室内消火栓的设置要求：

① 商场各层及消防电梯间前室内应设置消火栓，且宜设在楼梯间的平台、门厅等经常有人出入、易于取用的地方；消火栓有明显的标志（如涂红色）；装修时不能将消火栓设在房间内；消火栓前不能堆放商品，以免影响消防人员灭火。

② 同一商场应采用相同规格的消火栓、水带和水枪，以方便使用和维护管理。

③ 高层商业楼消火栓的布置间距不应超过 30m，其他商场消火栓的布置间距不应超过 50m。

④ 室内消火栓离地面高度宜为 1.1m，其出水方向宜向下或与放置消火栓的墙面成 90°角。

⑤ 屋顶水箱不能满足消火栓所需水压时，应在每个室内消火栓处设置直接启动消防泵的按钮，以便及时启动消防水灭火；启动按钮应设有保护设施，如放在消火栓箱内或放在玻璃保护的小壁龛内，防止误操作。

（五）商场内易燃品管理

(1) 商场内经营指甲油、摩丝、丁烷气等易燃危险商品时，应控制在两日的销售量以内，同时要防止日光直射，并与其他高温电热器具隔开。

(2) 地下商场严禁经营销售烟花爆竹、煤油、酒精、油漆等易燃商品。

(3) 维修钟表、照明机械等作业使用酒精、汽油等易燃液体清洗锈件时，现场禁止吸烟。

(4) 少量易燃液体要放置在封闭容器内，随用随开，未用完的放回专用库房，现场不得储存。

（六）商场的消防监督检查

商场属于消防安全重点单位，应当列为公安消防机构定期检查的重点对象，每年不少于一次，并依据《消防监督检查规定》重点检查以下内容：

(1) 商场是否依法通过消防验收合格或者进行消防竣工验收备案抽查合格。

(2) 商场开业前是否依法申请消防安全检查，并符合消防安全要求。

(3) 建筑物或者场所的使用情况是否与消防验收或者进行消防竣工验收备案时确定的使用性质相符，特别是安全疏散设施及消防通道等。

(4) 消防安全管理的内容：

① 商场消防安全管理制度和操作规程制定和落实情况。

② 商场消防安全责任制的落实情况，包括与各部门、各岗位和出租柜台、店铺签订消防安全责任书。

③ 商场全体员工消防安全教育落实情况。

④ 商场自身防火检查制度和实施情况，特别是每日营业结束后的检查巡视和定期防火安全自查自纠、整改火灾隐患的情况。

⑤ 消防控制室是否 24h 值班，设备运行管理是否制度化，记录是否规范。

⑥ 重点检查营业厅、仓库、设备用房等重点部位的管理情况。

⑦ 商场防火档案的建立情况。
⑧ 消防设施运行情况和定期检查、测试、维修、保养制度的建立和落实情况。
⑨ 易燃、易爆商品的管理、储存及防火措施。
⑩ 商场灭火预案和应急疏散预案的制定和组织演练情况。
商场应参照以上检查内容做好相关准备工作。

三、大型商场的消防安全管理策略

(一) 严把建筑消防设计审核

建筑设计及建筑内部装修工程设计的审核是消防安全管理工作的第一道防线。《中华人民共和国消防法》规定：凡新建、扩建、改建等改变建筑使用性质以及进行内部装修的建筑，相关建设单位应当将消防设计图纸以及相关的资料送往当地消防机关进行审核，经审核通过后方可施工；竣工后还应通过消防机构验收才能投入使用；商场等公众聚集场所在开业前应当向当地消防机构进行申报，经消防安全检查合格后方可开业。相关的审核人员应从以下几个方面对建筑设计进行审核：①建筑结构、功用以及耐火等级；②防火分区、安全通道及疏散；③防火门、楼梯间；④消防给水系统、自动报警系统、自动喷水灭火系统以及自动排烟系统等消防设施。

特别是防火分区、安全通道及疏散、消防设施，在"建审"程序中一定要严格按照国家相关标准规范进行审核，从硬件上让商场的安全系统得到保障。

(二) 做好对电气设计和施工的防火审核

大型商场的电气工程设计和施工务必遵守国家的相关标准规范，要杜绝无证设计或无设计施工的现象。电气工程的施工也务必符合国家消防安全管理的相关规定，严禁无证进行建筑电气工程的安装施工，在电子产品的选用上也要尽量选择高质量的，严禁选择已淘汰的产品。当电气线路投入使用后，应定期对电气线路以及相关的电气设备进行检修及维护。若出现过载、发热、漏电等异常现象，应及时查明原因并及时修复或更换，从而防患于未然。随着社会经济的发展及人们对生活品质要求的提高，后期会有更多的电气设备进入大型商场使用和销售。因此，在商场进行定期维修整改时，为适应长远的发展需要，电气设计应根据不同情况选择合适的导线截面。在电气工程施工中应严格遵守相关的规范，做好线路连接、大功率灯具防火、保护线路绝缘、防止中性线断裂等工作，以减少安全隐患。

(三) 建立健全消防安全制度

大型商场应根据国家的相关消防安全规定，并结合实际情况，建立健全各项消防安全管理制度，如消防安全操作规程、消防安全教育、培训制度，防火巡查及检查制度，安全疏散设施管理制度，消防控制室值班制度，消防设施和器材维护管理制度，火灾安全隐患整改制度，用火及用电安全管理制度等，通过这些制度的建立，使单位上下形成健全的防火安全系统。为了确保这些制度落到实处，可实行消防安全责任制。大型商场的法人代表是商场的消防安全责任人，全面负责消防安全工作。大型商场应当将消防安全责任逐级落实，明确各级和岗位消防安全职责，并确定各级、各岗位的消防安全责任人，还可以根据实际需要确定消防安全管理人。消防安全管理人对大型商场所有的消防安全责任人负责，执行和组织落实各项消防安全管理工作。消防安全管理人还应定期将商场消防安全情况报告给消防安全责任人,将涉及消防安全的重大问题及时反映给消防安全责任人。

（四）施工时应严格执行消防安全操作规程

消防安全操作规程能够最大限度地避免事故的发生,其是用来指导人们日常工作的准则,许多火灾都是由相关人员违规操作而引起的,因此,为减少消防安全隐患,大型商场在施工时一定要严格执行以下几条规定：

（1）施工前一定要制定详细的计划,需明确施工的范围及时间,并要求经过商场消防安全负责人的审批后才可进行施工。商场在营业期间,应严禁进行电焊、油漆等具有较大火灾危险性的施工。

（2）施工队伍及所有的施工人员应持证上岗,施工现场也要安排相应的具有消防经验的人员进行监护,并需配备相应的消防设施。

（3）施工过程中要严格按照操作程序进行操作,施工也需在符合消防安全的前提下才可进行。

（4）当施工需要使用明火时,施工单位以及使用单位应协商,采取相应的措施将使用区进行防火分隔。

（5）施工结束后要及时对现场的易燃、可燃物进行清理,并派专人检查,以防遗留火种引起火灾。

（五）每日定时对商场进行防火巡查

在巡查前就确定巡查人员、巡查内容、巡查部位以及巡查的频次。巡查的内容包括：用火、用电是否有违章情况；安全出口、疏散通道有没有被占用或堵塞；安全疏散示意图、应急照明系统是否正常；消防设施、消防安全标志是否到位、完好；常闭式防火门是否处于关闭状态,防火卷帘下是否因堆放物品而影响使用；消防安全重点部位的安全责任人是否在岗以及其他相关情况。

大型商场在营业期间应当至少每2h一次对商场进行防火巡查,营业结束时,还应对营业现场进行检查,发现遗留火种应及时消除。

防火巡查人员对违章行为应及时纠正,妥善处置火灾隐患,对于无法当场进行处理的,应当及时向有关部门反映,发现初起火灾应当立即报警并组织扑救。

（六）落实消防设施的维护及保养

大型商场应依据建筑消防设施检查维修保养相关规定,找专业的消防设施维修保养单位进行维修保养；并遵守有关规定,定期对商场内的自动消防设施进行全面检测,以保证消防设施保持良好状态；同时应当按照有关规定,定期对灭火器材进行维护保养和维修检查。

第三节　宾馆、饭店火灾的预防

宾馆、饭店是供国内外旅客住宿、就餐、娱乐和举行各种会议、宴会的场所。随着社会的发展和科技的进步,现代化的宾馆、饭店一般都具有多功能、综合性、智能化的特点。有相当数量的宾馆、酒店集餐厅、咖啡厅、歌舞厅、展览厅、会议室、客房、商场、办公室、写字间、洗浴中心、商务中心,以及库房、洗衣房、锅炉房、停车场等辅助用房于一体,从过去单一的住宿、餐饮场所转变为具有部分社会功能的大型综合服务场所，从而组成有"小社会"之称的综合性建筑。现代宾馆和饭店具有建筑高大、结构复杂、服务设施完善、综合服务性强，以及接待人员数量多、使用功能多样化的特点。

但是，经验告诉我们，建筑规模越大，使用功能越复杂，自动化程度越高，致灾因素也越多，越容易出现消防安全方面的问题，这是消防工作的一个客观规律。

一、宾馆、饭店的火灾危险性

（一）室内装饰装修标准高，可燃物多

宾馆、饭店虽然大多采用钢筋混凝土结构，但大量的装饰、装修材料和家具、陈设都采用木材、塑料和棉、麻、丝、毛以及其他的易燃、可燃材料，增加了建筑物内的火灾隐患。一旦发生火灾，大量的可燃材料将发生猛烈燃烧，致使火灾蔓延极为迅速，而且一些化纤、塑料制品在燃烧时还会释放出大量有毒气体，给疏散和扑救工作带来很大困难，还会直接危及人身安全。

（二）建筑结构易形成烟囱效应

很多现代的宾馆、饭店都是高层建筑，楼梯间、电梯井、管道井、电缆井、垃圾道等管道竖井，就如同大烟囱，极易产生"烟囱效应"。通风管道、空调管道、供气供暖管道等纵横交错，延伸到建筑的各个角落，一旦发生火灾，火焰就会沿着这些管道上下左右地迅速蔓延、扩大，从而危及整个建筑物。"烟囱效应"通俗些讲，就是发生火灾时，在建筑物内竖井（如楼梯井、电梯井、管道竖井、邮件滑运槽、中庭、垃圾井道等）的空气温度比井外温度高，由于周围冷空气的不断涌入，使热空气体积膨胀而产生一种自然浮力，浮力作用使热空气在竖井内向上运动。这种冷空气从下端进入，热空气从竖井上部冲出的物质对流形式就是所谓的"烟囱效应"。在常温常压下，烟气在水平方向的蔓延速度为 $0.5m/s$，在产生"烟囱效应"时的垂直方向的蔓延速度为 $3\sim5m/s$。一幢10层高的楼房，由于"烟囱效应"的存在，气流从底层到达顶层的时间，仅需 $5\sim10s$，是非常迅速的。

（三）疏散困难，易造成重大人员伤亡

宾馆、饭店是人员比较集中的地方，一般多为暂住旅客，流动性很大。目前，由于人们的消防安全意识还不是很强，进入宾馆或饭店后一般不观察建筑内部消防设施和安全疏散设施的设置情况，发生火灾时烟雾弥漫，极易迷失方向，拥塞在通道上，造成秩序混乱，疏散困难，因此，往往会造成重大人员伤亡。

（四）导致火灾的因素多

宾馆、饭店用火、用电、用气设备点多量大，如客人吸烟，厨房、锅炉房等固定部位的用火以及在维修施工过程中使用明火和焊接等，如果疏于管理或工人违章作业，极易引发火灾；另外，空调、灯具、电视、冰箱等电气设备引起火灾的可能性也在增加。

二、宾馆、饭店的主要防火措施

据统计，宾馆、饭店发生的火灾80%以上是从电气设备、客房、餐厅、厨房、洗衣房、娱乐厅、锅炉房开始的。为了做好宾馆、饭店的防火安全工作，应将这些部位作为宾馆、饭店的重点防火部位。

(一) 电气设备火灾预防

随着科学技术的发展，电气化、电动化、自动化在宾馆、饭店日益普及，电冰箱、电热器、电风扇、电视机、各类新型灯具，以及电动扶梯、电动窗帘、空调设备、吸尘器、电灶具等已被宾馆和饭店大量采用。计算机、复印机、传真机、打字机、碎纸机等现代化办公设备也在广泛应用。在用电量猛增的情况下，实际用电量往往超过原设计的供电量，因此导致过载或使用不当而引起的火灾时有发生。宾馆、饭店的电气线路一般都敷设在闷顶和墙体内，如因发生漏电、短路等电气故障而起火，在闷顶内燃烧、蔓延，往往不易及时发觉；等发现时，火势已大，造成无可挽回的损失。因此，电气设备的安装、使用、维护必须做到：

(1) 所有电气设备的安装及线路敷设应符合低压电气安装规程的规定并由经专门培训的电工安装，严禁乱拉乱接。

(2) 在增添大容量的电气设备时，应重新设计线路并经过有关供电、消防机构审核同意，方可进行安装和使用；严禁私自在电气线路上增加大容量的电气设备，以防过载而引起火灾。

(3) 建筑内不允许采用铝芯导线，应采用铜芯导线；敷设线路进入夹层或闷顶内，应穿管敷设并将接线盒封闭。

(4) 客房内的台灯、壁灯、落地灯和厨房内的电冰箱、绞肉机、切菜机等设备的金属外壳，应有可靠的接地保护；床头柜内设有音响、灯光、电视等控制设备的，应做好防火隔热处理。

(5) 照明灯具表面高温部位不得靠近可燃物，碘钨灯、荧光灯、高压汞灯（包括日光灯镇流器）不应直接安装在可燃物件上；深罩灯、吸顶灯安装在可燃物件的附近时，应加垫石棉布或石棉被隔热层；碘钨灯、功率大的白炽灯的灯头线，应采用耐高温线穿瓷套管保护；厨房等潮湿地方应采用防潮灯具。

(6) 配电室设在客房楼内时，应做防火分隔处理，其耐火极限不得低于 2h。配电室内不得堆放任何可燃、易燃物品。

(7) 配电盘应尽可能用不燃材料制作，凡用可燃材料制作的配电盘，必须用白铁皮严密包好。

(8) 配电盘的保险装置必须使用规定型号的保险丝，不得用铜丝、铁丝等其他金属材料代替。

(9) 火灾报警装置、自动灭火装置、事故照明等消防设施的用电，应备有应急电源；消防设施的专用电气线路应穿金属管敷设在非燃烧体结构上，定期进行维护检查，以保证随时可用。

(10) 电气设备、移动电器、避雷装置和其他设备的接地装置每年至少进行两次绝缘及接地电阻的测试。

(11) 在配电室和装有电气设备的机房内，应配置适当的灭火器材。

(12) 宾馆、饭店门前的霓虹灯装修和灯箱材料应采用非燃或难燃材料制作，其下方不得有可燃装修材料。

(二) 客房火灾预防

客房在宾馆、饭店中发生火灾的概率最高，发生火灾的主要原因是烟头、火柴梗引燃可燃物或电热器具引燃可燃物。火灾多发生在夜间或节假日，尤以旅客酒后卧床吸烟，引燃被褥或其他棉织品等最为常见。对客房防火要求主要有：

（1）客房内所有装饰材料应采用非燃材料或难燃材料，窗帘一类的丝、棉织品，应经过防火处理。

（2）客房内除了固有电器和允许旅客使用的电吹风、电动剃须刀等日常小型电器外，禁止使用其他电器，尤其是电热设备。

（3）对来访人员应明文规定：禁止将易燃、易爆物品带入宾馆，凡带入宾馆的易燃、易爆物品，要立即交服务人员专门储存，妥善保管。

（4）客房内应配有禁止卧床吸烟的标志、应急疏散指示图及宾客须知等消防安全指南。

（5）服务员应经常向旅客宣传以下几点：不要躺在床上吸烟；烟头和火柴梗不要乱扔乱放，应放在烟灰缸内；不要把燃着的烟放在桌子上或卡在烟灰缸的缸口上离开；不得把未灭的烟头与火柴或打火机放在一起。

（6）服务员要注意提醒旅客入睡前应将音响、电视机等关闭；人离开客房时，应将房内的电灯关掉。

（7）服务员应保持高度警惕，在整理房间时要仔细检查窗台上、挽起的窗帘内、沙发缝隙内及叠起的床单被褥内、地毯压缝处、废纸篓等处是否有火种存在；烟灰缸内未熄灭的烟蒂不得倒入垃圾袋或垃圾道内。

（8）服务员对醉酒后的旅客除特别提醒外，过一段时间应在其房外或结合服务进入房间，观察有无异常。

（9）服务员平时进入宾馆房间服务时，应注意查看房间内的消防安全问题，发现火灾隐患要采取措施。

（10）长期出租的客房，出租方和承租方应签订合同并明确各自的防火责任。

（三）餐厅、厨房火灾预防

（1）餐厅是宾馆、饭店人员最集中的场所，包括大小宴会厅、中西餐厅、咖啡厅、酒吧等。这些场所内部可燃装修材料多，可燃物数量很多，并连通失火率较高的厨房。有的餐厅，为了增加地方口味，临时使用明火，如点蜡烛增加气氛，菜肴加热使用酒精炉等。厨房内设有冷冻机、厨房设备、烤箱等，由于雾气、水汽较大以及油烟积存较多，电气设备容易受潮和出现绝缘层老化，造成漏电或短路起火；厨房用火较多，油锅起火是十分常见的。因此，餐厅应根据设计用餐的人数摆放餐桌，留出足够的通道。通道及出口必须保持畅通，不得堵塞。

（2）用火、用电、用气管理制度和操作规程要落实到每个员工的工作岗位。如餐厅内需要点蜡烛增加气氛时，必须把蜡烛固定在不燃材料制作的基座内，并不得靠近可燃物。供应火锅、烧烤的风味餐厅，必须加强对炉火的看管，使用酒精炉时，严禁在火焰未熄灭前加酒精。酒精炉应使用固体酒精燃料。餐厅内应在多处放置烟灰缸，以方便宾客扔放烟头和火柴梗。

必须对厨房内燃气燃料管道、法兰接头、仪表、阀门进行定期检查，防止泄漏；发现燃气、燃油泄漏，首先要关阀门，及时通风，并严禁使用任何明火和启动电源开关。燃气库房不得存放或堆放餐具等其他物品。楼层厨房不应使用瓶装液化石油气、煤气。天然气管道应从室外单独引入，不得穿过客房或其他公共区域。

厨房内使用厨房机械设备，不得超负荷用电，并防止电气设备和线路受潮。油炸食品时，要采取措施防止食用油溢出着火。工作结束后，操作人员应及时关闭厨房内的所有燃气、燃油阀门，切断气源、火源和电源后方能离开。厨房内抽油烟罩应及时擦洗，抽油烟道每半年应清洗1次。厨房内除配置常用的灭火器外，还应配置石棉毯，以便扑灭油锅起火的火灾。

（四）安全疏散

宾馆、饭店建筑内应按照有关建筑设计防火规范设置防烟楼梯间或封闭楼梯间，保证在发生火灾时疏散人员、物资和扑救火灾。安全出口的数量、疏散走道的长度、宽度及疏散楼梯等疏散设施的设置，必须符合现行《建筑设计防火规范》（GB 50016）等的规定。严禁占用、阻塞疏散走道和疏散楼梯间；为确保防火分隔，楼梯间、前室的门应为乙级防火门，并应向疏散方向开启；楼梯间及疏散走道应设置应急照明灯具和疏散指示标志；应急照明灯宜设在墙面上或顶棚上，安全出口标志宜设在疏散走道及其转角处距地面1m以下的墙面上，且间距不应大于20m；疏散用应急照明灯，其地面最低照度不应低于1.0lx，且连续供电时间不应少于20min。

（五）定期维修保养建筑消防设施

加强对宾馆、饭店的火灾自动报警系统、消火栓系统、自动喷水灭火系统、防烟排烟系统等各类消防设施的定期维修保养，并设专人操作维护，在发生火灾时，保证发挥其应有的作用。

（六）加强消防安全培训和消防宣传力度

增强消防安全意识，提高自防自救能力，加强宾馆、饭店的经营业主和员工的消防安全培训，使每个员工了解和掌握消防法律法规，以及逃生、自救、报警、疏散及火灾扑救知识和灭火器材、设施使用技能，切实提高单位和员工防范火灾的能力。同时要将防火常识和逃生自救知识纳入社会公益宣传的内容，深入开展消防宣传"进单位、进社区、进学校、进农村、进家庭"活动，通过电视、广播、报刊、知识讲座、宣传栏等开展全民消防宣传，切实提高宣传教育的效果，不断增强预防火灾、抵御火灾的能力。

（七）建立和完善单位内部防火安全责任制

宾馆、饭店应当制定本单位的消防安全管理制度、应急疏散预案等制度，并确定本单位的消防安全责任人，督促其履行消防安全职责，检查落实本单位的防火措施、消防通道、电源和火源管理等。加强对用电设备安全巡查，仔细检查有无遗留烟头等火种；加强日常安全管理，严禁在营业时间进行设备检修、电气焊、油漆粉刷等施工、维修作业；严禁储存、堆放和防止人员带入易燃易爆物品。

三、宾馆、饭店消防安全管理标准

（一）防火检查标准

（1）宾馆、饭店应对执行消防安全制度和落实消防安全管理措施的情况进行巡查和检查，落实巡查、检查人员，填写巡查、检查记录。

（2）检查前，应确定检查人员、部位、内容。检查后，检查人员、被检查部门的负责人应在检查记录上签字，存入单位消防档案。

（3）防火巡查、检查人员应当及时纠正违章行为，妥善处置火灾危险，无法当场处置的,应当立即报告。发现初期火灾应当立即报警并及时扑救。

(4) 宾馆、饭店在营业期间的防火巡查应当至少 2h 一次;住宿顾客退房后、娱乐场所营业结束时应当对客房和营业场所进行检查,消除隐患。

(5) 宾馆、饭店应根据实际情况确定防火巡查内容并在宾馆饭店的相关制度中明确,一般应包括以下内容:①用火、用电有无违章情况;②安全出口、疏散通道是否畅通,安全疏散指示标志、应急照明是否完好;③消防设施正常工作情况,灭火器材、消防安全标志设置和功能状况;④常闭式防火门是否处于关闭状态,防火卷帘门下是否堆放物品影响使用;⑤消防安全重点部位的管理情况;⑥其他消防安全情况。

(6) 宾馆、饭店应根据实际情况确定防火检查内容并在宾馆、饭店的相关制度中明确,一般应包括以下内容:①火灾隐患的整改情况以及防范措施的落实情况;②安全出口和疏散通道、疏散指示标志、应急照明情况;③消防车通道、消防水源情况;④灭火器材配置及有效情况,消防安全标志的设置情况和完好、有效情况;⑤用火、用电有无违章情况;⑥重点工种人员及其他员工消防知识掌握情况;⑦消防安全重点部位的管理情况,防火巡查情况;⑧易燃易爆危险物品和场所防火防爆措施的落实情况以及其他重要物资的防火安全情况;⑨消防控制室值班情况和设施运行、记录情况;⑩其他需进行防火检查的内容。

(二) 宾馆、饭店火灾隐患整改标准

1. 整改标准

(1) 宾馆、饭店对存在的火灾隐患应当及时予以消除。消防安全责任人为火灾隐患整改第一责任人,提供人员、场地、资金等资源,由消防安全管理人负责组织人员、落实火灾隐患的整改措施,整改完毕,负责整改的部门或人员应逐级上报至消防安全责任人。未能及时整改火灾隐患的个人或部门,宾馆、饭店应根据相关奖惩措施对责任人进行惩处。

(2) 对公安消防机构责令改正的火灾隐患,应在规定的期限内改正,写出火灾隐患整改复函,向当地公安消防机构申报检查、验收。

(3) 火灾隐患整改期间应当采取确保消防安全、防止火灾发生的措施。

2. 整改措施

(1) 发现下列火灾隐患,应责成有关人员立即改正,并做好记录:①违章使用、存放易燃易爆物品的;②违章使用具有火灾危险性的电热器具、高热灯具等具有火灾危险性的用电器具;③违反规定吸烟、乱扔烟头、火柴的,违章动用明火、进行电(气)焊的;④不按照设施设备的安全操作规程、违章操作的;⑤安全出口、疏散通道上锁、遮挡、占用,影响疏散的;⑥消火栓、灭火器材被遮挡或挪作他用的;⑦常闭式防火门关闭不严的;⑧消防设施管理、值班人员和防火巡查人员脱岗的;⑨违章关闭消防设施、切断消防电源的;⑩其他可以立即改正的行为。

(2) 对不能立即改正的火灾隐患,应制定整改方案,明确整改措施、期限和人员,并向上级主管部门报告。对随时可能引发火灾的隐患或重大火灾隐患,应停止使用危险部位,立即进行整改,并落实整改期间的安全防范措施。

3. 火灾隐患预防

火灾隐患整改完毕,负责整改的部门或者人员应当根据火灾隐患原因制定相应的预防措施提交消防安全责任人或消防安全管理人,防止同类隐患再次发生。

（三）宾馆、饭店消防安全宣传教育培训标准

1. 培训标准

宾馆、饭店应实行标志化管理，应当通过张贴消防标志、播放公益消防广告、组织知识竞赛、开展消防宣传板报等多种形式开展适合单位实际的经常性的消防安全宣传教育，做好记录。

宾馆、饭店应当对新上岗和进入新岗位的员工进行上岗前的消防安全培训；宾馆、饭店对员工的培训每季度组织一次；培训程序、培训内容应考虑不同层次、不同岗位的需求；员工经培训后，应做到会检查消除火灾隐患、会扑救初起火灾、会引导人员疏散。

2. 培训内容

宾馆、饭店进行消防安全培训时应包括以下内容：①有关消防法规、消防安全制度和保障消防安全的操作规程；②本单位、本岗位的火灾危险性和防火措施；③有关消防设施的性能、灭火器材的使用方法；④报火警、扑救初起火灾以及自救逃生的知识和技能；⑤组织、引导顾客和员工疏散的知识和技能。

3. 培训范围

宾馆、饭店中的下列人员应积极接受消防安全专门培训：①消防安全责任人、消防安全管理人；②专、兼职消防管理人员；③消防控制室的值班、操作人员；④消防设施的工程维修人员；⑤特殊工种岗位人员；⑥其他依照规定应当接受消防安全专门培训的人员。

第四节 其他公众聚集场所消防管理

除公众娱乐场所、宾馆、饭店和商场外，公共聚集场所还包括学校、市场、医院以及车站等，下面对这些场所的消防管理进行阐述。

一、学校的消防管理

学校消防安全工作是维护校园安全稳定、构建和谐社会的基本要求。做好学校消防安全工作，不仅关系到广大师生的安全，也关系到教育的改革、发展和稳定。近年来，教育、消防、文化等部门在净化校园及周边环境方面做了大量工作，有力地保证了学校的安全与稳定，但从实际检查情况来看，学校消防基础工作仍然相对薄弱，火灾隐患比较突出，消防安全形势不容乐观。因此，做好当前学校消防安全工作，加强学校消防安全管理，刻不容缓，而消防管理标准化是做好学校消防安全工作的重要一环。

（一）学校的火灾危险性

1. 人员密度大，安全通道少

目前，学校绝大多数采取封闭或半封闭式管理，尤其在学生住宿问题上实行集中住宿管理。国内各学校学生宿舍的建筑面积一般每幢在 $500m^2$ 左右，有的甚至更大；一幢楼内居住约 400 名学生。大多数学校在兴建学生宿舍时，虽也考虑到消防安全需要而留有消防安全通道，但是随着经济的发展和社会不安定因素的增加，从防盗的角度和日常学生的人身安全出发，不少宿舍楼关闭了大多数消防安全出口或者加设防盗门，基本上留有一两个出口用于日常进出，其他的安全出口形同虚设。如此大密度的人员聚集场所，在仅有的少数疏散通道的情况下，一旦发生火灾，很容易造成大量的人员伤亡。

2. 消防安全管理薄弱，消防安全意识淡薄

大多数学校的消防工作由治安保卫部门负责，虽然都把防火安全工作放在校园安全管理的首要位置来抓，但主要是硬件设施建设上，对软件建设未予以足够的重视。部分学校的消防安全管理工作由临时工承担，这些工人上岗前基本未接受过消防技能培训，责任心也不够强，职责履行不够好，经常发生不在位的现象，对学校存在的火灾隐患也不能及时察觉。个别师生认为只有厂矿、企事业单位、公共娱乐场所、商场、集贸市场、影剧院等场所才会发生火灾，学校无易燃、易爆物品、用火用电量较少，不易发生火灾，造成消防安全隐患意识差，平时不懂如何预防火灾，发生火灾时惊慌失措，既不会逃生，也不会报火警，甚至不知火警电话为"119"。对消防安全一无所知，有的教职员工在发生火灾时连自救知识都不知道，更谈不上组织、引导学生疏散和救火。

3. 建筑自身先天性火灾隐患多

早期修建的学校建筑存在大量竹木建筑、砖木建筑，这些建筑的耐火等级普遍较低。由于当时建筑设计防火等方面的技术规范尚不完备、法制不健全，消防机构对这些建筑的防火审核缺乏可操作性。学校违章设计、违章修建现象较为普遍，导致建筑留下布局不合理、消防通道不畅通、易燃建筑之间防火间距不足、大型建筑无防火防烟分隔、内部装修大量使用易燃材料等许多先天性火灾隐患，如有的老式教学综合楼仅有1部疏散楼梯，无防火防烟分区，学校礼堂存在出口数量不够、出口过窄等问题，有的学校为维护教学、演出秩序，将疏散门道封锁。

4. 灭火器材等消防安全设施不足

现阶段各类学校中的建筑修建年代不一，有的建于二十世纪六七十年代甚至更早。由于我国当时没有对消防安全设施的配置进行专门的具体规定，后来虽然添加了部分消防设施，但因使用年代过久，现在又没有可供更换的部件而导致部分消防器材无法投入使用，基本处于瘫痪状态。例如二十世纪六七十年代安装的消火栓，现在就没有可供更换的老式闷盖。因管理不善而导致灭火器材无法使用的问题也不容忽视，如消火栓因长期缺乏维修保养而出现锈蚀，闷盖打不开、阀塞无法启闭供水，灭火器喷头堵塞、药剂失效损坏、丢失等严重现象。由于经费紧张，学校配置自动灭火设施更无从谈起，然而随着用火用电等各方面火灾危险性的日益增加，当前学校的消防安全设施越来越不适应防火灭火的需要，消防安全设施亟待改善。

5. 学校住宅区火灾隐患多

教职员工在过道上乱堆煤炭、木柴等易燃、可燃物品，私自占用防火空间，在过道上生火煮饭等，既影响了安全疏散，又人为地增大了火灾危险性；多数学生宿舍为集体宿舍，往往一个班甚至一个年级在一个寝室，寝室内摆满床铺，上下几层，几乎是铺连铺、床挨床，且摆放各种书籍等学习及生活用品，悬挂各种衣物、蚊帐，拥挤不堪，极易引发火灾。另外，有的学校建筑的电气线路直接穿插在木质、竹质等易燃、可燃建筑材料上，且多年不进行检修更换，电气线路乱得像蜘蛛网，绝缘层脱落、线芯裸露等问题也屡见不鲜。有的学生乱拉乱接电线，在集体宿舍使用电熨斗、电热毯、录音机，甚至用电炉生火煮食物，熄灯后私自用蜡烛、煤油灯等学习，夏天用明火熏蚊子，有吸烟坏习惯的学生乱扔烟头等违章用火用电问题仍然存在。

(二）学校的火灾预防

1. 学校的建筑火灾预防

（1）学校不应设置在易燃建筑内，与易燃烧建筑的防火间距不得小于30m。

（2）学校不应直接设在汽车库的上面、下面或毗邻处；不宜设在地下人防工程内或用人防工程改建的建筑内。

（3）学校建筑的耐火等级、层数、长度、面积和其他民用建筑的防火间距等，要符合有关规定。

（4）学校的室内装饰材料宜用非燃或难燃材料，并应限制使用塑料制品。

（5）学校内部的厨房、液化石油气储存间、杂品库房、烧水间等应与学生活动场所分开设置；如果毗邻建造，应使用耐火极限不低于1h的非燃烧林料与其隔开。

2. 学校的设备火灾预防

（1）学校内不应装设蒸汽锅炉房。

（2）学校的采暖锅炉可以选用小型的燃煤锅炉、煤气锅炉及天然气或液化石油气锅炉。

（3）学校的配电线路应符合建筑电气安装规程的要求。

（4）学校的宿舍内不能随便乱拉电线，禁止使用电炉、电熨斗等电器。

（5）配置使用空调的学校，空调应有接地线，周围不能堆放易燃物品，窗帘不能搭贴在空调上，供电线板和电表等应扩容，达到相应的负荷要求。

（6）按规定设置封闭楼梯间或防烟楼梯间的疏散走道内，应设置火灾事故照明，其最低照度不应低于1.0lx，且疏散走道和疏散门宜设置灯光疏散指示标志。

二、集贸市场的消防管理

二十世纪七八十年代，我国的集贸市场还处于建设初期，发展十分缓慢。当时，一个中等城市也就只有屈指可数的几家市场，而且建筑条件简陋、整体规模不大、经营品种单一，仅能满足人民群众最基本的日常生活的需要。到了二十世纪八十年代后期，特别是进入二十世纪九十年代以后，随着我国改革开放步伐的加快和社会主义市场经济的确立、发展、完善，社会上的商品物资日益丰富，人民群众的生活品位日益提高，加强商品交易、加速物资流通的需求越来越迫切，集贸市场的建设就随着这种大趋势进入一个高速发展的时期。不仅建设规模不断扩大，市场种类不断增加，而且涉及范围越来越宽、经营品种越来越多，大型化、高档化、综合化成为当今集贸市场建设的主流趋势。

当然，这从一个侧面充分反映出改革开放和市场经济建设给我国社会发展带来的巨大生机和活力，然而，从另一个角度看，高速发展造成的盲目建设，利益驱动带来的无序竞争，也使相当多的集贸市场从一开始建设或使用时就存在着诸多隐患，给消防安全管理工作带来了许多难题。

（一）集贸市场的火灾危险性

1. 建筑物自身存在的问题

我国现有的城乡集贸市场除1980年以来新建的为数不多的室内市场是按当时的《建筑设计防火规范》（GB 50016）要求进行规划、设计、建设的以外，其他类型的集贸市场如临街市场、地下市场等，普遍存在着建筑耐火等级偏低、防火间距不足、未进行防火分隔，疏散通道和安全出口宽度不够、灭火设施不足，摊位、柜台密度过大等问题。有的集贸市场占用消防车通道和防火间距，严重威胁周围建筑的防火安全。另外，集贸市场由于交易、销售的需要，建筑面积大、跨度大，一旦发生火灾，易形成火烧连营的现象。

2. 可燃商品多

集贸市场的商品除农贸市场中的一些鲜湿的农副产品外，还有如服装、鞋帽、塑料制品、交电、文化用品、工艺美术品、家具、板材等均属可燃商品。有些商品如油漆、赛璐珞制品、烟花爆竹、丁烷气瓶等属于易燃、易爆危险物品。绝大部分市场没有设置专用的仓库，商品储存管理混乱，火灾危险性极大。

3. 人员密集，疏散困难

集贸市场物资集中，经营的商品大多以居民群众生活中吃、穿、用不可缺少的商品为主，人员复杂且流动量大，移动火源多。节假日期间，许多市场的顾客流量远远超过市场的承受能力，一旦发生火灾，火势将迅速蔓延，难以控制，加上人员疏散时拥挤、踩踏，很容易造成人员的伤亡。

4. 用火用电多，容易引起火灾

集贸市场业主分散，在经营、照明、做饭过程中，使用大量火源、电源，有的市场采用前店后库、店中有店形式，商务洽谈、生活起居混于一室，用火、用电、用气点多、量大，加上许多市场用火、用电、燃气用具的安装和使用没有统一规划和管理，商户易出现违反电气安全管理、操作使用规程，用火用电不注意安全的现象，容易发生火灾事故。

（二）集贸市场的火灾预防

1. 必须建立消防管理机构

在消防监督机构的指导下，集贸市场主办单位应当建立消防管理机构，健全防火安全制度，强化管理，组建义务消防组织，确定专（兼）职防火人员，制定灭火、疏散应急预案并开展演练。做到平时预防工作有人抓、有人管、有人落实；发生火灾时有领导、有组织、有秩序地进行扑救。对多家合办的集贸市场，应当成立有关单位负责人参加的防火领导机构，统一管理消防安全工作。

2. 安全检查、隐患整改必须到位

集贸市场主办单位应组织防火人员进行经常性的消防安全检查，针对检查中发现的火灾隐患，应采取如下措施：一要找出产生的原因，制定整改方案，抓紧落实。二要确保把整改工作做到领导到位、措施到位、行动到位、检查验收到位，决不走过场、图形式；对整改不彻底的单位，要责令重新整改，决不留下新的隐患。三要充分发挥消防部门监督职能作用，经常深入市场检查指导，发现问题时及时指出，把检查中发现的火灾隐患整改彻底。

3. 确保消防通道畅通

安全通道畅通是集贸市场发生火灾后确保人员生命财产安全的有效措施，市场主办单位应认真落实"谁主管、谁负责"，按商品的种类和火灾危险性划分若干区域，区域之间应保持相应的防火距离和安全疏散通道，对所堵塞消防通道的摊位应依法取缔，确保安全疏散通道畅通。

4. 完善固定消防设施

针对集贸市场内未设置消防设施、无消防水源的现状，主办单位应立即筹集资金，按规范要求增设室内外消火栓、自动喷水灭火系统、火灾自动报警系统及消防水池、水泵房等固定消防设施，配置足量的移动式灭火器、疏散指示标志，尽快提高市场自身的防火、灭火能力，使市场在安全的情况下正常经营。

三、医院的消防管理

医院作为社会重要的组成部分，其建筑密集，人员流量大，设备集中，压力容器、化学试剂、被褥、纸张等易燃易爆物品多，一旦发生火灾，极易造成重大财产损失和人员伤亡。因此，医院加强消防监督管理是直接关系到人民群众生命安全的大事，医院落实消防管理标准化是做好消防安全工作的基础性工作。

（一）医院火灾危险性

1. 内部可燃物资多，火灾隐患严重

医院住院部有大量的棉被、床垫等可燃物，手术室、制剂室、药房存放使用的乙醇、甲醇、丙酮、苯、乙醚、松节油等易燃化学试剂，以及锅炉房、消毒锅、高压氧舱液氧罐等压力容器和设备，有时还需使用酒精灯、煤气灯等明火和电炉、烘箱等电热设备，如果管理使用不当，很容易造成火灾爆炸事故。

2. 疏散人数多，扑救难度大

医院内部的建筑多为中廊式，且楼层较多，各个部门科室相互连通，出于自身防盗的考虑，大多数医院在有贵重设备和财产的科室里都安装了防盗门，窗户安装防护栏，夜间关闭病区大门，导致疏散通道不畅通。而医院作为患者集中的场所，病人及陪护人员数量众多，有些骨折、危重病人行动不便，一旦发生火灾，疏散人数多，难度大，火势很容易扩大，消防人员难以及时扑救火灾。

3. 电气线路老化、用电超负荷

当前医院为接纳更多的患者，大型医疗设备与日俱增，不少医院舍得投资几百万元购置先进设备而不愿拿出几万元更新陈旧线路。同时，因调整科室、更改原设计用途、电力超负荷等原因出现火灾隐患，致使电气线路老化或超负荷，造成表面绝缘层破损而发生短路，导致火灾的发生。

4. 零星火种多，管理难度大

医院的火源较多，烟头、火柴、微波炉、制剂室制药用的电炉、煤气炉、病理室用的烘箱等明火，容易引起火灾，管理难度较大。

（二）医院的火灾预防

1. 建筑与安全疏散

（1）新建的大、中型医院建筑的耐火等级不低于一、二级；小型医院不应低于三级。

（2）在建筑布局上，医院的职工宿舍和食堂，应同病房分开。

（3）在原有砖木结构的房屋内，设置安装贵重医疗器械，如 CT 检查仪、X 光机等，必须采取防火分隔措施，同其他部位分开。

（4）根据病员自身活动能力差、在紧急疏散时需要他人协助这一特点，医院的楼梯、通道等安全疏散设施必须比其他单位的建筑更加宽敞。

2. 电气设备和消防设施

（1）安装电气设备必须由正式电工按规范要求合理进行，电工应定期对电气设备、开关线路等进行检查，凡不符合安全要求的要及时维修或更换。不准乱拉临时电线。

（2）治疗用的红外线、频谱仪等电加热器械，不可靠近窗帘、被褥等可燃物，并应有专人负责管理，用后切断电源，确保安全。

（3）医院的放射科、病理科、手术室、药房、变配电室等各部门，均应配备相应的灭火器。

（4）高层医院须参照现行《建筑设计防火规范》（GB 50016）的有关规定，安装自动报警和灭火系统，以及防排烟设备、防火门、防火卷帘、消火栓等防火和灭火设施，以加强自防自救的能力。

3. 明火管理

（1）医院内要严格控制火种，病房、门诊室、检查治疗室、药房等处均禁止吸烟。

（2）取暖用的火炉应统一定点，指定专人负责管理。

（3）处理污染的药棉、绷带以及手术后遗弃物的焚烧炉，须选择安全地点设置，并由专人管理，防止引燃周围的可燃物。

（4）医院的太平间应加强防火管理，死亡病人换下的衣物要及时清理，不可堆积在太平间；病人家属按旧习俗烧纸悼念亡人，要加强宣传教育工作，加强劝阻。

四、汽车客运站的消防管理

汽车客运站是人员密集的公共场所，等候区域内每天都有成千上万个南来北往的旅客通过这一场所乘坐交通工具去往各自的目的地。大型机场、车站、港口的等候区域的人员聚集量经常可达数千人，尤其是春节或"旅游黄金周"等，更是人满为患。同时，旅客携带的大量行李箱包，多为可燃物品，如遇到电气设备故障火花、烟花爆竹燃爆的明火、烟头和小贩卖食品带进来的火种等，发生火灾后极易引发群死群伤事故，并且会产生严重的不良社会影响。

（一）汽车客运站的火灾危险性

（1）建筑设施不符合现行消防技术规范要求。

（2）管理过程存在的火灾危险性主要有以下几方面原因：

① 旅客携带易燃易爆物品进站，因包装破损而泄漏，遇明火或摔打、挤压、撞击、摩擦而引发火灾或爆炸。

② 旅客乱扔烟头、火柴梗造成失火。

③ 商业网点用火、用电不慎，导致火灾发生。

④ 候车（机）场所座位布局不合理，造成人员拥挤，疏散、扑救困难，扩大火灾损失。

⑤ 客运服务员消防技能不足，日常防火管理意识不强，预防工作不到位，导致火灾发生。

⑥ 人为纵火、放置爆炸物等引发火灾。

（二）汽车客运站的火灾预防

（1）定期会同消防机构、交通、建设、车管等部门对汽车客运站开展拉网式消防安全检查，对存在的火灾隐患逐一进行整改。

(2) 检查客运企业内部是否建立和落实消防安全管理制度，车辆驾驶人员是否开展消防教育培训，所有营运车辆是否定期维护、保养、检查，车辆电路、油路、气路及燃料储存系统是否完好，车辆内部灭火器材和疏散逃生自救设施、工具是否配备，是否落实危险化学品的安全检查措施等。

(3) 公交公司、客车运营企业要落实消防安全主体责任，加强对车辆驾驶人员的宣传教育，提高其处置火灾和引导乘客疏散逃生的能力，在车辆上张贴禁烟及严禁携带危险品的警示标志，播放火灾逃生自救宣传片，及时向乘客介绍车辆紧急出口位置及火灾处置方法。

(4) 加强客运车辆性能研究，认真剖析客运车辆火灾特点及事故处置方法，确保一旦发生火灾，能够以最快速度营救被困人员、扑灭火灾，最大限度地降低火灾损失和社会影响。

第七章 消防前沿技术

随着经济的不断发展和城市化的不断推进,我国的城市规模和城市数量都在不断地增加。在城市建设不断发展的同时,城市中火灾发生的频率也有上升的趋势,不仅给人们带来很大的经济损失,也造成了较大的伤亡。由于火灾会给人们带来巨大危害,所以人们必须重视消防技术的发展。本章主要研究消防前沿技术,包括绿色消防技术、纳米消防技术以及消防机器人技术。

第一节 绿色消防技术

当前,火灾事故时有发生,报纸、广播、电视等新闻媒体也经常对此进行报道,引起社会舆论广泛关注的同时,也加强了消防工作的力度,使人们对消防技术越来越重视。火灾的严重后果之一,就是会对生态环境产生破坏,由此,消防技术与环境保护之间的联系也变得更加紧密。消防技术的提高,促进了对火灾事故的处理和防治。但是,必须看到的是,消防技术存在着这样那样的缺点。在灭火的过程中,消防器具会产生多种污染物质,对环境造成污染,影响了生态的平衡和环境。

随着绿色环保型消防技术的应用和开发,新型灭火器和绿色阻燃材料也逐渐面世,不仅保障了人们生命财产的安全,还保护了人类赖以生存的环境,让人们远离污染和有害物质,即所谓的绿色消防。

一、绿色消防技术概述

(一)绿色消防技术的含义和特点

随着人类对自身生存环境重视程度的不断提高和环保意识的不断加强,绿色环保和可持续发展成为新世纪人类关注的重点。1992年在巴西里约热内卢召开了"世界环境发展大会"(又被称为"绿色国际"会议),会上提出了可持续发展的定义,这是人类对发展观的根本转变。在"世界环境发展大会"会上,一百多个国家的政府首脑就人类摆脱环境危机、实现社会经济的可持续发展达成了共识,通过了《21世纪议程》这一全球战略性的框架文件,自此,人类开始从工业文明的发展模式逐渐向现代生态文明的发展模式转变和过渡,正是在这样的大背景下,产生了"绿色技术"的新概念。

绿色技术应具有六大特点:能持续利用的技术、以安全的用之不竭的能源供应为基础、高效率利用能源和资源、高效回收利用废旧物资和副产品、智能化程度越来越高、活力越来越充沛。绿色技术在广义上可分四个层次:环境立法与管理、清洁生产、环境污染的控制、绿色产品。

将上述绿色技术的概念与消防领域相对应,就引导出"绿色消防技术"这一新概念。根据绿色技术的上述六大特点、四个层次进行展开,绿色消防技术同样也有着它非常丰富的内涵和广阔的发展前景,这也是21世纪消防技术发展所要遵循的原则之一。绿色消防技术是指消防活动符合环境保护的要求,对公众健康和环境不会造成危害。开展绿色消防,就是要坚持可持续发展战略,即在消防工作中既要考虑当前的形势需求,也要考虑未来社会发展的需求,决不能以牺牲后人的利益为代价来满足当代人的利益需求。

绿色消防技术最有代表性的为哈龙替代技术。目前,哈龙灭火剂的替代研究可分为两大方向:一是以其他灭火系统替代哈龙灭火系统的应用研究,如以二氧化碳、细水雾灭火系统进行替代;二是开发新型的"洁净气体"灭火剂和相应的灭火系统。

绿色消防技术还有绿色阻燃技术。阻燃剂的使用是为提高材料抗燃性,即阻止材料被引燃或抑制火焰传播的助剂。大多数阻燃剂都具有一定毒性。在人们对阻燃剂及阻燃材料的需求量增大的同时,人们对阻燃剂及阻燃材料的性能要求也更加多样化。时代的发展对阻燃剂的开发提出了新的要求,现在阻燃剂的开发更多地注重环境保护。绿色化学与技术应用于阻燃领域里,有效减少了有害物及污染物的排放,便产生了环境友好型的绿色阻燃剂。

(二)传统消防技术的缺点

1. 破坏大气

目前,臭氧层破坏的现象较为严重,臭氧层的存在,可以有效防止紫外线的入侵,而紫外线对人类、植物、海洋生态系统都会造成影响。过多的紫外线照射会导致人体免疫系统下降,增加皮肤癌、白内障等疾病的发病率。而对植物来说,过多的紫外线照射会影响其正常生长,使农作物减产。紫外线照射还会破坏海洋系统的生态环境和平衡。臭氧层相当重要,然而很多消防产品会对臭氧层的分子结构造成破坏。例如,哈龙灭火剂的主要成分为哈龙分子,在太阳光下受到辐射产生氯和溴的自由基,对臭氧层有着破坏作用,导致臭氧层出现空洞。

2. 产生酸性气体

一些含有卤代烷的灭火剂在使用过程中不仅对大气臭氧层造成破坏,还会产生HCl、HBr、HF等酸性气体。这些气体的产生和释放会导致酸雨现象的发生。酸雨具有高腐蚀性和毒性的特点,对人类和动植物构成巨大的威胁。

3. 水源的污染

某些火灾可以用水来扑灭。水具有流动性的特点,在用水扑灭火灾的过程中,水会将一些火灾现场的有害物质带走。救火用的水一部分直接渗入地下,另一部分进入排水系统,最终汇入河流,其中含有的化学物质和有毒放射性物质,会给流经地域的动物类带来伤害,威胁植物的生长,污染人们的日常生活用水。

4. 土壤受到污染

火灾事故的现场会出现大量的有毒物质和污染水。受到污染的水体一部分流入地下,另一部分则停留在土壤层,土壤也因此受到污染和毒害,相比水污染,土壤污染处理难度更大,这会使土壤中的有害物质长期停留,对环境和生命造成伤害。

(三)典型的绿色消防技术

1. 细水雾灭火技术

作为目前重要的灭火技术,细水雾灭火技术的关键在于将水转化为细水雾的设备及转换参数的设置等。冷却与窒息是细水雾灭火器所采用的主要灭火方式。

2. 稀有气体灭火剂

稀有气体灭火剂的灭火原理主要是利用稀有气体来稀释燃烧反应区的氧气浓度，使氧气浓度低于燃烧所需的最低浓度，破坏燃烧三角形中的助燃物环节。最为常见的稀有气体灭火剂是烟烙尽灭火剂，其无色、无味、无毒、无腐蚀，是一种绿色灭火剂。与其他灭火系统相比，烟烙尽灭火系统不会污染环境，属绿色环保类产品。烟烙尽灭火剂灭火时，不产生任何化学反应，对人体无害，产生化学分解产物及冷凝水，对设备及资料无腐蚀、破坏作用等。该系统可广泛应用于电子计算机房、广播通信机房和电子设备密集场所的电气火灾的扑救，同时也可用于油、气以及图书馆、文物档案库等场所的 A 类、B 类、C 类火灾的扑救。但由于其灭火浓度高、喷射时间长、灭火速度低于卤代烷灭火剂和其他灭火剂，故而扑灭 B 类火灾的效果不如扑灭 A 类火灾的效果好。

3. 泡沫灭火剂

泡沫灭火剂的灭火原理是利用泡沫将可燃物（多为液体）的表面严密地密封起来，并且在整个密封过程中泡沫不被破坏，从而将氧气和可燃物隔绝开来，使燃烧不能进行，从而达到灭火的目的。泡沫灭火剂主要有以下几种：蛋白、氟蛋白泡沫灭火剂，抗溶泡沫灭火剂，高倍数泡沫灭火剂，水成膜泡沫灭火剂。

泡沫灭火剂的灭火性能主要受到以下几个因素的影响：泡沫发泡倍数、泡沫稳定性与流动性。半个多世纪以来，泡沫灭火剂在不断发展中逐渐形成两种：一种是以水解蛋白为基料的蛋白泡沫；另一种是以合成表面活性剂为发泡基的合成泡沫。

（四）绿色消防技术应该满足的技术条件

（1）在灭火过程中环保清洁，不会对大气造成二次污染，在大气中的存留时间较短。

（2）灭火器材的制造成本较低，价格合理，经济适用。

（3）具有较好的与弹性密封元件的相容性，因而灭火物质不会轻易挥发、泄漏。

（4）具有较好的化学稳定性和热稳定性，能够保证灭火器材的长期储存。

（5）在性质上属于可以液化的气体，保证占地、存储面积较小，在最大程度上节约土地资源。

（6）灭火性能高，可燃率低，涉及的灭火浓度为 5%，在 10s 之内能够灭火；在对燃烧物质喷射之后，能够全部汽化；在封闭的空间内，能够均匀、迅速地分布于燃烧物质表面，很少残留液相、固相的物质；不腐蚀材质、不击穿火灾现场的电子设备；不污损，从而减少由于施救、灭火过程中导致的对建筑物的二次损伤；不导电，从而最大限度降低火灾现场消防人员的人身安全隐患。

（7）对人体健康仅有轻微危害，或者无危害性。

（8）温室效应较小，要求达到 GWP（增温潜力值）<0.1，尽可能不产生温室效应；对环境不会产生较大的危害，ODP（大气中氯氟碳化物质对臭氧层破坏的能力与 R11 对臭氧层破坏的能力之比值）<0.05，最好达到 ODP$=0$，以达到降低温室效应、保护生态环境的目的。

二、细水雾灭火系统

（一）细水雾灭火系统的分类

细水雾灭火系统可从以下四种不同的角度进行分类：

1. 按细水雾灭火系统的工作压力分类

（1）低压细水雾灭火系统。当系统工作压力等于或小于 1.21MPa 时，灭火系统称作低压细水雾灭火系统。

（2）中压细水雾灭火系统。当系统工作压力大于 1.21MPa 且小于 3.45MPa 时，灭火系统称作中压细水雾灭火系统。

（3）高压细水雾灭火系统。

系统的管网工作压力大于或等于 3.45MPa，最高可达到 20.0MPa 的灭火系统为高压细水雾灭火系统。高压细水雾灭火系统能产生类似气体状态的喷雾滴，混合特性非常出色。相对于双流体及单流体低压系统，单流体高压系统的灭火效果最理想，尤其是对有阻挡物的 B 类火灾。这类系统一般为预制系统，应用起来比较灵活。

2. 按细水雾灭火系统的喷射方式分类。

（1）全淹没细水雾灭火系统。全淹没灭火系统是指保护整个防护区域的灭火系统，它通过向防护区域内喷射细水雾，使其在规定的时间内充满整个区域，达到灭火要求。全淹没系统适用于扑救封闭空间内的火灾，当采用全淹没细水雾灭火系统对防护区进行保护时，应满足下列要求：①防护区的门、窗及围护结构耐火极限应不低于 0.5h，且吊顶的耐火极限应不低于 15min；②最大的单个开口面积不应超过 $1.0m^2$，开口设置高度不应超过防护区域总高度的一半，不应小于防护区域总高度的 1/10，且防护区域允许开口面积系数 β 不应超过 0.2%。

（2）局部应用细水雾灭火系统。局部应用细水雾灭火系统是指保护指定区域的灭火系统，它通过向保护对象持续喷射细水雾以达到灭火要求。局部应用系统适用于扑救大空间内的具体被保护对象的火灾，采用局部应用细水雾灭火系统的防护区，应符合下列规定：①保护对象四周的风速不宜超过 3m/s；②喷头保护范围内不应存在障碍物。

（3）预制细水雾灭火系统。预制细水雾灭火系统是指细水雾灭火系统的设计参数诸如系统流量、喷头工作压力及管路长度等已经按照保护空间尺寸提前确定。该系统储气钢瓶和储水罐有若干种规格，都是在工厂预制的，每种组合能保护一定大小的空间，布置多少喷嘴也都是一定的。设计时可根据防护区空间的几何尺寸大小来选择。

3. 按细水雾灭火系统的流体介质不同分类

（1）单管细水雾灭火系统。单管细水雾灭火系统是指将水或水和雾化介质通过单一管网系统输送到每个喷头的细水雾灭火系统。该系统由喷头、水泵、雨淋阀、探测器及控制器组成，其构成和工作原理与雨淋系统相同。

（2）双管细水雾灭火系统。双管细水雾灭火系统是指将水和雾化介质通过不同的管路分别输送到喷头，并在喷头内部混合而产生细水雾的灭火系统。压缩空气或氮气可作为系统的雾化介质。这种技术的优点之一是在较低的工作压力（通常为 0.7MPa）下产生大量比较细微的水雾液滴；缺点是额外增加了一套管路、储气瓶及雾化介质的费用。

4. 按管网布置情况分类。

(1) 组合分配细水雾灭火系统。组合分配细水雾灭火系统是指对两个或两个以上防护区域或保护对象进行同时保护的一套细水雾灭火系统。采用组合分配细水雾灭火系统，应满足下列要求：①组合分配细水雾灭火系统的储水量应至少满足最大防护分区灭火时的用水量；②一套瓶组式组合分配细水雾灭火系统保护的防护分区不应多于8个，当多于8个防护分区时应设置备用水量。备用水量应大于或等于设计灭火用水量。

(2) 单元独立细水雾灭火系统。单元独立细水雾灭火系统是指在每个防护区域各自设置细水雾灭火系统。若每个防护分区都十分重要或同时着火的概率较高，为了保证安全，可采用单元独立系统。

细水雾灭火系统在应用于实际工程中时，常常是将上述几种分类组合应用，如低压、双管、预制、单元独立细水雾灭火系统或高压、双管、预制、单元独立细水雾灭火系统。

(二) 细水雾系统的灭火机理

水喷淋系统中包含大量水滴，这些水滴的直径足够大以至于能穿透火焰羽流进而湿润整个燃料的表面，因而传统水喷淋的灭火机理主要是通过直接冷却效应来达到灭火效果。细水雾灭火系统也包含表面冷却灭火机理，但随着雾化喷头的不同、滴径大小不同、工作压力以及流量的变化，它还通过以下机理共同抑制、扑灭火灾：

1. 汽化吸热降温作用

为了扑灭火灾，只要带走火场燃烧所产生的30%~60%的热量就足够使温度下降到燃烧条件的临界值以下。由于细水雾水滴尺寸很小，它的表面积很大，因而水滴的表面换热系数增大，在环境温度高时，可以迅速汽化。由热力学可知，水的汽化潜热很大，可达2280kJ/kg，远比水温升吸热量大得多，因而可以吸收大量热量，降低火场的温度。美国海军的研究报告认为：扩散火焰的温度一般不超过2000K，若能用吸热的办法将火焰温度冷却到1600K，则绝大多数扩散火焰就会自行熄灭。将水雾直接导入火焰锋面，就会因水的蒸发而大量吸热。报告中还对冷却所需的水量做了粗略的估算。1g的水从室温（25℃）升温到1600K时吸收的热量是1279cal（1cal=4.182J，下同）。燃气从2000K降温到1600K的焓差约为3400cal/mol，所以将1mol的燃气降温所需的水仅为2.7g，即1g水可扑灭约50L的火焰，可见灭火需水量很小。当然，其先决条件是水滴滴径足够小，使其在进入火焰前坠落损失很小，进入火焰后又能全部蒸发。而细水雾恰恰满足这一条件，水雾滴径小，在火场高温环境下水雾迅速汽化，降低火焰温度，最终使火焰熄灭。

2. 窒息作用

水滴在汽化过程中不仅吸收大量热量，同时体积迅速膨胀，可扩大超过1700倍。道尔顿定律指出混合气体全压力等于各组成气（汽）体分压力之和。对封闭空间而言，在水滴汽化之前，氧气在空气中的比例为21%，氮气为78%，相应的氧气和氮气的分压分别是$2.06×10^4$Pa和$7.75×10^4$Pa。随着水的迅速汽化，水蒸气分压迅速增大。据计算，对30m^2的空间，5L水完全汽化形成的水蒸气分压力可达$2.78×10^4$Pa，氧气压力相应将降低到$1.48×10^4$Pa，即氧气含量将降低到15.05%，从而起到窒息作用来达到灭火的效果。

3. 减小热辐射作用

细水雾及蒸汽会吸收部分热辐射,降低对燃料的热回馈。悬浮在空气中的小水滴,由于驱散或吸收了热量,从而减少了火焰与附近物体之间辐射热的传递。水珠的大小以及体积浓度是减少辐射热的关键。直径小于 $50\mu m$ 的水珠吸收辐射热比较大的水珠更有效。辐射热将导致未燃烧的可燃物易挥发可燃气体,甚至开始燃烧。中断火焰与燃烧或未燃表面之间的辐射热传递将减少或阻止火势的蔓延。

4. 火焰的拉伸作用

细水雾是由于高压作用产生的,因此喷射速度相当快,液滴具有相当大的动量,对燃烧物表面和火焰有一个冲击作用,火焰接收来自细水雾的动量转换而被拉长,从而起到降低燃烧强度使其熄灭的作用。

以上四个细水雾灭火机理是相辅相成、共同发挥作用的,对不同的火场起的作用大小也不同。一般认为汽化吸热降温作用和窒息作用是最主要的。

(三) 细水雾灭火系统的特点

作为新兴的消防灭火技术,细水雾灭火系统具有气体灭火和水灭火的双重优点,同时又弥补了两者的缺点。细水雾灭火系统具有以下特点:

(1) 灭火用水量小,系统不需要庞大的储水设备,在相同的灭火时间内,喷水量为水喷雾的 10%~20%。

(2) 系统灭火后,几乎无水渍损失,对环境、保护对象、保护区人员均无损坏和污染,是环保型灭火系统。

(3) 细水雾可有效吸收和降低火灾区烟气中的固体悬浮颗粒浓度,提高能见度,减小烟尘对人体的损害,有利于人员的安全撤离。

(4) 作为灭火剂的水,价格低廉、来源广泛。

(5) 降温作用强,火场周围的环境温度低,便于救灾人员接近。

(6) 具有良好的电气绝缘性能,扑救电气设备火灾安全性好。

与水喷淋灭火系统相比,细水雾灭火系统具有耗水量低的优点,比传统的水喷淋灭火系统的耗水量小一个数量级。这一点也潜在地降低了水灭火带来的破坏性和供水有限地方的灭火费用,同时耗水量低也为要考虑供水的体积以及质量的场合带来了明显的优点,这也是进行用细水雾来保护交通系统如轮船、飞行器的研究和测试的一个原因。对易燃液体火焰如采用水喷淋灭火,由于水滴的冲击造成液体燃料的飞溅和溢出而不易将火焰扑灭,但如采用细水雾来灭火,不会造成燃料的飞溅和溢出。另外,传统的水喷淋灭火由于水流量大和水滴的直径大会引起高温设备表面的快速冷却从而导致设备的损坏,而细水雾则不会出现这种情况。

哈龙灭火系统适合扑灭空间的火灾。卤代烷能否作为灭火剂,它的沸点是一个重要参数。CF_2ClBr 的沸点温度为 $-4℃$,它在正常情况下以液态储存在系统中,释放时像水一样可以到达火焰的底部。与水系灭火相比它具有蒸发快、残留物质少、对非着火设备的间接损害小的优点。CF_3Br 在高压情况下以液态方式储存,在大气条件下的沸点温度为 $-58℃$。它从传送设备中以气态或雾状喷出,然后迅速蒸发,从而充满整个空间,同时被卷吸进入火焰来抑制燃烧。由于它汽化完全,因而能充满全部空间,针对通风条件差的火灾具有较好的扑灭效果。但哈龙灭火剂接触到燃烧火焰根部时,C—Br 键受热立即断裂，并产生卤素自由基，特别是 Br·自由基，产生对人体有害的气体，同时严重破坏大气平流层中的臭氧，威胁人类生存，故而已经停止使用。

与气体灭火技术相比，细水雾灭火技术具有廉价、对人和环境没有危害的优点，同时也避免了哈龙等气体在灭火时因与燃烧物发生链式反应而产生有害气体，有利于火灾现场人员的逃离，也不会破坏臭氧层。由于细水雾的冷却和穿透能力较强，它扑灭深位火灾比气体灭火剂更有效。另外，细水雾具有表面冷却的优点，而气体灭火剂则没有，因而它可以扑灭机房和燃气涡轮机房中高温设备的表面火灾，同时保证不会出现气体灭火剂灭火过程中，由于灭火剂的浓度下降，高温设备的表面重新燃烧的现象。

（四）影响细水雾灭火效果的因素

1. 雾滴大小分布度

雾滴大小分布度指的是，在典型喷雾或细水雾中水粒大小的分布度。使用特殊的光学设备可以计算出不同尺寸种类的雾滴数量。

常用的度量方法包括算术平均直径、表面平均直径、体积平均直径（VMD）、Sauter 平均直径（SMD）。

喷雾的水粒大小分布度不是一个常数，它取决于被测量喷雾的区域。在封闭隔间里，水雾离开喷头后，雾滴大小分布度连续地变化着，受下降速度、距离以及与其他喷雾、物体相互作用的影响。

2. 喷雾密度

细水雾要能扑灭火焰，与火发生作用的散状雾滴的质量必须能够吸收火焰释放的热量。因而，喷雾密度是细水雾灭火系统的一种重要特性。它可以用单位体积里的体积浓度来表达，如 $L/(min·m^3)$，但通常会用单位面积的喷雾密度 $[L/(min·m^2)]$ 来度量。

3. 喷雾动量

细水雾的喷雾动量大小决定了其运动距离以及对火焰的穿透能力，特别是在运动途中有障碍物时，该参数对细水雾灭火性能的影响较大。

4. 细水雾喷头

细水雾喷头是含有一个或多个孔口，能够将水滴雾化的装置，是细水雾灭火系统中最关键的部件。细水雾喷头产生水微粒的原理为下列几种方式之一：以相对周围空气很高的速度将液体释放出来，由于液体与空气的速度差而被撕碎为水微粒子；液体流碰到固定的表面，因碰撞而产生水微粒子；两股组成类似的水流相互碰撞，每股水流都形成水微粒子；液体振动或电子粉碎成水微粒子（超声波和静电雾化器），液体在压力容器中被加热到高于沸点，突然被释放到大气压力状态（突发液体喷雾器）。

在现有的细水雾灭火系统中，几种常用的形式是冲击式喷头、压力射流喷头和气雾化喷头。为简化这种喷头的形式，根据喷头压力的大小将喷头分为三类：低压喷头、中压喷头和高压喷头。在细水雾系统中，大多数冲击式喷头和所有的气雾化喷头都在低压范围内工作；只有少数压力式喷头在高压范围内工作。

冲击式喷头是水力式喷头，水流喷射撞击在溅水盘上，靠机械力将其分解成很微小的水珠。标准水喷头也是冲击式喷头的一种形式。通过减小标准水喷头的孔径和提高喷放压力，获得将水分解成细水雾的能量，使雾滴大小分布度处在细水雾范围内。这些喷头产生细水雾的压力较低，且不像其他水力喷头那样容易堵塞。然而，在溅水盘上发生的方向变化减少了喷雾动量，因而难以产生非常微小的细水雾。

空气雾化喷头将低压压缩空气、氮气或某些其他气体与低压水混合。水流在特制的帽盖里被喷射的空气剪切，然后通过较大直径的孔口喷出帽盖，形成细水雾。这些喷头产生的细水雾，其雾滴大小分布度好、喷雾动量高，也不易堵塞，并且它们在普通灭火供水系统中的低压水和低压空气范围内工作。研究证明这类细水雾对扑灭液体燃料油池火灾和飞溅火灾非常有效。

但是，该系统使用的压缩气体必须被储存，设置压缩空气和水的配给管道安装比较困难。另外，必须完成流体力学和气动力学两种计算，以分别独立地确定空气和水的配给管线的口径。为了计算系统内所有的水或空气的流动条件，设计人员必须了解系统内空气压力和水压对每个喷头的作用。

5. 喷头相对火源的位置

研究表明喷头的布置方式及其与火源的相对位置也会影响细水雾的灭火效果。房玉东认为细水雾粒子浓度最大处与火焰之间的水平距离以及垂直距离决定着是否有足够的细水雾进入火焰区域；降低细水雾喷头高度也有助于缩短灭火时间。Kuldeep 等采用数值模拟的方法定量研究了在相似的细水雾喷射参数条件（雾滴密度、喷射速度、雾滴直径）下喷头的位置以及细水雾喷射的方向等因素对细水雾熄灭丙烷喷射炉火的有效性的影响，结果表明采用顶部喷射细水雾灭火方式的灭火时间最短，而采用从侧墙、前后墙以及地面喷射细水雾的方式，其灭火效率均低于顶部喷射。丛北华等研究认为细水雾的水平作用距离对灭火有效性影响很大，处于最大作用区域外的火源难以有效被扑灭。在设计细水雾系统时，应保证细水雾的有效作用范围覆盖整个防护区域；细水雾的作用高度影响其灭火有效性，在设计细水雾系统时，应当使喷头离地面的高度小于细水雾的作用高度。周华等采用火灾现场模拟软件 FDS4105 模拟喷头对不同位置油池火的灭火效果，结果表明：细水雾对喷头正下方的火源灭火效果最好，且灭火效果随火源距离喷头横向距离的增加而减弱。

三、绿色阻燃技术

（一）阻燃剂及其分类

阻燃剂是用以提高材料抗燃性即阻止材料被引燃及抑制火焰传播的助剂。阻燃剂主要用于阻燃合成和天然高分子材料。含有阻燃剂的材料可防止引发火灾和抑制小火发展成灾难性的大火，即能减少火灾危险，但不能消除火灾危险。

按阻燃剂与被阻燃基材的关系，阻燃剂可分为添加型及反应型两大类。前者与基材中的其他组分不发生化学反应，只是以物理方式分散于基材中，多用于热塑性高聚物。后者或者为高聚物的单体，或者作为辅助试剂而参与合成高聚物的化学反应，最后成为高聚物的结构单元，多用于热固性高聚物。

按阻燃元素种类，阻燃剂常分为卤系阻燃剂和无卤阻燃剂。

1. 卤系阻燃剂

目前广泛使用的含卤材料具有优良的阻燃性。有机卤化物在气相中产生活性卤素基团，能有效地改变高聚物的热氧化过程。利用阻燃剂分解放出的 HX 与聚合物降解产生的 H 和 OH 自由基相互作用，使自由基浓度降低，从而延缓或终止燃烧的链反应。但是当火灾发生时，由于这些材料的分解和燃烧会产生大量烟雾，其主要起阻燃作用的HX是有毒、腐蚀性的气体，从而妨碍救火和人员的疏散、腐蚀仪器和设备，造成"二次灾害"，且燃烧产物（卤化物）具有很长的大气寿命，一旦进入大气就很难除去，严重地污染了大气环境，更为甚者，它能造成臭氧层的破坏。

因此，虽然卤系阻燃剂效果良好且应用很广，但它仍将被逐渐淘汰，取而代之的是更为清洁、环保的绿色产品。

2. 无卤阻燃剂

（1）磷系阻燃剂。磷系阻燃剂被加进高分子材料中，受热时分解生成聚偏磷酸。聚偏磷酸是不易挥发的稳定化合物，在燃烧物表面形成隔离层。另外，由于聚偏磷酸脱水作用促进炭化，使表面形成炭化膜，从而起到阻燃作用。Hastie 等研究发现红磷还能降低火焰中 H 原子的浓度，从而降低火焰的强度。磷系阻燃剂中的红磷易吸湿水解，放出有毒的磷化氢。有机磷系阻燃剂也有发烟量大、毒性大、易水解、热稳定性差等缺点。因此，磷系阻燃剂有待进一步研究。

（2）金属氢氧化物阻燃剂。氢氧化铝和氢氧化镁是无机阻燃剂的主要品种，有无毒性、低烟等特点。它们由于受热分解、吸收大量燃烧区的热量，使燃烧物燃烧区的温度降低到燃烧的临界温度之下，燃烧物自熄，分解后生成的金属氧化物多数熔点高、热稳定性好，覆盖于燃烧固相表面阻挡热传导和热辐射，从而起到阻燃作用，生成的水受热蒸发进一步吸收潜热、降低温度，同时产生大量水蒸气，稀释可燃性气体，也起到阻燃作用。

（3）成炭或促进成炭型阻燃剂。成炭型阻燃剂包括添加物本身形成炭化层和添加物促进高聚物形成炭化层两种情况。炭化层减少了可燃挥发物的生成量，具有较低的导热性，减少了可燃挥发分降解产物的产生。

① 膨胀型阻燃剂：膨胀阻燃剂通常由炭源、酸源和发泡源三部分组分。在火焰和高温作用下，酸源受热放出无机酸，与多元醇酯化，进而脱水炭化，反应生成的水蒸气及一些不燃烧气体使炭层膨胀，最终形成一层多微孔的坚韧的炭质泡沫层，吸附在熔融、着火的表面，既可阻挡热量和氧气的进入，又可阻挡小分子可燃气体的逸出，有效地阻止了火焰蔓延，从而达到阻燃的目的。

② 可膨胀石墨：在高温下，可膨胀石墨中的嵌入层受热易分解，产生的气体使石墨的层间距迅速扩大几十至几百倍。当可膨胀石墨与高聚物混合时，在火焰的作用下，可膨胀石墨能在高聚物的表面形成坚韧的炭层，从而起到阻燃的作用。

（4）硅系和硼系阻燃剂。最近对填有含硅物质的聚合物可燃性的研究表明，某些含硅的物质不论单独作用、与聚合物混合使用还是作为共聚体，都是有发展前途的阻燃剂。而硼酸锌是一种有效的、多功能阻燃剂、抑烟剂。它含有结晶水，在火焰中，这些水释放出来，吸收热量，减少了火焰蔓延所需要的热量并稀释了氧含量，硼酸锌同时还作用于炭化层，硼酸锌还可以与其他金属化合物在材料表面形成熔融的硼酸盐隔离层，并形成硼酸盐骨架。

（二）阻燃剂的基本要求

一个理想的阻燃剂最好能同时满足下述条件，但这实际上几乎是不可能的，所以选择实用的阻燃剂时大多是在满足基本要求的前提下，在其他要求间折衷和求得最佳的综合平衡。

（1）阻燃效率高，获得单位阻燃效能所需的用量少，即效能∶价格的值高。

（2）本身低毒或基本无毒（对大鼠口服的 LD_{50} ＞5000mg/kg），燃烧时生成的有毒和腐蚀性气体量及烟量尽可能少，对环境友好。

（3）与被阻燃基材的相容性好，不易迁移和渗出，被阻燃材料可回收和循环使用。

（4）具有足够高的热稳定性，在被阻燃基材加工温度下不分解，但分解温度也不宜过高，以在 250～400℃为宜。

（5）不致过多恶化被阻燃基材的加工性能和最后产品的物理机械性能及电气性能。性能优良的阻燃剂和合理的阻燃剂配方在于能在材料阻燃性和实用性间求得和谐的统一。

（6）具有可接受的光稳定性。

（7）原料来源充足，制造工艺简便，价格低廉。

（三）绿色阻燃材料

绿色阻燃材料又称为清洁阻燃材料。因其从设计思想、原料选择、配方设计、工艺流程到产品的保存、应用及废品处理等各个环节都考虑了环境污染问题，也就是说最大限度地减少或取消那些对人类健康、生态环境、社区安全有害的原料和生产工艺的使用，不以人的安全和环境污染为代价来提高材料的阻燃效果，所以它真正实现了低毒、低烟和无环境污染，也真正做到了从源头上阻止阻燃材料的污染。

今后绿色阻燃材料工业研究的重点应是开发新型环境友好的低烟、低毒无卤产品，采用环境友好的化学反应，在工艺过程中使用无毒无害的原料、溶剂和催化剂，如图 7-1 所示。

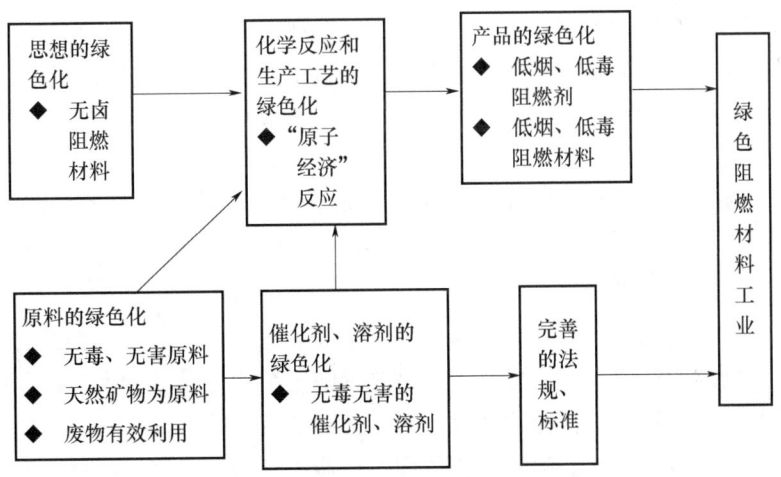

图 7-1 绿色阻燃剂工艺过程

总之，对绿色阻燃剂及阻燃材料的评价方法应该是在整个生命周期（包括设计生产、销售、使用和后处理四个阶段）对四种不同的介质（生物、大气、水和土壤）都无影响或影响最小。

第二节　纳米消防技术

纳米材料具有三个方面的特性：一个是表面效应，纳米微粒的尺寸较小，表面性能较高，位于表面的原子所占的比例较大。表面原子的数量增加或者减少都会对原子的活性以及稳定性产生影响。二是量子尺寸效应。三是小尺寸效应。而纳米技术就是根据纳米材料所具有的特性进行技术开发以及研究，从而为人类的生产发展服务。纳米技术在消防中的应用主要包括如下内容：纳米阻燃材料（纳米阻燃剂）、纳米钢结构防火涂料、纳米灭火剂、纳米火灾探测器、纳米消防装备等。

一、纳米技术概述

（一）纳米技术的含义

对纳米技术含义的理解，尚没有一个十分明确的说法。从国内外对纳米技术含义的理解来看，存在很大的差异。"美国国家纳米技术行动"曾经给纳米技术进行了一个较为宽泛的解释"纳米技术是在1~100nm（十亿分之一米）尺度范围内，在原子、分子和大分子水平上的研究和技术发展，其目的是理解纳米尺度的现象和材料，创造和使用具有新奇性质和功能的器件、装置和系统"。由此可见，对纳米技术进行准确定义不是一件容易的事情。在此基础之上，国外学术界对纳米技术的定义总结为："第一，在1~100nm长度范围内的微观世界中进行研究，可以对物质的分子和原子进行技术分析和研究；第二，通过分子和原子的微观世界进行研究，可以改变其特性、系统、结构与设备；第三，可以对原子尺度的物质进行控制与利用的能力。"

我国科研人员对纳米技术的理解也存在一定的差异，其中，较为普遍的一种表述是："在纳米尺度内研究电子、原子和分子的运动规律和特性的崭新高技术学科。它的最终目标是人类按自己的意志直接操纵单个原子制造具有特定功能的产品。当物质小到1~100nm时，表现出许多独特而又新奇的特性，具体说就是量子尺寸效应、小尺寸效应、表面效应及宏观量子隧道效应等，呈现出许多既不同于宏观物体，也不同于单个孤立原子的奇异现象。纳米技术的最终目标是直接以原子、分子及物质在纳米尺度上表现出来的新颖的物理、化学和生物学特性制造出具有特定功能的产品，包括纳米材料设计、制造、测量、控制和产品。"

从目前的研究情况来看，纳米技术研究的内容主要包含以下几方面："纳米材料，即由纳米单元构成的任何类型的材料，通过改变纳米结构单元的大小，控制内部和表面的化学性质及它们的组合，就能设计材料的特性和功能；纳米动力学，主要研究微机械和微电机，用于有传动机械的微型传感器和执行器、光通信系统、特种电子设备、医疗和诊断仪器等；纳米生物学和纳米医药学，主要研究生物分子之间的相互作用，还包括用自组装方法在细胞内放入零件或组件构成新的材料等；纳米电子学，主要研究包括基于量子效应的纳米电子器件、纳米结构的光性质与电性质、纳米电子材料的表征以及原子操纵和原子组装等。"

(二) 纳米技术的特点

纳米技术被列为 21 世纪三大支柱产业之一。人造纳米材料是纳米技术的基础和核心。由于尺寸较小、结构特殊，因此人工纳米材料具有许多优良且奇异的物理、化学性质，如小尺寸效应、巨大的表面效应、极高的反应活性、量子效应等。这些性质使纳米技术具有个性化的特点。

首先，纳米技术的研究具有独特性和综合性。从纳米技术所研究的领域和内容来看，一方面，它所研究的内容是之前人类所未触及到的，是以往的学科难以解决的问题；另一方面，它的研究涉及多个学科的综合，不仅与物理、化学、生物医学、电子信息等基础性学科相关，从某种程度上，可以理解为是上述学科的综合体。同时，它引发和派生了纳米化学、纳米计量学、纳米生物学以及纳米机械学等具有广泛学科内容和潜在应用前景的研究领域。另外，它也包含许多新兴学科所研究的领域，例如原子物理、凝聚态物理、胶体化学、配位化学、化学反应动力学等。它可以综合多学科的力量解决尚未解决的难题。

其次，纳米技术有可能是人类历史上的第三次产业革命，并引发第四次技术革命。它将使人类进入智能化的类生物体系的生产时代，这意味着纳米技术将是制造出类似于动物具有感官、智能、反馈、自修复等高级功能机器的一门技术。正如我国著名科学家钱学森预言的："纳米和纳米以下的结构是下一阶段科技发展的一个重点，会是一次技术革命，因而将是 21 世纪又一次产业革命。"

最后，纳米技术具有高社会化。纳米技术的高社会化表现为它的产生和发展具有一定的社会经济和政治背景，最显著的就是各国政府、社会机构和企业对该技术的广泛参与。美国国防部每年都会拨出专项资金用于纳米研究，日本多家企业参与纳米项目的开发，欧洲各国对该领域的研究非常关注，我国的大学和研究机构对此研究也很投入。

二、纳米技术在消防中的具体应用

(一) 纳米阻燃剂

研究中发现，有些纳米材料具有阻止燃烧的功能，如果将它们作为阻燃剂添加到可燃材料中，可以改变这些可燃材料的燃烧性能，使其成为难燃烧材料。从目前已经研制出的或正在研究的项目来看，纳米技术用于阻燃剂具体有以下两个方面：

(1) 纳米超细粉在阻燃材料中的应用。阻燃剂是在高分子材料加工过程中的重要助剂之一，如果采用纳米技术对高分子材料进行阻燃处理，可以实现难燃性和自熄性。目前使用的阻燃剂大多数为无机阻燃剂，包括锑系阻燃剂、铝系阻燃剂、磷系阻燃剂和硼系阻燃剂等。由于这些阻燃剂添加到聚合物中，会引起聚合物的加工工艺及产品性能发生改变，特别是对模塑产品、挤型产品和薄膜产品的表面光洁度影响较大，故需要使所有添加型无机阻燃剂的粒度超细化。

(2) 阻燃纳米复合材料的应用。纳米复合材料是指将材料中的一个或多个组分以纳米尺寸或分子水平均匀地分散在另一组分的基体中，因其存在超细的尺寸，所以各种类型的纳米复合材料的性质比其相应的宏观或微米级复合材料均有较大改善。鳞片状黏土或其他层状无机物能够碎裂成纳米尺寸的结构微区，可以容纳某些单体和聚合物，它们可以让某些聚合物嵌进纳米尺寸的夹层空间中，形成"嵌入纳米复合材料"和"层离纳米复合材料"。

（二）纳米钢结构防火涂料

钢结构的耐火极限只有15min，如不采取防火保护措施，火灾中将在很短时间内倒塌。奥运工程采用大量钢结构建筑，这些超高、超大、应用大量钢结构的体育场馆防火性能很差，如何提高奥运会场馆消防安全水平，已经成为摆在设计、施工及消防部门面前的一道共同的课题。纳米化学将对防火涂料的3个最重要的成分进行改性和优选，从而获得优异的钢结构防火涂料：①纳米无机-有机杂化树脂。纳米级无机材料与有机分子复合形成具有共价键结合的复合树脂。复合树脂具有耐高温、黏结强度高等特点。②纳米三氧化二锑、氢氧化镁材料。经实践证实，由于具有更好的分布结构，纳米三氧化二锑、氢氧化镁作为阻燃助剂效果良好，可以大大提高阻燃性能，并能制成具有装饰性的超薄涂料。③制备一种具有纳米级纤维结构的无机纤维。运用特殊工艺将其制成纳米级分散体，保证其与树脂等材料的充分复合，使超薄涂料即使在燃烧后也具有高温环境下的强度。

（三）纳米灭火剂

纳米技术的精髓就是从原子、分子的精确操纵出发，构建具有全新分子、排列形式的人造结构。微米级的气溶胶为传统灭火剂，与之相比纳米级气溶胶有全新的性能，其灭火效能有质的飞跃，也可称其为纳米灭火剂。从干粉灭火剂的灭火原理来讲，灭火效率与干粉颗粒的大小有关，在纳米尺度范围的干粉其灭火性能有明显提高。采用纳米技术开发新型干粉和泡沫灭火剂，不仅提高了灭火性能，还能延长灭火剂的有效储存期。

（四）纳米火灾探测器

制作火灾探测器是纳米材料最有前途的应用领域之一。利用纳米粒子化学活性强、化学反应选择性好的特点，将纳米材料制作成气体探测器或离子感烟探测器，用来定量探测周围环境中有毒气体、易燃易爆气体、蒸汽及烟雾的浓度，并将其与计算机联网，用以预报火灾的发生并进行报警。一方面，纳米粒子的化学活性强，使用纳米材料制作的传感器或探测器能在极短的时间内做出反应，及早发出火灾报警信号；另一方面，纳米材料的选择性远远高于普通材料，使用纳米材料制作传感器或探测器可大大提高预报的准确性，减小误报率。这样在燃烧初起或阴燃阶段就能起到很好的探测作用，达到早期预报，降低火灾损失的目的。将纳米材料应用于消防领域中的报警工作将是一个很有发展前途的方向。

（五）纳米消防装备

消防装备的轻量化和多功能化一直是消防科技工作者的努力方向。传统消防装备和通信系统非常笨重，在紧急抢险救灾任务中，笨重而且闷热的装备将极大地消耗消防人员的体力，降低其完成工作的能力。

纳米材料具有极大的强度，同时质量很轻，具有非常好的工作实用性，是制造轻型消防装备的理想材料。将纳米材料应用在消防棒、消防胶带、喷水枪支持架上，质量将大幅度减轻，工作效率会明显提高。

纳米材料制成的综合性消防头盔更为轻巧，也更为坚固耐用。因为质量轻，所以新型消防头盔上可以安装更多的设备。结合高速计算技术，新型的消防头盔还可以具有信息综合处理功能，能够实现火灾现场的信息数据同步传输，成为高度集成且一体化的"智能单元"，节省救火时间，减少火灾损失。用纳米材料制成的消防服质量轻、强度大、耐高温、耐腐蚀，并具有防穿刺能力，效能相比于现有的消防服有成倍提高。消防人员在作业时根本无须考虑钩伤、刮伤、碰伤等工作伤害的发生。

在特殊抢险救援任务中，使用纳米材料制成的检测报知设备更为轻巧，也更为高效，减轻了消防人员的负荷，提高了消防人员的灭火能力。

第三节　消防机器人技术

近年来，随着电子信息技术的迅速发展，现代机器人技术已经突破了传统工业领域机器人的范畴。机器人技术正逐渐转向可以在特殊环境中执行任务的特种机器人研究。民用机器人、警用机器人、军用机器人、飞行机器人、空间机器人的出现，在军事、宇航、服务、防灾救援、反恐防暴、医疗等领域，起到了至关重要的作用。

消防机器人多应用于消防部队，属于特种警用机器人范畴。它作为消防设备可以代替消防人员实施有效的火场侦察、灭火救援等任务，尤其是对可能危害消防人员人身安全、不易接近的事故现场。消防机器人的使用可减少消防人员的伤亡和国家财产的损失，提高消防部门扑灭恶性火灾和救援的能力。因此消防机器人的研究和开发具有一定的现实意义和价值。

一、消防机器人概述

（一）消防机器人的分类和特点

1. 消防机器人的分类

由实战角度出发，按照相应要求，将消防机器人进行如下划分：

（1）依照其执行职能的不同，划分为灭火型机器人、火场侦察型机器人、危险物品泄漏探测型机器人、破拆型机器人、救援型机器人、多功能型机器人等。

（2）依照其行走方式不同，划分为轮式行走机器人、履带式行走机器人、履带轮式行走机器人、吸盘式行走机器人等。

（3）依照其操控方式不同，划分为线控式机器人、无线遥控式机器人、自适应机器人等。

（4）依照其智能化程度不同，划分为程序化控制机器人、具有感觉计算功能计算机辅助控制机器人、智能化机器人等。

（5）依照其感觉功能的差异，划分为视觉机器人、嗅觉机器人、温感机器人、烟感机器人、触觉机器人等。

2. 消防机器人的特点

消防机器人能够深入无法预知险情是否存在难以确保人身安全的事故现场，完成数据处理和回馈工作，提供现场信息和情报；还能代替消防人员开展救援工作、有毒气体检验等。作为特种机器人，消防机器人具备很多优点：

（1）无生命损伤性。可以减少高危环境中各种未知危险因素对救援人员造成的伤害，大大减少无辜的人员伤亡。

（2）可重复使用性。设备用心保养，可长期使用。

（3）可移动性。为了能在某一区域进行救援任务，消防机器人一般都具有行走的功能，能在表面不平整、崎岖的地面借助行走结构（轮子、腿、履带或推进装置等）行进。

（4）易操作性。由于灾害的紧迫性、情况的危急性，要求机器人必须能被操作者简单操作，实现快速响应，且安全可靠。

（5）未知环境的适应性。为了对火场中未知的复杂救援环境做出适应性反应，如发现障碍物并自行回避，发现火源位置，探测被困人员位置信息等，能够根据现场的实际状况，自主判断险情的来源，为后续的救援工作提供便利。

（6）功能多样性。面对复杂的环境和不同的救援任务，消防机器人应具备不同的形态和功能的多样性，以满足不同的救护要求。

所以，消防机器人的推广与应用，必将大幅提升消防部门抵御特大火灾及应对突发性事件的实战水平，并能有效减少人民生命、财产损失和消防人员的不必要伤亡。

（二）消防机器人的发展方向

消防机器人作为能够代替人类在危险环境下进行工作的工具，必将得到更大的发展，其发展趋势体现在以下几个方面：

1. 智能化

随着智能技术、控制技术、传感器技术及计算机技术的发展，在第一代、第二代机器人发展的基础上，具有全自主能力的机器人将得到很大的发展。未来的消防机器人将进行自主决策、自主工作、自主保护，朝着具有综合智能功能系统的方向发展。

2. 综合化

消防机器人作为一种辅助消防人员进行救火救援的工具，最有效的功能还是作为一种搜寻和控制的有效工具。因此，研制具有功能多元化的集侦检、洗消、破拆、堵漏、输转等功能也是消防机器人的发展方向。

3. 节能化

消防装备与器材的开发应向新型、高效、环保、智能、人性化的方向发展。消防机器人也应朝着满足功能的前提下灵活轻便的方向发展。

4. 立体化

随着社会的不断发展，高层建筑越来越多，高层建筑的消防安全也是最重要的。另外，海上油田的消防安全也不容忽视。因此，开发出能飞到空中和潜入水中的消防机器人，朝着海陆空立体化发展也将是消防机器人的一个发展趋势。

（三）消防机器人存在的问题

消防机器人要经常出现在高温、高热度、高强度辐射、缺氧、黑暗、地形崎岖的环境中，执行如危险品探测、救援、冷却、破拆、搬运、堵漏等抢险任务。

就目前国内外已研制出的消防机器人而论，存在的问题和不足之处主要有：第一，机器人对环境的识别能力较弱，往往仅能对单一指标进行判断，即使能够检测多个指标，也欠缺对其相互间关系的分析，难以掌握周围环境的发展情况；第二，目前研发的机器人功能过于专一，通用性不够，而且仅能针对某种危险工况进行单机工作，没有危险信息收集的能力。

(四) 消防机器人关键技术

消防机器人主要融合了机械电子学、人工智能和安全工程等多领域科学技术，针对现有消防机器人存在的问题和不足，需要在以下几个关键技术上取得突破，才可能取得研发技术的新进展。

1. 多传感技术的集成与融合

当多传感器组成的系统在不确定、时刻变化的环境中运行时，其相应的融合方法即成为研究的热点。而当人工智能和神经网络方法变成探索焦点时，会让数据处理工具对不确定性信息处理发挥重要的作用。信息资源的匮乏往往使开展救援工作的救援人员无从准确认知作业环境，造成对全局形势的错误估计，引发了重大人员伤亡。由于危险环境的变化和发展与最初环境、造成原因及外部条件等因素相关，某一种特定的危险状况和趋势就是在这些因素综合作用下而形成的。所以，要及时掌握火场环境下危险情况的变化情况，需要借助消防机器人深入危险的环境。

2. 构成多机器人协作系统

多机器人系统的建立正处在试验探索阶段，其组织体系与协作机制、复杂环境下多机器人间的冲突消除、通信与信息传输都将是该项研究要努力突破的目标。多机器人合作与协调技术，无疑会不间断地拓展应用领域和范围，对救援、搬运、灭火及复杂程度更高的救灾任务，机器人也都将胜任，这项技术所带来的成果和所能创造的价值让人满怀憧憬。

3. 传感技术

传感技术即机器人对其外界环境信息和内部方位信息探测和处置的技术。所采用的传感器一般分作外部传感器和内部传感器。外部传感器通常是视觉传感器、超声波传感器、红外传感器等；内部传感器通常是编码器、陀螺仪、GPS等。传感器设置，需根据具体功能设定，例如采用GPS可用于机器人的定位；采用陀螺仪可测定机器人的各类速度信息，进而分析出机器人的位置、姿态信息等；采用火焰传感器来判别机器人与火源距离的远近等。

4. 路径规划

随着智能化程度的提高，消防机器人需要完成路径规划、规避障碍物等任务。路径规划是机器人依照某种性能指标找到一条由初始点至最终点最佳或无障碍的路径。以机器人对外部环境信息掌握程度不同，可划分为：全局路径规划，系统对外部信息完全掌握；局部路径规划，系统部分掌握甚至完全未知外部信息，仅靠传感器对外界环境的不断检测来获得障碍物信息。

二、消防机器人设计要求

(一) 消防机器人功能要求

明确消防机器人的工作环境及使用条件是确定整机功能与性能指标的主要依据，也是设计前最重要的工作。

消防机器人的工作环境主要为石油化工、油罐区、大型仓库、建筑物中的高温、强热辐射、易坍塌等危险场所。这些场所地形复杂、消防车辆及救援人员无法靠近，并且常常伴有高温、强热、有毒物质、障碍物、易燃气体、化学腐蚀等特殊情况。消防机器人往往需要在这些极端的环境中进行火场侦察、危险品探测、灭火、启闭阀门等作业。这就要求消防机器人有很高的机动性能和灵活的作业能力，能够靠自身灵活地通过城市道路、巷道、废墟、沟壑等非结构性环境，快速抵达事故现场，并通过机械臂实现一些特定的功能。同时要求机器人具有较强的环境适应能力，在高温强辐射的环境下能够防爆、防尘、防腐蚀，这对整机的密封性能和防爆性能提出了较高的要求。

例如，履带式消防机器人要求在结构简单可靠、性能稳定的基础上可以通过一般障碍物，并在特殊环境下可以对火点进行灭火、降温冷却、化学稀释、侦察、启闭阀门、样品采集等作业。

综合上述分析，消防机器人应满足以下一些功能要求：

（1）机器人具有足够动力，可以通过如斜坡、沟壑、楼梯等典型障碍。

（2）有较强的适应能力，可以在易燃、易爆、有毒气体的环境中进行侦察等作业。

（3）结构紧凑，整机密闭性良好，能够防爆、防尘。

（4）机械手臂具有启闭阀门、采集样品、搬运物品等基本功能。

（5）灭火系统能够完成扑灭局部火点，冷却或化学稀释、洗消等任务。

（二）消防机器人技术性能指标

为达到前述功能要求，消防机器人在结构形式、移动速度、动力性能、越障能力等方面有以下具体要求：

（1）结构形式。

整机密闭性要达到一定要求，能够防爆、防尘，保护内部控制系统，并且在室内作业时，消防机器人能够通过标准大小的房门。

（2）移动速度。

在不同环境中工作时，消防机器人可根据具体需要切换行驶速度。在平直路面可高速行驶，快速抵达任务区域。在通过障碍物和执行搜索任务时，可以降为低速，以便顺利通过。

（3）动力性能。

负载和越障能力是影响消防机器人的动力性能的主要因素。当整机负载较大时，越障能力会降低，消防机器人通过沟壑、楼梯等特殊地形时的能力越差。因此，要求消防机器人尽可能降低负载，提高动力性能。

（三）消防机器人对硬件的要求

消防机器人在硬件方面应具有以下器件：

1. 传感器以及传感器的处理电路

内部传感器主要用于检测机器人系统内部的状态参数，以保证机器人能够快速地在火灾现场保持安全、灵敏的活动。传感器主要分为内部传感器和外部传感器。

2. 遥控器

消防人员可以通过遥控器来观察火灾或爆炸现场的环境，对消防机器人实时控制。遥控器采用无线控制方式。无线控制方式有很多种，遥控器需配备433M无线模块，以适应复杂多变的环境下的无线遥控。研究机器人监控平台主要是为了使火灾现场的监控工作更直观，更方便及时处理，同时可以对监测的环境信息开展状态量数据查询、监测分析、信息交流。设计网络通信的应用层消息格式，把机器人端采集的信息实时传送给客户端的云平台，并进行智能处理，以可视化的图形方式显示给操作者；操作者对机器人进行远程控制，机器人接收命令并执行相关操作，实现节能化、智能化管理；同时保证消防机器人在恶劣的移动环境中的稳定性。

3. 灭火水炮

灭火水炮主要实现灭火功能。灭火水炮需要在无线控制下实现炮筒的旋转、水流大小的控制。因此，需要配备限位传感器、水流控制器等。

4. 电机

消防机器人采用履带式驱动，水炮的水平旋转、俯仰旋转都需要电机的控制。电机的控制需要驱动电路的控制。

5. 电源、数据线等辅助材料

电源、数据线是搭建硬件系统所必需的辅助材料。

（四）消防机器人的软件要求

根据消防机器人所处的工作环境和它所要完成的任务，消防机器人控制系统的软件功能主要有以下几点：

（1）移动控制。

能够通过消防人员的手动控制，实现消防机器人的前后左右行走和越障功能。要实现越障功能和原地转弯的功能则需要电机对左右两轮进行精确控制。

（2）水炮灭火。

能够通过消防人员的手动控制，实现消防水炮的水平旋转、俯仰旋转，以便于瞄准火灾精准灭火，同时根据火灾的大小可以对水的喷射状态进行选择（水柱和水雾）。

（3）实时图像采集。

通过消防机器人所具有的摄像头对事故现场录像，并将这些信息发送到遥控器显示端。

（4）远程控制。

消防人员能够通过遥控器远程控制机器人的行走或水炮的灭火。

（5）状态监测。

能够对机器人的运行状态进行实时监控。

参考文献

[1] 薄曰燕. 纳米技术在消防科技领域的应用探析 [J]. 科技经济导刊, 2017 (22): 62.
[2] 陈金豹. 基于工业平板计算机电气火灾实时监控系统设计 [D]. 扬州: 扬州大学, 2016.
[3] 陈雪光. 我国社区消防工作管理模式研究 [D]. 长春: 吉林大学, 2008.
[4] 单正阳. 刍议绿色消防技术 [J]. 科技创新与应用, 2014 (30): 289.
[5] 付强. 消防机器人相关技术研究 [D]. 沈阳: 沈阳理工大学, 2017.
[6] 金玮. 浅谈新时期绿色消防技术的发展 [J]. 无线互联科技, 2013 (03): 159.
[7] 李俊峰. 纳米技术应用于消防领域的前瞻性研究 [J]. 消防技术与产品信息, 2013 (07): 44-46.
[8] 李心明. 纳米技术在消防科技领域的作用 [J]. 山东轻工业学院学报 (自然科学版), 2012, 26 (04): 83-85.
[9] 厉彦杰. 基于SOC与嵌入式控制器的电气火灾监控系统的研制 [D]. 济南: 山东大学, 2015.
[10] 刘长远. 消防机器人无线遥控系统研究 [D]. 长春: 吉林大学, 2006.
[11] 芦宇翔. 电气火灾监控系统的研究 [D]. 沈阳: 沈阳工业大学, 2016.
[12] 马啸, 刘官昊. 试探绿色消防技术的应用 [J]. 科技经济导刊, 2017 (17): 150.
[13] 施朝兴. 基于无线传感器网络的消防机器人的定位系统设计 [D]. 邯郸: 河北工程大学, 2015.
[14] 苏永亮. 农村消防工作现状分析及对策研究 [D]. 长沙: 湖南农业大学, 2010.
[15] 孙红梅. 绿色消防技术应用研究 [J]. 时代农机, 2016, 43 (03): 171-172.
[16] 孙姜旭. 小型消防机器人分析与设计 [D]. 西安: 西安电子科技大学, 2012.
[17] 汪伟华. 消防机器人无刷直流电机驱动系统的仿真与设计 [D]. 合肥: 安徽大学, 2016.
[18] 王广强. 纳米技术与现代消防——纳米技术在现代消防中的应用展望 [J]. 化学工程与装备, 2017 (05): 252-253.
[19] 王南丁. 消防机器人履带行走装置设计及运动学仿真研究 [D]. 哈尔滨: 东北林业大学, 2015.
[20] 王旭健. 加强农村消防工作的对策研究 [D]. 长沙: 湖南农业大学, 2011.
[21] 王元基. 现代消防安全技术 [M]. 兰州: 甘肃人民美术出版社, 2010.
[22] 吴俊. 新时期绿色消防技术的发展探析 [J]. 硅谷, 2013, 6 (11): 21-22.
[23] 熊会明. 社会治理视域下政府消防工作转型问题研究 [D]. 长沙: 湖南师范大学, 2015.
[24] 徐浩. 对现代绿色消防施工技术的若干探讨 [J]. 中国新技术新产品, 2013 (09): 255.
[25] 徐连伟. 消防机器人控制系统研究 [D]. 青岛: 青岛科技大学, 2017.
[26] 张晋. 消防机器人结构设计及其控制系统研究 [D]. 天津: 河北工业大学, 2015.
[27] 张擎. 剩余电流式电气火灾监控系统的研制 [D]. 沈阳: 沈阳工业大学, 2015.